绿色中原建设纪实

（2007）

王照平　主编

黄 河 水 利 出 版 社

图书在版编目（CIP）数据

绿色中原建设纪实.2007/王照平主编. —郑州：黄河水利出版社，2008.12

ISBN 978-7-80734-559-6

Ⅰ.绿…　Ⅱ.王…　Ⅲ.林业经济-经济建设-概况-河南省-2007　Ⅳ.F326.276.1

中国版本图书馆 CIP数据核字(2008) 第 206592 号

出 版 社:黄河水利出版社

地址:河南省郑州市金水路 11 号　　邮政编码:450003

发行单位:黄河水利出版社

发行部电话:0371-66026940　　传真:0371-66022620

E-mail:hhslcbs@126.com

承印单位:河南省瑞光印务股份有限公司

开本:890 mm×1 240 mm　1/16

印张:11.25

字数: 274 千字　　印数: 1 —1 000

版次:2008 年 12 月第 1 版　　印次:2008 年 12 月第 1 次印刷

定价: 32.00 元

主　　　编	王照平
副　主　编	刘有富　万运龙
执行主编	徐　忠　杨晓周
编写人员	(按姓氏笔画排序)
	马国丽　马润淑　马淑芳　尤利亚　王一品
	王长全　王英武　王保刚　王晋生　王　翃
	王　莹　王联合　冯　松　冯茜茜　刘宇新
	朱先文　何立新　吴玉珂　张顺生　张孟林
	张雪洋　张新胜　李永平　李　冰　李灵军
	李敏华　李　辉　杨文培　汪运利　肖建成
	陈风顺　陈克铭　陈　明　陈振武　周　未
	侯大兴　侯利红　胡建清　赵利伟　赵奕钧
	赵　蔚　柴明清　殷三军　秦志强　袁黎明
	夏治军　钱建平　常丽若　曹卫领　路　旭
	鄢广运

编 辑 说 明

一、《绿色中原建设纪实》是一部综合反映河南省现代林业建设重要活动、发展水平、基本成就与经验教训的资料性工具书。每年出版一卷，反映上年度情况。本卷为2007年卷，收录限2007年的资料。

二、《绿色中原建设纪实》的基本任务是，为河南省林业系统和有关部门的各级生产与管理人员、科技工作者以及广大社会读者全面、系统地提供全省森林资源消长、森林培育、林政保护、森林防火、森林公安、林业产业、林业科研等方面的年度信息和有关资料。

三、2007年卷编纂内容设37个栏目。每个栏目设“概述”和“纪实”两部分。

四、《绿色中原建设纪实》编写实行条目化，条目标题力求简洁、规范。全卷编排按内容分类。按分类栏目设书眉。

五、《绿色中原建设纪实》撰稿及资料收集由省林业厅各处、室（局），各省辖市林业局承担。

《绿色中原建设纪实》编委会

2008年11月

目　录

造林绿化

一、概述

一年来，全省各地认真贯彻省委、省政府的安排部署，不断创新营造林机制，狠抓营造林质量管理，积极推进造林绿化工作，取得了显著成效。

据上报统计，全省共完成大面积造林285.35万亩，为年度目标任务的126.26%，为2006年同期的91.94%；新建和完善农田林网1 233.91万亩，绿化省级以上通道3 206公里，分别为年度任务的246.8%和106.87%，为2006年同期的93.20%和116.96%；中幼林抚育281.9万亩，为年度任务的281.9%，为2006年同期的112.76%。全省参加义务植树人数达4 705.42万人次,完成义务植树20 230.17万株，为年度目标任务的107.45%，为同期的107.45%。

(一) 各级领导高度重视造林绿化工作

省委、省政府高度重视造林绿化工作。2月28日，省委书记徐光春和省党、政、军领导同志一起到郑州市中牟县林场参加义务植树并发表重要讲话："植树造林不但能改善生态环境，还有利于调整农业结构，有利于增加农民收入，各级党委、政府一定要坚持以人为本，科学发展，把造林绿化这项既有利于社会、有利于国家，也有利于民族、有利于子孙后代的事业不断推向前进，取得更大成效。"3月6日，省委、省政府又在南阳召开植树造林现场会，对植树造林工作进行安排部署。省委副书记陈全国在会上强调，推进造林绿化，建设现代林业，为加快中原崛起、构建和谐中原作出新贡献。3月30日，全国造林绿化电视电话会议之后，刘新民副省长又主持召开由交通、水利、铁路、林业、河务、南水北调等部门领导同志参加的省长办公会，对解决目前造林绿化工作中存在的"六个不完善"问题，做了进一步安排部署。各地党委和政府也都十分重视植树造林工作，纷纷召开高规格会议，市委书记、市长亲自到会、亲自动员、亲自安排部署。省委常委、洛阳市委书记连维良多次听取林业工作汇报，亲自检查林业工作，市政府又连续出台了《关于推进造林机制创新加快造林绿化步伐的意见》、《关于进一步加快环城苗木花卉产业发展的意见》和《关于实施青山绿地碧水蓝天工程的意见》三个文件，以加快造林绿化步伐。许昌市委书记毛万春在全市创建国家森林城市动员暨创建工作第33次新闻发布会上提出，要用效能、效益、和谐及解决问题的理念抓城乡一体化推进区林业生态建设。平顶山市市长赵顷霖在全市造林绿化工作会议上强调，各级政府负责人是造林绿化的第一责任人，对任期内绿量的增减负总责。南阳市委常委、邓州市委书记刘朝瑞在邓州市平原绿化高级达标现场会上要求，各级各部门要把平原绿化高级达标工作作为近期农村的重点工作集中突破。同时，郑州、新乡、三门峡、鹤壁、驻马店、焦作等市人大、政协领导组织各级人大代表及政协委员视察林业工作，不仅帮助基层解决了实际困难和问题，而且发挥了很好的示范作用。

（二）大力发展非公有制造林

在2007年的植树造林工作中，各地依靠机制引导，充分调动社会各界投身植树造林的积极性和主动性，大大推进了非公有制造林的快速发展。据上报统计，全省完成非公有制造林面积186.07万亩，占总造林面积的67.95%。安阳市政府把“四荒”拍卖承包造林任务纳入年度考核目标，年终检查后由市政府重奖造林大户。新乡市积极推广获嘉县东浮庄林权制度改革经验，大力开展“四荒”拍卖活动，在凤凰山义务植树基地建设中，明确栽植时间、苗木规格、整地标准和栽植质量，不仅保证了造林进度，而且提高了造林质量。郑州市对涉及9个县（市、区）和市直的森林生态城工程年度造林任务16.5万亩全部实行招投标。漯河市政府对绿天地公司、新世纪庄园等10家林业龙头企业给予资金、政策扶持，培育了李楼村、十五里店村等一批林业特色产业基地专业村。驻马店市泌阳县政府出台了《关于推进非公有制林果发展的实施意见》，明确规定：对宜林的路、河、沟、渠先由集体栽植树木，然后公开拍卖、租赁、承包；对3年以下树龄的树木，以签订合同形式，包给农户管理；对3~10年树龄的树木，划段作价，进行拍卖、承包。目前，全县80%以上的林木已转为非公有制经营。息县县政府出台了《关于公路（含河渠沟）两侧可植树区域使用权有偿转让的实施意见》，鼓励社会团体、外出务工回乡人员等有经济实力的组织和个人承包河渠路沟进行植树造林。入春以来，全县21个乡（镇）有500多人承包路渠730条，绿化长度1 400公里，共吸纳社会散闲资金600多万元。平舆县积极推行先开发后拍卖（解决投工问题）、先拍卖后开发（解决投入问题）、乡村干部带头承包（解决无人承包问题）等三种非公有制造林形式，共拍卖路沟渠1 256条，新植树木670多万株，完善农田林网87万亩，成片造林5万多亩，实现了政府得效益、农民得实惠的“双赢”目标。西平县按照“产权改革走在前、农民不出工和钱、财政不花一分钱、沟渠路树有人管”的指导思想，加大林业产权制度改革力度，对林地的使用权、林木所有权宜租则租、宜包则包、宜卖则卖，激发社会造林的积极性，实现了投资多元化、产权明晰化、管理主体化。2007年以来，该县已拍卖、承包荒山、荒地1.5万亩，路、沟、河、渠860公里，收回资金300多万元，非公有制造林占全县造林总面积的90%以上。济源市金利冶炼有限责任公司为减少和降低空气污染，在厂区周围租赁农民土地800多亩营造杨树防护林带，每年每亩补助农民1 300元。金太阳纸业公司承包泌阳县8 000多亩荒地，投资300多万元用于营造杨树造纸林基地。

（三）强化营造林质量管理

各地在植树造林过程中，都制定了积极措施，努力提高造林质量。首先，加强督促检查。2006年11月下旬，省林业厅派出由处级干部带队的9个植树造林督察组分赴全省各地；2007年3月12日，省政府办公厅下发了《关于开展全省春季植树造林督察工作的通知》，省政府派出由省林业厅厅级干部带队的督察组对全省造林进度和质量、森林防火等六个方面的工作进行督促检查，并实行督察责任制和问责制，深入山头地块和造林小班，实地检查造林进度和质量。各市、县也都开展了形式多样的效能督察。商丘市绿化委员会、市林业局抽调专门人员组成造林绿化督导组，分包县（市）区、乡（镇）以及重点生态工程，强力督导造林绿化工作中项目落实、工程质量、任务完成和造林成活率等情况，确保2007年造林绿化工作落到实处。济源、罗山、凤泉、镇平、中牟、临颍等县（市、区）都成立了由主要领导带队，两办督察室和组织、人事、监察、林业等部门参加的督察组，对各乡（镇）造林进行全过程督导检查，并定期通报，有力地推动了造林工作的开展。其次，实行工作台账制。济源、许昌、三门峡、驻马店等市围绕重点林业生态工程建设，对植树造林建立工作台账，实行“日碰头、周通报、月排队”制度，把造林任务细化到每个村、每个路段、每个小班、每条林带，明确主要责任人和具体责任单位，印发到每个工作人员手中。濮阳市政府成立了由市级领导挂帅，市林业、水利、气象、农机、扶贫办、农科所、林科所主要负责人任组长，市林业局有关领导和科室负责人为成员的七个督导组，分包五县两区。市政府于每周一、四召开两次督导工作碰头会，听取各督导组工作汇报，极大地推进了造林工作的开展。其三，强化技术服务。各市、县林业主管部门都派出技术人员，深入山头、地块、小班，进行现场指导。济源市林业局抽调20名技术人员，分成10个组，采取办班培训和田间地头现场讲解相结合的办法，举办植树造林培训班20余期，发放核桃栽植明白卡3万份，发放技术资料4 000册，培训果农5 000余人次。其四，狠抓苗木管理。省林业厅下发了《关于加强造林种苗管理的紧急通知》，对苗木出圃调查和林木种子储备、信息调度、种苗供应、信息报送等工作提出了具体要求。同时，利用《河南林业信息网》的优势，发布种苗供求信息4期。各市、县也都在新闻媒体上发布了种苗动态信息，为种苗生产者和使用者提供高效、准确、及时的信息服务。各级林木种苗管理机构坚持实行“一签两证”制度和生产经营许可制度，加强种苗质量监督，严把种苗质量关和市场准入关，杜绝使用不合格种子和苗木。部分县（市、区）对2007年冬季造林苗木进行招标，不仅节约了造林成本，而且保证了造林苗木质量。

二、纪实

组织审定审批2007年林业重点生态工程造林作业设计 1月22~23日，省林业厅组织有关专家对2007年长江防护林、太行山绿化、防沙治沙、水土保持生物治理、邙岭绿化等5个工程造林作业设计进行了审查。2月15日，对上述工程造林作业设计进行了批复。

省领导参加义务植树活动 2月28日上午，省委、省人大、省政府、省政协和省军区领导徐光春、陈全国、李克、孔玉芳、叶冬松、叶青纯、李新民、王文超、李柏拴、张世军、李志斌、张以祥、李中央、吴全智、徐济超、郭国三、孙善武、刘其文、袁家新、祁正祥、曹建新、赵金声、李其明等到郑州市中牟县林场，与省市直属机关干部一起参加义务植树活动。省委书记、省人大常委会主任、省军区党委第一书记徐光春在植树活动结束时，对进一步推进城乡绿化和植树造林工作发表了重要意见。正在周口开会的省委副书记、省长李成玉，十分关心全民植树活动，特意打来电话，并提出了相关要求。

省委、省政府召开全省植树造林现场会 3月5~6日，省委、省政府在南阳召开全省植树造林现场会。各省辖市及部分重点县党委、政府的分管负责同志、林业局局长参加了会议，省委副书记陈全国出席会议并作重要讲话，省政府副省长刘新民主持会议。会前，陈全国、刘新民和与会代表一起现场参观考察了方城县农田林网、社旗县防护林带造林绿化情况。会上，南阳市、镇平县以及造林大户代表作了典型发言，省林业厅厅长王照平通报了2006冬2007春全省植树造林情况。省委副书记陈全国在会议上强调，推进造林绿化，建设现代林业，为加快中原崛起、构建和谐中原作出新贡献。

国家林业局局长贾治邦考察河南省林业工作 3月20~21日，国家林业局局长贾治邦来河南省考察林业工作。贾治邦局长听取了省林业工作情况汇报，考察了开封、濮阳、安阳三市的平原绿化、林纸一体化项目、工业原料林基地建设、沙区防护林、农林间作等。李成玉省长会见了贾治邦局长一行。省长助理孙泉砀陪同考察。国家林业局办公室主任封加平、植树造林司司长魏殿生、计划劳资司司长姚昌恬等随同贾治邦局长考察。在听取汇报和现场考察后，贾治邦局长对我省林业工作给予充分肯定和高度赞扬，并对全省林业工作提出了四点希望：一是河南林业要对促进粮食稳产高产大有作为；二是河南平原地区可以成为重要的木材生产基地；三是河南林业对农民增收致富作用很大；四是河南林业可为节能减排作出重要贡献。

省林业厅派出9个督察组督促春季植树造林工作 3月10~30日，按照《河南省人民政府办公厅关于开展全省春季植树造林督察工作的通知》要求，省林业厅派出9个督察组，由厅级干部带队，分赴18个省辖市造林一线，督促指导春季植树造林工作。督察重点：一是全省植树造林现场会议贯彻落实情况；二是主要道路、河道沟渠、旅游景点村镇和城郊防护林体系建设完善情况；三是林业生态工程建设、城乡大环境绿化、全民义务植树、林业生态县建设、林权制度改革和平原绿化成果巩固情况；四是造林进度和造林质量；五是森林防火责任制落实情况；六是林业育苗情况。督察组以实地察看为主，同时听取汇报，走访群众，查阅材料。发现典型、总结典型、推广典型。对行动迟缓、造林质量低的县（市、区），责令限期整改；对不能按要求进行整改的单位，将上报省政府。

省绿化委员会表彰全省绿化模范单位和个人 3月30日，省绿化委员会下发了《关于表彰"河南省绿化模范城市"、"河南省绿化模范县（市、区）"、"河南省绿化模范乡（镇、办事处）"、"河南省绿化模范单位"和颁发"河南省绿化奖章"的决定》（豫绿[2007] 2号），郑州市、延津县等18个县（市、区），洛宁县城郊乡等34个乡（镇、办事处），河南省高级人民法院等27个单位，史广敏等145名同志分别被授予"河南省绿化模范城市"、"河南省绿化模范县（市、区）"、"河南省绿化模范乡（镇、办事处）"、"河南省绿化模范单位"称号和"河南省绿化奖章"。

王辉等14名同志获得"全国绿化奖章"荣誉称号 3月30日，全国绿化委员会下发了《关于表彰2006年度"全国绿化奖章"获得者的决定》（全绿字[2007] 3号），河南省王辉等14名同志获得"全国绿化奖章"荣誉称号。此次，全国共有460名同志获得"全国绿化奖章"。

省政府召开绿色通道建设专题会议 4月2日，省政府召开专题会议，贯彻落实全国造林绿化电视电话会议精神，研究河南省绿色通道建设工作。刘新民副省长主持会议，省交通厅、水利厅、林业厅、南水北调办公室、河务局、郑州铁路局、地方铁路局、绿化委员会办公室等单位负责人参加会议。刘新民副省长提出三点要求，一是要有好方案；二是明确任务，落实责任；三是要加强组织领导。

组织论证《河南省防沙治沙工程规划》 4月18日，河南省林业厅组织有关专家对由省林业调查规划院编制的《河南省防沙治沙工程规划》（项目编号2007044）进行论证，与会专家一致通过该项规划。该规划2008~2012年计划在10个省辖市47个县（市、区）治理沙地87.6万亩。

组织开展全省营造林质量大检查活动 5月11日，按照国家林业局办公室《关于开展2007年营造林质量大检查工作的通知》（办造字［2007］33号）的要求，省林业厅办公室下发了《关于开展2007年营造林质量大检查工作的通知》（豫林办［2007］22号），对我省2007年营造林质量大检查工作提出了明确要求。5月中旬，各省辖市组织开展了全面自查工作。5月23~28日，省林业厅组织两个组对信阳市新县和鹤壁市浚县进行了重点抽查。5月31日，形成了《河南省2007年营造林质量自查报告》，上报国家林业局。

组织开展平原林业功效调查工作 5月21日，按照国家林业局《关于组织开展全国平原林业功效调查工作的通知》（林造发［2007］101号）的要求，省林业厅下发了《关于转发〈国家林业局关于组织开展全国平原林业功效调查工作的通知〉的通知》（豫林文［2007］31号），在16个省辖市94个县（市、区）开展了为期一个月的平原林业功效调查工作。8月21日，形成了《河南省平原林业功效调查报告》，上报国家林业局。

全省林木生物质能源林建设座谈会召开 6月26日，省林业厅在郑州召开了全省林木生物质能源林建设座谈会。郑州、洛阳、平顶山等13个省辖市林业局主管副局长、造林科科长以及厅有关处室、单位负责人参加了会议。张胜炎副厅长出席会议并讲话。会议对河南省生物质能源林发展提出了三条具体要求：一是要进一步加大宣传力度，不仅要提高各级政府领导和有关部门对林木生物质能源林建设重要性的认识，而且要调动广大农民群众投身林木生物质能源林建设的积极性；二是要进一步摸清家底，使规划任务更加切合实际；三是要进一步加强科学研究和示范建设，为今后全省林木生物质能源林建设提供有力的科技支撑。

省长李成玉对全省绿化工作提出要求 6月28日，省长李成玉在全省农村公路建设管理现场会上讲话时要求，全省造林绿化要有质的飞跃。李成玉强调，要进一步做好生态绿化工作。搞好平原、山区、丘陵的绿化，不仅可以为全省提供充足的工业原料林，而且也能极大地改善河南省的生态环境。要超前谋划，高标准地搞好绿化规划，力争经过3~5年的努力，使全省的绿化水平有个质的飞跃。

郑石高速公路具茨山隧道北口古槐树得到有效保护 7月3日，省绿化委员会、省林业厅政策法规处组织有关林业专家对郑石高速公路具茨山隧道北口古槐树保护问题进行现场考察和评议，形成了该树属国家一级保护古树、应就地保护等8条意见。

刘新民副省长在《中国绿色时报》上发表署名文章 7月3日，为贯彻落实全国防沙治沙大会精神，省政府副省长刘新民在《中国绿色时报》头版发表题为《全面加快河南防沙治沙步伐》的署名文章。该文简要总结了我省防沙治沙工作取得的显著成效，深刻分析了河南省防沙治沙面临的严峻形势，同时对河南省今后的防沙治沙工作提出了具体要求，即：要继续大力弘扬焦裕禄精神，认真贯彻落实《国务院关于进一步加强防沙治沙工作的决定》和全国防沙治沙大会精神，强化措施，真抓实干，全面加快防沙治沙步伐，努力实现河南省沙区生态经济协调发展，为推进社会主义新农村建设、实现中原崛起作出新的更大的贡献。

组织开展林业重点生态工程检查验收工作 7月18~28日，省林业厅组织各省辖市林业局植树造林科科长，对2007年长江防护林、太行山绿化、防沙治沙、水土保持生物治理、邙岭绿化等5个工程建设情况进行了检查验收。

申请国家林业局—中国石油总公司林油一体化项目 8月21日，省林业厅向国家林业局发出了《关于将安阳市黄连木油料林列入中国石油总公司林油一体化项目的请示》（豫林造［2007］208号），申请在安阳市营造10万亩黄连木油料林。

省政府出台关于进一步加强防沙治沙工作的意见 9月4日，为深入贯彻落实《国务院关于进一步加强防沙治沙工作的决定》精神，省政府出台了《关于进一步加快防沙治沙工作的意见》（豫政［2007］64号），以加快河南省防沙治沙步伐，促进农民增收和经济社会协调发展。该意见指出，防沙治沙是一项社会公益事业，既是改善生态、保障生态安全的重大举措，又是统筹城乡发展、解决“三农”问题、全面实现小康社会、建设社会主义新农村的重要保障，对建设锦绣河南、构建和谐中原具有重大意义。“意见”明确了到2010年沙区新建和完善农田防护林面积385.5万亩，28.8万亩沙荒地得到全部治理、有1/3的县（市、区）建成林业生态县的奋斗目标。

省政府表彰平原绿化高标准先进县（市、区） 8月23日，省政府下发了《关于表彰平原绿化高级标准先进县（市、区）的通报》，授予开封市的杞县、开封县，平顶山市的郏县、宝丰县，鹤壁市的浚县，新乡市的凤泉区、卫辉市，南阳市的宛城区、卧龙区、邓州市、镇平县、社旗县、唐河县，信阳市的潢川县等14个县（市、区）“河南省平原绿化高级标准先进县（市、区）”荣誉称号，并予以通报表彰。截至2007年，全省94个平原、半平原和部分平原县全部达到省政府颁布的《河南省县级平原绿化高级标准》。

全国政协“京九绿色长廊”建设调研组来河南省考察 9月14~15日，以全国政协人口资源环境委员会副主任、中国林学会理事长、国际竹藤网络中心主任江泽慧为组长，以全国政协常委、铁道部原副部长孙永福，全国政协人口资源环境委员会委员、国家测绘局原局长金祥文，全国政协人口资源环境委员会委员、水利部长江水利委员会原主任黎安田，全国政协人口资源环境委员会委员、中国地质学会原秘书长王弭力为成员的全国政协人口资源环境委员会“京九绿色长廊”建设调研组一行到河南省信阳市新县考察京九铁路沿线绿化工作。省政协常务副主席郭国三、省政协副秘书长王伟平、省政协人口资源环境委员会副主任刘德洲、省林业厅副厅长张胜炎、武汉铁路局副局长包楚雄、武汉铁路局总工程师朱国志等领导同志出席座谈会并陪同考察。

河南省4个县、40个村、378户农民跻身“全国绿色小康县”、“全国绿色小康村”、“全国绿色小康户”行列 9月17~18日，全国林业推进新农村建设现场会在湖北武汉召开。会上，中央宣传部、中央文明办、全国绿化委员会、国家林业局联合下发了《关于表彰全国“绿色小康县”、“绿色小康村”、“绿色小康户”的决定》（林造发［2008］190号），河南省的安阳市内黄县、商丘市睢阳区、信阳市新县、周口市西华县和尉氏县张市镇东万村等40个村以及登封市石道乡苗庄村高占群等378名农户分别被授予“全国绿色小康县”、“全国绿色小康村”、“全国绿色小康户”荣誉称号。这是自2006年中央宣传部、中央文明办、全国绿化委员会、国家林业局联合开展“创绿色家园 建富裕新村”活动启动以来的首次评选表彰，共表彰“全国绿色小康县”100个、“全国绿色小康村”990个、“全国绿色小康户”9 162个。

国家林业局局长贾治邦来豫考察指导林业工作 9月23~25日，国家林业局局长贾治邦、副局长李育材率部分司局负责同志，来河南考察林业、指导林业生态省规划编制工作。贾治邦一行先后考察了鄢陵县绿化苗木基地、扶沟县和西华县平原绿化、淮阳县木材加工等，并听取了河南林业工作情况汇报，对河南林业工作取得的成绩给予了高度评价。省长李成玉参加汇报会，副省长刘新民主持。

组织编制《河南省林业生物质能源规划》 12月，组织省林业调查规划院专业技术人员，编制《河南省林木生物质能源规划》（项目编号2007093），规划2008~2012年在河南省太行山低山丘陵区、黄土丘陵沟壑区、伏牛山低山丘陵区、南阳盆地垄岗区、大别桐柏山低山丘陵区的13个省辖市63个县（市、区）营造506万亩林地，其中人工造林361万亩、改培145万亩。

郑州市和栾川县等5个县（市）分别获得“全国绿化模范城市”、“全国绿化模范县（市）”荣誉称号 12月2日，全国绿化委员会下发了《关于表彰“全国绿化模范城市（区）”、“全国绿化模范县（市）”的决定》（全绿字［2008］7号），郑州市被授予“全国绿化模范城市”称号，栾川县等5个县（市）被授予“全国绿化模范县（市）”称号。此次，全国共有14个城市、84个县（市）分别获得“全国绿化模范城市（区）”、“全国绿化模范县（市）”称号。

省政府下发《关于加强铁路沿线造林绿化工作的通知》 12月13日，省政府办公厅下发了《关于加强铁路沿线造林绿化工作的通知》（豫政办［2007］123号），对铁路沿线绿化的标准和责任作出了明确规定。

省绿化委员会办公室组织检查铁路通道绿化建设情况 12月27日，省绿化委员会办公室组织省建设厅、水利厅、交通厅、林业厅、黄河河务局和南水北调办公室等绿化委员会成员单位的专家和技术人员，对郑州铁路局2007年冬季在铁路沿线的通道绿化建设情况进行检查。郑州铁路局党委副书记、纪委书记杨树新全程陪同。检查组一行先后对郑州至商丘段、陇海东线k352~k354区段、兴隆庄至罗王段和开封东一个关闭车站进行实地察看，对郑州铁路局通道绿化建设所取得的成绩给予充分肯定。

省林业厅下发《关于做好林业重点工程年度造林作业设计工作的通知》 12月28日，为保证林业生态省建设重点生态工程的顺利实施，省林业厅下发了《关于做好林业重点工程年度造林作业设计工作的通知》（豫林造［2007］305号），对2008年林业重点工程造林作业设计编制工作提出了具体要求。

资源林政管理

一、概述

2007年，全省森林资源林政管理工作坚持严格保护、积极发展、科学经营、持续利用的方针，以增加森林资源总量、提高森林质量、优化森林结构为主线，紧紧围绕林业建设中心工作，在改革创新、强化管理、严格执法、优化服务上狠下工夫，积极进取，扎实工作，森林资源管理水平不断提高。

（一）不断加大林地林权管理力度

一是在严格规范征占用林地审核审批管理、加强对违法行为稽查的同时，增强服务意识，对重点工程建设征占用林地，采取关口前移、提前介入等措施，在项目立项论证、选址、初步设计、征地等各个环节，加强与计划、土地、建设等部门和业主单位的联系沟通，形成了相互配合、协调、支持机制，既促进了林地审核审批申报率的稳步上升，也得到了有关部门和业主单位的充分认可，全年共审核审批征占用林地204起。二是进一步加强林地保护管理基础性工作，配合国家林业局对全省“十一五”征占用林地定额核定进一步细化、论证，为实现征占用林地总量控制奠定了基础；选择延津、辉县、内黄3县作为试点单位，启动了县级林地保护利用规划编制工作。三是积极推进林权证发放管理工作，按照国家林业局《关于进一步加强和规范林权登记发证管理工作的通知》要求，对林权登记发证的范围、条件和程序进行了严格规范，在全省组织开展了林权登记发证清理整顿工作，整顿林权发证秩序，维护林权登记发证制度的严肃性和林权权利人的合法权益，促进了全省林权登记发证率的稳步提高，保障了集体林权制度改革的顺利进行；按照中央《关于开展平安边界建设的意见》，要求全省林业系统妥善调处林权争议，履行好平安林业建设的职责。四是对18个省辖市2006年征占用林地情况和森林植被恢复费收缴、管理情况进行了核查，林地审核审批率和植被恢复费收缴率实现了“双百”目标。

（二）严格森林采伐限额管理与监督

一是分解下达了全省2007年森林采伐限额，对执行限额制度、加强森林资源保护管理进行了强调；对执行森林采伐限额情况进行了年度核查，全年实现了林木采伐控制在限额以内、伐区内林木凭证采伐和办证合格率达到95%以上的目标。二是启动了全省林木采伐许可证网上办理系统，实现了对全省林木采伐许可证签发的全程监控。三是继续在河南省天然林保护工程区内开展人工商品林采伐试点工作，以完善档案管理、健全林木采伐程序为重点，进一步规范管理；继续在民权、孟州两个国有林场开展低产低效林采伐更新改造试点工作，取得扎实进展。四是为推进森林可持续经营，全面提高河南省森林经营管理水平，选择国有尉氏林场、新乡新亚国泰工业原料林基地作为试点单位，启动了森林经营方案编制试点工作。

（三）精心组织森林资源监测、规划工作

一是在2006年试点的基础上，协调组织全省158个（县、市、区）完成了森林资源规划设计调查（二类调查）任务，利用新技术、新设备基本查清了森林资源本底，为《河南林业生态省建设规划》编制提供了可靠依据；完成了全国第七次森林资源连续清查的各项准备工作，调查队伍、工作经费、调查物资设备基本落实。二是加快推进森林资源管理信息化建设，河南省省级及新乡市森林资源数据库建设被国家林业局确定为全国试点单位。三是协调组织对各省辖市2007年度人工造林、封山育林、退耕还林、飞播造林和林业精品工程等责任目标完成情况以及15个“林业生态县”进行了核查验收；配合国家林业局调查规划设计院、华东调查规划设计院、西北林业调查规划设计院完成了全省21个县营造林实绩、10个县征占用林地审核审批、范县2006年度林木采伐限额执行情况和天然林保护工程区人工商品林采伐试点的核查任务；配合国家林业局驻武汉森林资源监督专员办事处完成了对全省森林资源“三总量”执行情况的核查工作。四是按照国家林业局要求，组织完成了全省矿区植被保护与生态恢复工程本底调查工作。

（四）强化森林资源管理基础、能力建设

一是根据国家林业局要求，以增强群众观念、增强服务意识、提高工作效率、提高服务水平为宗旨，在全省森林资源管理系统组织开展了创建“四型单位”、争做“五个模范”活动；联合省纠风办，在全省100个木材检查站开展了林业公路管理执法文明年活动，2007年资源林政处被省政府纠风办评为“全省治理公路三乱先进单位”。二是组织开展了国家级一级木材检查站创建工作，河南省向国家林业局申报了10个木材一级检查站。三是举办了全省木材检查站站长培训班、林木采伐签证人员培训班，400余名基层工作人员参加了培训。

（五）认真查处林业行政案件

一是配合森林公安局，于5月至9月在全省开展了以打击破坏森林和野生动物资源违法犯罪活动为主要内容的“绿盾二号”专项行动，查处林业行政案件6 700起。二是严格执行国家林业局破坏森林资源责任追究制度和重大案件报告制度的规定，加大林业行政案件查处及督察、督办工作力度，查处了一批违法运输木材、乱砍滥伐、乱垦滥占林地的典型案件。2007年全省共发生各类林业行政案件12 316起，已查处11 699起。资源林政处被国家林业局授予“全国林业行政案件管理先进单位”。

二、纪实

实行网上办理林木采伐许可证　1月1日，正式启用全省林木采伐许可证网上办理系统，标志着河南省森林资源林政管理工作信息化水平迈上了一个新的台阶。

开展森林经营方案编制试点工作　1月中旬至7月中旬，国有尉氏林场、河南新亚国泰林业有限公司原料林基地2个单位邀请专业技术人员完成了森林经营方案编制工作，通过了省林业厅组织的专家论证，推进了河南省森林可持续经营，规范和引导了经营主体科学、合理、有序地经营森林。

开展全省森林资源规划设计调查工作　3月28日，全省森林资源规划设计调查工作会议在郑州召开，对森林资源规划设计的时间进度、保障措施、质量检查、验收等进行了安排布置。要求到11月底，158个县（市、区）的外业调查工作全部完成，共投入调查资金9 800余万元，1万余人参加调查。

开展全省林业发展区划工作　3月28日，按照国家林业局部署，河南省成立了全省林业发展区划工作领导小组，负责全省林业发展区划工作的领导协调工作。

开展全省矿区植被保护与生态恢复工程调查与规划编制工作　3月28日，按照国家林业局部署，河南省成立了全省矿区植被保护与生态恢复工程规划编制工作领导小组，负责全省矿区植被保护与生态恢复工程规划编制的领导协调工作。到10月中旬，完成全省矿区植被保护与生态恢复工程本底调查工作。

开展治理林业公路“三乱”工作　4月25日，省林业厅和省人民政府纠风办公室联合发出《关于2007年开展治理林业公路“三乱”工作的通知》（豫林政［2007］68号），要求以规范林业公路执法为重点，以开展林业公路管理执法文明年活动为载体，全面加强林政执法队伍的思想和基础设施建设；统一服装和车辆标识，试行林政稽查上路持证上岗和备案制度。

营造林实绩和征占用林地情况综合核查　5月15日至6月15日，国家林业局调查规划设计院一行14人，对河南省2006年度人工造林更新、封山育林、飞播造林完成面积、历年退耕还林地造林保存情况及征占用林地情况等进行了核查。

开展创建“四型单位”、争做“五个模范”活动　6月6日~9月5日，以履行管理职能、强化作风建设、保障林权制度改革顺利进行为目标，在全省森林资源管理系统组织开展了创建“四型单位”、争做“五个模范”活动。

森林采伐限额执行情况核查　7月5~11日，国家林业局华东林业调查规划设计院一行11人，对河南省范县林木采伐情况进行了核查；8月7~12日，国家林业局西北林业调查规划设计院一行2人，对河南省黄河中上游天然林保护工程区的森林采伐限额执行情况进行了检查验收。

开展林权登记发证检查整顿工作　7月20日至9月10日，省林业厅在全省组织开展了林权登记发证检查整顿工作，进一步规范林权登记发证工作。

森林资源管理监督检查工作　10月17~26日，国家林业局驻武汉森林资源监督专员办事处一行2人，对河南省渑池县、荥阳市森林资源保护管理情况进行了监督检查。

启动全国第七次森林资源连续清查准备工作　10月23日，省林业厅发出《关于做好第七次全国森林资源连续清查准备工作的通知》（豫林文［2007］66号），要求各级林业主管部门切实加强森林资源清查工作的组织领导，精心组建调查队伍，落实工作经费，扎实做好清查技术、物资准备。

召开全省森林资源林政管理工作会议　12月26日，全省森林资源林政管理工作会议在洛阳市汝阳县召开，会议传达了全国森林资源管理工作会议精神，安排部署了今后一个时期全省森林资源林政管理主要工作，交流了汝阳县平安边界建设和林政执法的先进经验。

森林公园和国有林场建设管理

一、概述

2007年，全省林业主管部门紧紧围绕绿色中原建设规划和林业生态省建设大局，继续加强对国有林场和森林公园的建设与管理力度，牢固树立和认真落实科学发展观，以生态文明建设和林业生态省建设为目标，以深化国有林场改革和提高森林旅游质量为动力，以强化森林资源保护和开发利用为重点，大力培育和发展后续产业，强化各项管理，实现了全省国有林场和森林公园的健康稳定发展。

（一）国有林场改革进一步深化

全省国有林场继续坚持“以林为本、生态优先、分类指导、可持续发展”的办场方针，不断深化改革力度，进一步推进人事、劳动、分配、经营、管理等方面的改革，取得了明显效果。各级林业主管部门积极开展国有林场改革与发展调查研究，摸清国有林场的相关情况，分析存在的问题及原因，探讨解决问题的办法与措施，初步提出国有林场改革的意见和建议，为国有林场体制机制等深层次改革做好前期准备工作。

（二）国有林场森林资源培育管护工作取得新的进展

2007年，全省国有林场继续采取人工造林、封山育林、采伐更新等造林形式，积极营林、造林，总面积达20多万亩。借助国家和省林业项目（包括林木种苗培育、珍稀树种示范基地建设、中幼林抚育、大径材培育等项目），日本政府贷款河南造林项目（包括人工造林、封山育林、低效林改造、中幼林抚育等建设内容，建设期限5年），林业生态省建设项目和天然林保护林、公益林管护项目，积极开展森林经营和管理，森林质量有了较大提高。继续探索平原地区国有林场森林经营管理模式，在尉氏、民权、滑县、延津、西华等国有林场开展了林木采伐方式、低产低效林改造、更新造林模式等方面的试点，为国有林场森林经营提供了经验。全年生产木材15万立方米。

（三）继续加大森林公园建设与管理力度

20处森林公园旅游开发项目列入国家、省重点建设工程，得到了国债、省基本建设、省旅游专项资金支持。大部分森林公园被列入全省农村电网改造、县乡公路建设实施范围。目前，全省森林公园初步形成了林区独具特色的以森林景观为主体，地文景观、水体景观、天象景观、人文景观等资源有机结合的多样化的森林风景资源保护、管理、开发体系，这一体系的建立与发展，不仅使河南省林区一大批珍贵的自然文化遗产资源得到有效保护，而且有力地促进了河南生态省建设和森林资源保护事业的发展。

（四）森林旅游产业不断壮大

到2007年底，全省森林旅游已拥有旅游车、船500台（艘），旅游接待床位14 500张，餐位总数32 000个，电话容量1 100门，“行、游、住、食、购、娱”相配套的旅游服务体系日臻完善，有近50处景区景点对游客正式开放，森林旅游生产力稳步提高。2007年，森林旅游景区景点年接待能力突破2 000万人次，森林旅游直接收入达到4.2亿元。

（五）森林旅游产业的带动功能显著提升

2007年，全省投入森林公园建设和森林旅游发展的资金超过5亿元，实现森林旅游社会综合产值近15亿元，有力地推动了地方经济发展，促进了不少边远地区道路、交通、通信、水电和城镇建设，一些昔日的小山村，如今变成了新兴的森林旅游小城镇。一年来，全省森林公园建设共为社会提供直接就业机会近2万个，不少贫困山区的农民依托森林旅游业摆脱了贫困，走向富裕。

二、纪实

对全省森林公园、自然保护区、湿地等文化资源进行专题调研　3月，根据省委办公厅、省政府办公厅《文化强省建设大型调研活动方案》和省统计局《文化资源普查实施方案》要求，下发了《河南省林业系统文化强省调研活动方案》（豫林护［2007］25号），对全省森林公园、自然保护区、湿地等文化资源进行了专题调研。

慰问受灾的国有林场和国有苗圃干部职工　7月底、8月初，豫西、豫南发生特大暴雨，30多个国有林场遭受较大损失，省林业厅及时派出救灾指导组，慰问受灾的国有林场和国有苗圃干部职工，指导救灾工作。

批准建立2处省级森林公园　9月，省林业厅批准建立了灵宝佛山、汝州九峰山等2处省级森林公园，全省森林公园达到94处，其中国家级森林公园29处。

选送国有林场场长挂职培训　10月，选送了7名国有林场场长到江苏、山东、新疆等地国有林场挂职培训。

自然保护区建设与野生动植物保护管理

一、概述

一年来，在党的十七大精神指导下，在林业厅党组的正确领导下，河南自然保护区建设和野生动植物保护管理部门紧紧围绕全省林业的中心工作，认真贯彻落实全省林业生态省建设工作会议精神，不断加强野生动植物和湿地资源的保护与管理，加快自然保护区建设，全面完成了年度各项工作任务。

(一) 加强野生动植物保护，积极推进自然保护区和湿地保护管理工作

为加强野生动植物保护管理工作，省人大审议通过了《河南省野生植物保护条例》，于2007年7月1日起施行。条例的颁布实施，为河南省省级重点保护植物的管理提供了法规依据，是河南省野生植物管理中的一个新的里程碑。省林业厅制定并印发了《河南省野猪等野生动物资源调查技术细则》，组织开展了全省“世界湿地日”、“爱鸟周”、“野生动物保护宣传月”宣传教育活动，有力地推动了野生动植物资源保护工作的开展。

经国务院办公厅公布，河南丹江湿地自然保护区晋升为国家级自然保护区；省政府批准建立平顶山白龟山库区湿地、固始淮河湿地、濮阳黄河湿地3个省级自然保护区，新增受保护湿地面积21.4万亩，使全省已列入保护范围的湿地达到402.1万亩。黄河湿地国家级自然保护区三门峡管理分局、洛阳管理分局，太行山猕猴国家级自然保护区焦作管理局，伏牛山国家级自然保护区老君山管理局、南召宝天曼管理局完成了基础设施建设；启动了黄河湿地国家级自然保护区焦作管理分局、灵宝小秦岭国家级自然保护区、新县连康山国家级自然保护区一期工程及董寨国家级自然保护区二期工程建设项目。商城鲇鱼山、淮滨淮南湿地、洛阳熊耳山、汝南宿鸭湖、内乡湍河、林州万宝山等6个省级自然保护区完成了规划编制工作，并通过了河南省林业厅组织的专家评审。2007年新争取湿地保护与恢复项目2项、自然保护区基础设施建设工程项目5项，累计项目总投资4 970万元，其中中央专项投资3 131万元。

(二) 进一步完善野生动物疫源疫病监测体系，提高各监测站科学监测防控能力

新建立安阳河湿地、襄城县汝河库区、民权县林七水库3处省级野生动物疫源疫病监测站，使省

级野生动物疫源疫病监测站达到17个。举办了首期全省野生动物疫源疫病监测培训班，完成了郑州市林业局野生动植物保护管理站、河南黄河湿地国家级自然保护区孟津管理站、封丘县林业局野生动植物保护管理站、灵宝市林业局野生动植物保护管理站、汝南县野生动植物保护管理站、淮滨县林业局野生动植物保护管理站6个国家级监测站基础设施建设项目可行性研究报告的编制和申报工作。2007年批复了3个监测站，项目总投资160.96万元，其中中央政府投资120万元。2007年按照国家林业局野生动物疫源疫病监测总站和省政府防治高致病性禽流感指挥办公室的安排，认真开展监测工作，严格执行值班制度和日报告制度，全年共向国家野生动物疫源疫病监测总站和省政府防治高致病性禽流感指挥办公室发送信息报告单238份，对其中3起鸟类异常死亡情况进行了及时上报。

（三）积极开展野生动物救护、饲养管理工作

全年共救护野生动物400余次，行程7 000公里，救护、收容野生动物死体、活体3 517只（头、条），其中国家一级保护野生动物金雕等10只，国家二级保护动物红隼、灰鹤等76只，省重点保护野生动物8只，一般保护动物3 423只，救治成功率达到86%以上。繁育梅花鹿14只，猕猴4只，育龄期母猴繁育率达到80%，实现了新的突破。全年共接受各级电视台采访20次，其中省级电视台采访15次，对野生动物保护事业健康发展起到了极大的促进作用。

二、纪实

进行华南虎联合繁殖　2月7日，国家林业局以护动函［2007］11号批复中国动物园协会组织实施华南虎繁殖配种计划，河南省洛阳王城公园283号雌虎与上海动物园的雄虎进行联合繁殖。

河南丹江湿地自然保护区晋升为国家级自然保护区　4月6日，国务院办公厅印发了《关于发布河北塞罕坝等19处新建国家级自然保护区名单的通知》（国办发［2007］20号），批准河南省建立河南丹江湿地国家级自然保护区。

新批建3处省级自然保护区　11月20日，省政府先后下发了《河南省人民政府关于建立河南固始淮河湿地省级自然保护区的批复》（豫政文［2007］208号）、《河南省人民政府关于建立河南平顶山白龟山湿地省级自然保护区的批复》（豫政文［2007］209号）、《河南省人民政府关于建立濮阳黄河湿地省级自然保护区的批复》（豫政文［2007］210号），批准建立了平顶山白龟山库区湿地、固始淮河湿地、濮阳黄河湿地3个省级自然保护区,总面积21.432万亩。

批复6个省级自然保护区总体规划　3月13日，河南省林业厅批复内乡湍河湿地省级自然保护区、洛阳熊耳山省级自然保护区、商城鲇鱼山省级自然保护区、淮滨淮南湿地省级自然保护区、郑州黄河湿地省级自然保护区、汝南宿鸭湖湿地省级自然保护区等6个保护区的总体规划。

《河南省野生植物保护条例》颁布实施　3月30日，省人大常委会第三十次会议上审议通过了《河南省野生植物保护条例》（河南省人民代表大会常务委员会公告第六十八号），并于2007年7月1日起施行。

国家林业局批复宝天曼国家级自然保护区生态旅游总体规划　3月22日，国家林业局以林护发［2007］67号批复河南宝天曼国家级自然保护区生态旅游总体规划。

加强洪涝灾害后野生动物疫源疫病监测工作 8月7日，针对入夏以来，河南省淮河流域部分市、县及其他部分地区遭受严重洪涝灾害的情况，河南省林业厅专题下文进行安排，要求做好灾后野生动物疫病防控工作。

举办全省第一期自然保护区保护管理培训班 8月20~24日，在罗山董寨国家级自然保护区举办了全省第一期自然保护区保护管理培训班，国家林业局自然保护区管理处领导和北京林业大学、河南农业大学、河南教育学院等院校的教授受邀为学员授课，全省39位国家级、省级自然保护区负责人参加了培训。

批建3个省级野生动物疫源疫病监测站 10月12日，河南省林业厅下发《关于确定第三批省级陆生野生动物疫源疫病监测站的批复》（豫林护［2007］234号），确定安阳河湿地野生动物疫源疫病监测站、襄城县汝河库区野生动物疫源疫病监测站和民权县林七水库野生动物疫源疫病监测站为省级监测站。

召开全省秋冬季野生动物疫源疫病防控工作会议并举办首期野生动物疫源疫病监测培训班 10月24~26日，在洛阳市召开了全省秋冬季野生动物疫源疫病防控工作会议，并举办了首期野生动物疫源疫病监测培训班。

对含赛加羚羊、穿山甲、稀有蛇类原材料的成药和产品统一实行专用标识制度 11月12日，国家林业局、卫生部、国家工商总局、国家食品药品监管局、国家中医药局联合下发《关于加强赛加羚羊、穿山甲、稀有蛇类资源保护和规范其产品入药管理的通知》（林护发［2007］242号），要求自2008年3月1日起，非定点医院一律停止使用赛加羚羊、穿山甲、稀有蛇类原材料，并对含上述原材料的成药和产品，统一实行专用标识制度。

出台河南省野猪等野生动物资源调查技术细则 11月16日，河南省林业厅以豫林护［2007］260号印发《河南省野猪等野生动物资源调查技术细则》。

新批建一处狩猎场 12月21日，省林业厅批复同意济源市小浪底陆家岭开发有限公司建立济源市大峪镇狩猎场。

省林业厅批复信阳天目山省级自然保护区总体规划 12月19日，河南省林业厅批复信阳天目山省级自然保护区总体规划。

由日本归属我国的13只朱鹮被安排在董寨养护 11月20日，13只朱鹮由日本返还我国，并被安排在河南省董寨国家级自然保护区，以开展驯养繁殖和种群重建工作。

加强对虎皮、豹皮的管理 自2008年1月1日起，未加载“中国野生动物经营利用专用标识”的虎皮、豹皮，一律不得出售，也不得在公众场所陈列、展示。

森林公安

一、概述

2007年，在国家林业局森林公安局和河南省林业厅、公安厅的正确领导与支持下，全省森林公安机关以邓小平理论和“三个代表”重要思想为指导，认真学习贯彻十七大精神，全面落实科学发展观，以牢固树立执法为民思想为核心，以深入推进“三基”工程建设为载体，坚持力量往基层使，工作往实里干，大力改善基层办公、办案条件，加强队伍正规化建设，规范执法行为，提高执法办案能力，全力维护生态安全和林区稳定，圆满完成了各项目标任务，为建设生态河南和构建和谐社会作出了应有贡献。

（一）全力推进森林公安“三基”工程建设

公安“三基”工程建设一抓三年，2007年是“三基”工程建设的第二年。省森林公安局结合实际，认真研究确定了2007年“三基”工程建设的12项重点工作。省林业厅党组专门听取森林公安“三基”工程建设工作情况汇报，并以省林业厅文件印发了2007年全省森林公安工作要点（豫林公［2007］34号），省财政厅、省林业厅联合下发了《关于对全省森林公安机关公用经费保障标准落实情况进行检查的通知》（豫财农办［2007］151号），省财政厅、林业厅下发了《关于追加44个贫困县森林公安派出所建设补助经费的通知》（豫财农办［2007］311号），一次性追加经费840万元用于补助44个贫困县84个森林公安派出所建设。2007年，18个省辖市森林公安局全部接入公安信息网，开通了公安专线电话和传真。在197个森林公安基层单位中，公用经费列入各级财政预算和达到人均1.6万元最低保障标准的有68个，150个单位统一了外观标识，90个单位完成了外观建筑形象改造任务；解决无房派出所26个，改造危房派出所10个；全省建成一级派出所4个，二级派出所15个，三级派出所80个，消除了五级派出所。全省共建立警务区368个，已有13个省辖市局和58个县（市）分局实现独立办案。104个森林公安局、分局、派出所的主要领导实行了高配，有197个单位森林公安民警的工资福利、警衔津贴能按照与地方公安机关相同的标准发放，153个单位为民警购买了人身意外伤害保险，全省各级森林公安机关均落实了因工伤残、英烈遗属抚恤等制度，建立了维护民警正当权益委员会。

（二）严厉打击各类破坏森林和野生动植物资源违法犯罪活动

全省各级森林公安机关牢固树立“侦查办案才是硬道理”的思想，忠实履行职责，切实加大案件侦破力度，严厉打击涉林违法犯罪，查处了一批破坏森林和野生动植物案件，有效地保护了森林资源，维护了林区稳定。2007年，全省共受理各类涉林案件16 527起，查处14 310起，其中刑事案件1 311起，重特大刑事案件42起；打击处理违法犯罪人员18 781人，其中，刑事拘留1 463人，逮捕（直诉）685人。

（三）进一步加强森林公安队伍正规化建设

2007年，省森林公安局认真贯彻落实《国务院办公厅关于解决森林公安及林业法检编制和经费问题的通知》（国办发［2005］42号）和《关于为森林公安和林业法检机构核定政法专项编制等事项的通知》（中编办发［2007］19号）文件精神，国家林业局森林公安局《全国森林公安队伍正规化建设指导意见的通知》（林安发［2007］137号）和《关于认真配合做好森林公安编制核定等有关工作的通知》（林安发［2007］139号）文件精神，积极向厅领导汇报，在厅领导的高度重视和积极协调下，与有关部门一起认真抓好文件精神的落实，完成了森林公安人员摸底调查工作。全省森林公安系统开展了以“严肃政治纪律　当合格森林公安民警”为主题的教育活动，组织了“警民架起连心桥”爱民活动，开展了立功创模活动，组织了“森林公安书法、摄影大赛”活动和森林公安机关大练兵等一系列活动，要求民警立足工作岗位，学先进、创佳绩，在全省森林公安系统形成争先创优的良好局面。2007年以来，全省有1名民警荣立一等功，有4名民警和1个集体荣立二等功，85名民警和18个集体荣立三等功，1名民警和1个集体受到公安部表彰，5名民警和3个集体分别受到国家林业局森林公安局和省公安厅表彰，3个森林公安分局被公安部、团中央评为全国青年文明号。在国家林业局森林公安局开展的“森林公安书法、摄影大赛”活动中，4件作品获奖。2007年，公安宣传工作也取得了一定成绩，森林公安工作被国家级新闻媒体正面报道12次，省级正面报道86次。

二、纪实

开展“警民架起连心桥”活动　1月，遵照公安部和国家林业局森林公安局的统一部署，河南省森林公安局以“警民架起连心桥”活动为契机，先后开展了警营开放周、调查走访、法律咨询、访贫济困、警民联欢等丰富多彩的爱民活动。省林业厅副厅长弋振立、省森林公安局局长宋全胜分别带组深入基层慰问森林公安民警。在“爱民月”活动中，全省森林公安机关共召开座谈会70场（次），发放并回收宣传单14 500余份，征求意见480条，为群众做好事、办实事800件；积极维护群众权益，接待群众来访65起，受理案件90起，其中刑事案件18起，收到群众送来的感谢信12封；筹集资金8.7万余元，看望困难民警160家，老干部150人，捐赠农林科技书籍5 000余册。

开展森林公安派出所等级评定　1月，省森林公安局抽调基层20余人，组成9个检查组，由局领导带队，对18个省辖市的117个派出所进行了检查，并本着实事求是、客观公正的原则，认真细致地开展了森林公安派出所等级评定工作。经初评、审核，117个森林公安派出所中，鲁山县林场等9个森林公安派出所被评定为一级森林公安派出所，兰考县林场等26个森林公安派出所被评定为二级

森林公安派出所，灵宝市灵南等80个森林公安派出所被评定为三级森林公安派出所。经上级公安机关审核，确定全省4个一级所、15个二级所。

组织开展“追逃”专项行动　2月10日至3月10日，省森林公安局组织开展了为期一个月的“追逃”专项行动。成立了以副厅级侦察员、森林公安局局长宋全胜任组长的领导小组。明确专项行动的重点：一是2006年以来涉林违法犯罪在逃犯；二是地方公安机关各类刑事犯罪在逃人员。据统计，全省“追逃”专项行动共出动警力1 794人次，车辆194台次，抓获涉案在逃人员28名，其中网上逃犯6名。

强力推进独立办案　3月，省森林公安局宋全胜局长同各省辖市森林公安局局长签订目标责任书，将独立办案工作作为“一把手”工程来抓，要求年底实现县级以上森林公安机关全部独立办理刑事案件。

深入开展基础大练兵活动　3月，根据国家林业局森林公安局和省公安厅的统一部署,结合12项重点工作和森林公安工作实际，河南省森林公安局先后下发了《关于进一步加强苦练基本功活动工作的通知》（豫林公［2007］10号）和《全警健身与奥运同行，河南省森林公安民警体育锻炼达标活动实施方案》（豫林公［2007］48号），在全省森林公安系统开展了为期10个月的面向基层、面向基础、面向实战的基础练兵活动，基层民警紧紧围绕“三懂四会”，配合网上执法办案，“三考”等工作苦练基本功，进一步提高了政治、业务、体能素质，规范了执法行为，增强了队伍的战斗力。

开展“绿盾二号”行动　4月1日至6月1日，省森林公安局组织开展了“绿盾二号”行动。成立了由局长宋全胜同志任组长的领导小组，下发《河南省林业厅森林公安局关于印发全省绿盾二号行动实施方案的通知》（豫林公［2007］22号），明确了指导思想、打击重点、行动阶段和工作要求。行动期间，全省共出动警力28 956人次，车辆9 312台次，立各类涉林刑事案件268起，破案155起，其中重特大刑事案件7起，查处行政案件2 738起；打掉犯罪团伙16个，打击处理违法犯罪人员3 136人，其中刑事拘留172人，逮捕74人，治安拘留44人，行政处罚2 846人，行政罚款105.9万元。

召开典型案例研讨会　4月10日，河南省森林公安局在郑州召开了全省森林公安机关典型案例研讨会。研讨会以“研究‘剑术’　磨砺‘剑峰’　迎接挑战”为主题，采取选讲精品案例，交流办案技巧，研究疑案、难案等方式，对各地近年来破获的及正在查处的各类涉林刑事案件进行了研讨。各省辖市森林公安局分管局长及刑侦、治安、法制科科长和许昌县、鲁山县森林公安分局局长、刑警队队长参加了会议，省林业厅党组成员、副厅长弋振立，副厅级侦察员、森林公安局局长宋全胜，国家林业局森林公安局刑侦处副处长、南京森林公安高等专科学校刑事侦察系主任张高文等出席会议，并作了讲话。

组织“三考”活动　5月28日，河南省森林公安局按照《国家林业局森林公安局“三考”工作方案》（林公明发［2007］31号）的通知精神，印发了《全省森林公安机关“三考”工作方案》（豫林公［2007］38号），决定在全省森林公安机关组织开展为期两年的基本法律知识考试、执法办案卷宗考评、信访工作考查，以“三考”促“三基”，全面推进森林公安“三基”工程建设。6月20日，印发了《全省森林公安民警三考百道问答题》。

开展“禁毒专项行动”　5月上旬至9月中旬，省林业厅在全省组织开展了林区禁毒专项行动。

成立了由弋振立副厅长任组长，宋全胜局长任副组长，省林业厅办公室、资源林政处、野生动物保护处、政策法规处、防火办为成员单位的领导小组，印发了《河南省林业厅关于组织开展林区禁毒专项行动的通知》（豫林公［2007］96号）。行动期间，全省共铲除非法种植罂粟21 288株，查处非法种植人员101人。

省林业厅召开全省林业执法和治理专项行动电视电话会议 5月23日，省林业厅在郑州召开了"全省林业执法和治理专项行动"电视电话会议。省林业厅党组成员、副厅长刘有富、弋振立，副厅级侦察员、森林公安局局长宋全胜出席会议并作了重要讲话。

开展全省林业执法和治理整顿专项行动 5月25日至9月17日，省林业厅在全省范围内组织开展林业执法和治理整顿专项行动。成立了由王照平厅长任组长，刘有富副厅长、弋振立副厅长、宋全胜局长任副组长的领导小组。印发了《河南省林业厅关于组织开展林业执法和治理整顿专项行动的通知》（豫林公［2007］129号），明确了行动阶段，确定了打击重点，提出了工作要求。据统计，行动期间，全省共出动人员35 620人次，其中森林公安民警21 550人次；出动车辆10 836台次；排查案件线索1 456条；立各类涉林刑事案件148起，破案97起，查处林业行政案件2 183起；打击处理违法犯罪人员2 550人，其中刑事拘留130人，逮捕59人，行政处罚2 361人，林业行政罚款252.1万元。

组织"公安金盾文化"活动 5月，国家林业局森林公安局举行摄影、书法大赛，河南省森林公安机关获4项奖励。省森林公安局还组织了"公安金盾文化"活动，专题片在中央电视台播放，并在河南电视台法制频道开播"绿色法网"栏目，每两周播放一次，有效促进了全省警营文化的发展和业务工作的宣传。

开展执法质量检查活动 6月，省森林公安局组织开展了全省森林公安机关执法质量检查活动。成立了以副厅级侦察员、森林公安局局长宋全胜同志为组长，副局长刘宗仁同志为副组长，治安、刑侦、法制、政工、督察科主要负责同志为成员的执法检查活动领导小组。通过检查，发现并纠正了执法中存在的突出问题，分析研究了问题产生的原因，建立和完善了各项规章制度，推进了执法监管长效机制建设，切实改进和提高了执法质量，有效促进了全省森林公安机关严格、公正、文明执法。

组织开展"执法办案是硬道理"的全员大讨论 7月16日，省森林公安局下发通知，在全省森林公安机关和全体民警中组织开展了"执法办案是硬道理"大讨论活动，要求各级森林公安机关每周要组织开展一次集中讨论，每名民警要结合自己的思想体会写一篇论文，使全体民警对森林公安机关的性质、任务有一个深刻的再认识，增强责任感和使命感，从而牢固树立"执法办案是硬道理"的思想观念。

开发网络执法与监督系统 8月30日，召开了全省实施网上执法、推进独立办案动员会。为进一步规范河南省森林公安执法行为，努力提高办案效率和办案质量，省森林公安局结合森林公安实际，与郑州东曦方计算机网络工程有限公司合作，联合研发了适用于河南省森林公安的网络执法与监督系统。目前，全省已有8个省辖市实行网上执法办案。

国家林业局森林公安局"三考"小组来豫考评 10月17~28日，国家林业局森林公安局"三考"

小组对河南省洛宁县、陕县、灵宝市“三考”工作进行考评。

省森林公安局开展执法案卷考评和信访工作考查 11月12日，省局又抽调基层局（分局、所、队）长70多人，对全省49个森林公安单位进行了执法案卷考评和信访工作考查，对90个单位（含上述49个单位）进行了基本法律知识考试。通过“三考”，有效地促进了办案民警业务素质和执法办案水平的提高。

开展“猎鹰二号”行动 11月20日，省林业厅在全省组织开展了以打击破坏野生动物资源为主的“猎鹰二号”行动。成立了由副厅长弋振立任组长，森林公安局局长宋全胜、野生动物保护处处长甘雨任副组长的专项行动领导小组。下发了《全省“猎鹰二号”行动实施方案》（豫林公[2007]261号），明确打击重点为：一是非法猎捕野生动物活动猖獗的沿黄滩区、黄河故道及野生动物的栖息地、迁徙停歇地、迁徙通道；二是非法运输野生动物及其制品的车站、机场等流通渠道；三是非法收购、出售野生动物及其制品的市场、窝点；四是非法经营野生动物的宾馆、饭店等；五是其他破坏森林资源违法犯罪活动。活动到2008年1月20日结束，期间全省共出动执法人员5 489人次，其中森林公安民警2 838人次；车辆1 921台次；立野生动物刑事案件5起，破获3起，其中重特大刑事案件2起；查处行政案件152起，治安案件10起；检查野生动物活动区域445处，清理宾馆、饭店1 298家，清理市场、窝点457个。打击处理违法犯罪人员133人，其中，刑事拘留7人，行政处罚121人，治安拘留2人，治安罚款3人；收缴野生动物14 485只（头），其中，国家二级以上野生动物263只（头），收缴野生动物制品544.5公斤。

立功创模活动 2007年，在立功创模活动中，申灿杰同志荣立个人一等功，刘高峰、冯喜军、赵民、任永安等4名民警荣立个人二等功，淮阳县森林公安分局荣立集体二等功，张新炎和尉氏县森林公安派出所受到公安部表彰，栾川、伊川、鲁山森林公安局被公安部、团中央评为全国青年文明号。有85名民警和18个集体荣立三等功。

认真做好民警的教育培训工作 2007年按照国家林业局森林公安局的要求，省森林公安系统抽调206名县级森林公安机关领导干部，分6期参加了国家林业局森林公安局举办的培训班；组织58名民警，分两期到南京森林警官培训中心参加了警衔晋升培训；组织9名民警到长春培训中心参加了刑侦业务骨干技术培训；组织30名民警参加全省公安机关刑事案件现场勘查专业技术培训；组织了两名地市级森林公安局局长和两名主管森林公安的副局长参加了国家林业局森林公安局组织的“三基”工作培训班。

科技兴林

一、概述

2007年，河南省林业科技工作坚持“科教兴林、人才强林”战略，围绕林业生态省建设，认真组织实施《河南省2020年林业科技创新规划》，进一步强化林业科学研究、科技示范与推广、林业标准化，加大科普工作力度，为全省林业更好、更快发展提供强有力的科技支撑。

（一）围绕林业建设中心，组织开展科学研究和科技攻关

结合实施《河南林业生态省建设规划》、生态县建设规划和天然林保护等重点工程，围绕森林资源培育、保护和高效利用三个方面协同组织攻关，重点开展了生态林、防护林、水源涵养林、工业用材林、名优经济林等高效栽培模式和栽培技术研究。新争取省级科技项目11项，争取国家林业局及有关部门科技项目19项。厅直单位完成林业科技成果6项。全省有17项林业科技成果获得省政府科技进步奖，其中二等奖8项，三等奖9项。新组建了河南省林业厅低山丘陵区生态修复重点实验室。

（二）强化林业科技示范推广工作，提高林业建设的科技含量

进一步加大了林业科技推广示范工作力度，完成引进推广林果新品种25个、新技术15项。新争取国家林业局推广项目3项，正在组织实施林业重点工程科技支撑项目2个。通过科技合作与交流、科研等途径，引进推广了一批林果新品种，重点推广了泡桐9501、9502，欧美杨107、108，窄冠刺槐，豫刺1号，豫刺2号，豫楸1号，杏李，黑李，豫大籽石榴，饲料桑，果桑等25个优良新品种。同时，推广了抗旱保水剂、抗蒸腾剂、GGR绿色植物生产调节剂应用技术、抗旱造林技术、经济林丰产高效栽培技术等15项新技术。

（三）狠抓林业科技示范体系建设，充分发挥辐射带动作用

继续加快建设林业科技示范体系，突出抓了西峡、淅川、桐柏、灵宝、济源、陕县、新县等10个科技支撑示范县（市）建设，狠抓了河南省淮河源头退耕地优良灌木繁育栽培技术示范应用建设项目、南水北调中线丹江口库区生态林建设技术示范建设项目等2个科技支撑项目，对河南省2000年以来承担的6个科技支撑项目进行项目验收。新建立长葛、灵宝、泌阳3个省级林业科技示范园区。结合年度责任目标的落实，各省辖市新建立林业科技示范园区18个。

（四）积极开展林业国际技术合作交流和林业技术监督

认真组织实施林业科技“3386”计划，重点抓好科研、推广、标准化、科普等工作。新组织申报国家林业局“948”项目5项。开展“948”项目中期评估2项，现场验收3项。新争取国家林业局“948”项目3项、省级引智项目5项。组织申报一批2007年需要制定的行业标准化项目，已组织制定出国家林业行业标准和省级林业地方标准9项。新争取国家林业行业标准2项，新建立国家林业行业标准化示范区3个，建立了河南省林业标准化数据库。

（五）认真组织开展林业科普和送科技下乡活动

在全省组织开展了林业科技活动周，配合国家林业局开展送科技下乡活动。据统计，全省林业系统共组织开展送科技下乡活动3 990场次，培训林业职工和林农41万人次。

（六）认真搞好协调，加强林业科技综合管理

一是组织林业科研、教学、工程设计单位的专家以及省林业专家咨询组成员，经广泛调查、专题调研和反复征求意见，编制出了全国一流的兼具科学性、针对性和可操作性的《河南林业生态省建设规划》。二是组织省林业科学研究院对涉及规划的林业在农业生产和粮食安全、劳动力转移和农民增收以及节能减排中的作用等重大问题进行了专题调研。三是首次对全省森林生态效益价值进行测算评估，并将评估结果应用到规划中，提高了规划的科学性。四是配合林业生态省建设规划的落实，组织林业科学研究院、省林业技术推广站编制了《河南省当前优先发展的优良树种（品种）》、《河南林业生态省建设廊道绿化模式》、《河南林业生态省建设“两区”“两点”绿化模式》，汇编了《河南省林业地方标准》等资料。

二、纪实

组织开展林业技术培训　4月6日，在郑州组织举办科技报告会，中国林业科学研究院副研究员樊宝敏、于海燕等专家应邀分别作了《世界林业发展及林业科技发展现状与趋势》、《生物质能源林现状与发展》的专题报告。省林业厅150余名林业职工和专业技术人员参加了报告会。

组织开展送技术下乡活动　4月7~10日，国家林业局和省林业厅组织20多名林业专家，分别到新乡、济源、郑州和洛阳等市开展了送科技下乡活动，为当地的广大林农和林业职工开展了技术培训、技术指导、技术咨询和现场示范。先后举办经济林、花卉苗木等新品种及丰产栽培技术专题讲座14期，解答技术问题200多个，发放林业科技图书和技术资料8 000多份，展出科技版面30多幅，参加培训的林农和林业职工达2 100余人。

组织开展调研活动　5~10月，开展了对博爱等地“北方竹林资源衰减原因及对策”的调研工作。

开展杨树黄叶病防控研究　7月，根据省林业厅第50次厅长办公会议精神，组织成立了杨树黄叶病害联合科技攻关协调组，开展杨树黄叶病害研究，并已取得成果。

印发技术资料　12月，配合林业生态省建设，组织省林业科学研究院、省林业技术推广站编制了《河南省当前优先发展的优良树种（品种）》、《河南林业生态省建设廊道绿化模式》、《河南林业生态省建设“两区”“两点”绿化模式》等技术资料。

林业法制建设

一、概述

一年来，政策法规处紧紧围绕林业生态建设的目标，以科学发展观为指导，以推进依法治林为根本，以加快法制建设为核心，开拓创新，努力进取，圆满完成了年度目标任务。

（一）立法工作

会同保护处配合省人大法律工作委员会完成了《河南省野生植物保护条例（草案审议修改稿）》二审前的补充、修改工作。《河南省野生植物保护条例》已于3月30日经省十届人大常委会第三十次会议审议通过，自2007年7月1日起施行。会同河南省林业厅森林防火办公室完成了《河南省森林防火条例（草案）》的起草、修改工作。上报了2008年林业立法计划；《河南省森林防火条例（草案）》已列入省人大2008年调研项目，《河南省森林资源资产评估及流转办法》已列入省政府2008年规章调研项目。

（二）执法监督工作

4月份对栾川、延津、鲁山、许昌4个林业综合执法试点县的综合执法情况进行了检查；11月份试点工作基本结束后，对4个试点县的综合执法情况进行了全面总结验收，形成了总结报告。对“亿霖集团”在河南省从事的“托管造林”情况进行了认真核查，清理清查了河南省以林业为载体的非法集资情况。

（三）普法工作

举办了《中华人民共和国物权法》及《关于行政执法的几个问题》的知识讲座，为中国政府法制信息网开辟的7月份“河南省法制宣传月”专题栏目报送了两篇河南林业工作信息，编印了《林业常用法律法规汇编》。

（四）政策调研工作

组织参加了由省委政研室、省司法厅、省社科联、省依法治省领导小组办公室联合开展的全省县处级以上领导干部依法执政理论研讨活动，选送了两篇优秀论文。

二、纪实

推进厅属企业改制　1月，制定了《河南省林业厅厅属企业改制工作运作程序和时间安排》、《厅属企业改制工作职责划分》。8月，厅物资站完成了清产核资专项审计工作。全年编辑企业改制信息6篇，推进了企业改制工作。

《河南省野生植物保护条例》出台　3月，政策法规处会同保护处，配合省人大法工委对《河南省野生植物保护条例（草案审议修改稿）》进行了二审前的补充、修改工作。3月30日，河南省第十届人大常委会第三十次会议审议通过了《河南省野生植物保护条例》，河南省人民代表大会常务委员会第68号公告公布，自7月1日起施行。

陈明被评为“河南省政府法制工作先进工作者”　3月，陈明被评选为“河南省政府法制工作先进工作者”，河南省人事厅、河南省人民政府法制办公室为其颁发了荣誉证书。

检查林业综合行政执法试点县　4月10~15日，法规处分两个组对栾川、延津、鲁山、许昌4个林业综合行政执法试点县综合执法情况进行了检查。对检查中发现的问题帮助分析原因督促其纠正。11月份综合执法试点工作基本结束，按照国家林业局的要求，对4个试点县两种试点形式的综合执法情况进行了总结验收，总结了综合执法工作取得的经验成效，找出了存在的问题，提出了工作建议，形成了总结报告，报送国家林业局。

核查“亿霖集团”在河南省“托管造林”情况　5月，按照《国家林业局关于做好对亿霖木业集团有限公司“托管造林”林地核查工作的紧急通知》要求，对亿霖木业集团在河南省从事“托管造林”的情况进行了认真核查。经查，2004年以来，亿霖集团在河南省“托管造林”涉案林地面积46 384.2亩，涉及郑州、焦作、信阳、商丘4个省辖市的9个县（市）。

举办《中华人民共和国物权法》知识讲座　5月24日，邀请省人大法制室综合处处长李成宽来省林业厅举办物权法知识讲座，就制定《物权法》的必要性、《物权法》的立法历程和原则、《物权法》的基本框架及学习建议等方面进行了讲解。

举办林业行政执法证人员管理信息系统操作员培训班　6月20日，按照《国家林业局关于换发〈林业行政执法证〉的通知》（林策［2007］131号）要求，举办了由18个省辖市林业行政执法证人员管理信息系统操作员参加的培训班，保证了全省《林业行政执法证》换发工作的顺利开展。

组织参加依法执政理论研讨活动　5~9月，由省委政研室牵头，省司法厅、省社科联、省依法治省工作领导小组办公室配合，在全省县处级以上领导干部中开展了依法执政理论研讨活动，省林业厅参加了这次研讨活动，并选送了李辉撰写的《我国现行林权制度对发展非公有制林业的影响及对策》和张静满撰写的《浅谈政府信息公开在法制社会中的作用》两篇论文。

参加政府法制信息月专题活动　7月，是国务院法制办公室在“中国政府法制信息网”开辟的省（区、市）政府法制信息月专题栏目的“河南省政府法制宣传月”，为配合这次活动，省林业厅报送了《河南省林业厅实行网上办理林木采伐许可证制度》、《河南省栾川县着力构建林业预警机制预防职务犯罪》两篇信息。

举办行政执法讲座　7月23日，邀请省人大法制室综合处处长李成宽举办了《关于行政执法的几个问题》专题讲座。

开展物权法对林业管理方式的影响的调研 9月，在全省林业系统开展了《中华人民共和国物权法》颁布施行后对林业管理方式的影响的调查研究，形成了调研报告。

《河南省森林防火条例（草案）》提交省政府 10月19日，政策法规处将会同防火办公室，在充分调研论证的基础上起草的《河南省森林防火条例（草案）》，经过广泛征求意见，并多次补充修改后提请省政府审议。

编印《林业常用法律法规汇编》 10月，编辑出版了《林业常用法律法规汇编》一书，书中收集了公共法律、法规9篇，林业法律、法规、规章30篇，相关法律、法规13篇。

森林防火

一、概述

2007年，全省森林防火工作在省委、省政府的正确领导下，狠抓各项预防和扑救措施落实，及时有效地处置了森林火情，减少了损失，保护了全省森林资源和人民生命财产安全。据统计，2007年共发生森林火灾816次,其中一般火灾145次、火警671次，过火面积3.9万亩，受害森林面积1.28万亩，森林受害率0.3‰，没有发生重、特大森林火灾和人员伤亡事故。

2007年，全省森林火灾呈现出四个显著特点：一是森林火灾高发势头持续。据统计，2000~2007年全省共发生森林火灾3 372起，受害森林面积3.9万余亩。其中，2000~2003年发生火灾次数仅占火灾发生总数的6.7%、受害森林面积的22%；2004~2007年发生火灾次数却占到火灾发生总数的93.3%、受害森林面积的78%。无论是森林火灾次数还是受害森林面积，均呈大幅度上升趋势。二是防火紧要期延长。近年来，由于受干旱、干热风等极端气候影响，传统防火紧要期之外的森林火灾时有发生。其中，以往很少发生森林火灾的6月份发生火灾的次数大幅增加，2006年6月份发生火灾438起，占全年火灾总数的49%；2007年4、5、6三个月共发生森林火灾214起，占全年火灾总数的26%，森林防火实际紧要期比传统紧要期大为延长。三是森林火灾发生范围广，火情遍布全省各重点林区。如，2007年1月29日，省气象卫星遥感中心、国家林业局林火监测中心就监测到河南省有森林火点32个，火情遍布信阳、南阳、平顶山、洛阳、郑州等8市14县（市、区）；1月31日的40起火灾，火情遍布伏牛、太行、大别、桐柏四大山系。四是起火原因主要是人为用火。近年来，气候异常，特别是冬春季节气温高，持续干旱，林区易燃物多，森林火险居高不下。据统计，河南省已查明着火原因的森林火灾中，野外吸烟占27%、烧荒占24%、焚香烧纸占21%、儿童玩火占14%、狩猎占4%、纵火占3%、取暖做饭和其他占7%，基本都是人为用火。

为应对日益增多的森林火灾，最大限度减少森林火灾损失，重点抓了如下几方面工作。

（一）抓组织领导

把森林火灾的预防和扑救作为一项重要工作来抓，从省到县都建立了政府、森林防火指挥部成员单位、林业主管部门“三线责任制”，纵向延伸到村、组和山头、地块，横向覆盖各职能部门，做到了责任到位、措施到位。徐光春、李成玉、刘新民、刘满仓等省委、省政府领导和王照平厅长、刘有富副厅长、弋振立副厅长多次就抓好森林防火作出重要批示；省政府3次召开会议，专题安排部署森林防火工作。先后两次组织省护林防火指挥部各成员单位深入责任区督导检查。2月初和清明节期间，省林业厅全体厅级干部两次划分责任区，分赴各重点市巡回检查，排查隐患。新乡市政府把森林防火列为农口重点工作，周周有安排，每周听汇报；信阳市委、市政府多次印发通报、通告，广泛在林区张贴；安阳市政府领导大年初一就深入林州等重点林区，检查落实森林防火措施，并召开会议，分析森林防火形势。

（二）抓宣传预防

把宣传教育作为森林防火工作的第一道工序，全力营造“森林防火，人人有责”的氛围。同时，从2007年开始，省防火办与省气象局建立了畅通的天气会商机制，根据天气变化情况及时与气象专家会商不利于森林防火的天气形势，并及时向全省发布，真正做到早预报、早准备、早处置、早扑灭。2007年是东北1987年大火和河南省鲁山大火20周年，省委宣传部为加强森林防火宣传专门发出通知。省森林防火办公室多次组织河南卫视、河南日报、河南电台等主流媒体记者深入重点林区采访报道。11月份，各省辖市均组织开展了森林防火宣传月活动并在中小学开设森林防火主题课，开展了森林防火“小手拉大手”活动；郑州、许昌等市印制宣传册、传单在林区广泛发送、张贴；平顶山市电视台在火灾高发期每天都在天气预报中播发全市重点区域森林火险等级；济源市开展了森林防火宣传知识竞赛；三门峡市在林区各游览要道口、车站、旅馆、风景区售票处都设置了醒目的森林防火宣传警示，并印发各类宣传材料，刷写标语，制作大型固定宣传牌，出动宣传车，有效增强了公众森林防火意识。

（三）抓火源管理

坚持“预防为主，积极消灭”的方针，重点加强了野外用火和特殊人员监管，对经过批准的农事用火，由批准单位全面落实监督措施，组织森林消防队伍提供用火服务；坚决禁止野炊、吸烟等野外生活用火；对针叶林等高火险林区，增设了临时防火检查站，增加了临时护林员。洛阳市各县、市、区林业主管部门和各乡、镇政府开展了万人会战，全市森林公安民警和防火队员对重点林区进行了搜山检查，对村庄、重要设施、风景名胜区等重点地区、重点部位都落实了防火专人巡护；南阳、安阳、鹤壁市防火办与气象部门、移动和联通公司联合建立了森林防火指挥员和社会群众森林火险预报短信平台，适时发布森林防火信息，计有4 000多万人次手机用户收到森林防火短信息；济源市为防止烧香、烧纸引发火灾，割除了每座坟茔的杂草，每座坟茔开设防火隔离区10~20平方米；安阳县为减少森林火灾，在春节前对全县重点林区杂草等可燃物进行有计划烧除，每烧除1米隔离带，县林业局补助0.4元。

（四）抓调度指挥

省政府和各市都制定了《森林火灾抢险应急预案》，提高了扑救森林火灾的科学性、规范性、针对性和实效性。普遍加强了森林火险预测预报，严格执行24小时值班和领导带班制度。2月1日至4月30日，全省全面实行了火灾零报告制度。全省各森林消防队伍全部上岗到位，并狠抓森林防火物资准备和机具保养、维修、补充，保证了火灾一旦发生，能够及时控制、及时消灭。省政府领导和厅领导高度重视火灾扑救。1月29日，登封、伊川、偃师接合部森林火灾发生后，刘新民副省长密切关注火情动态，及时提出扑救指导意见，王树山副秘书长彻夜坚守领导带班岗位，省林业厅王照平厅长、弋振立副厅长亲临火灾现场组织指挥扑救，郑州、洛阳市委、政府领导及登封、伊川、偃师市（县）委、政府领导靠前指挥，驻军、武警、森林消防队伍奋力协同，及时遏制并扑灭了火灾。

（五）抓综合保障

国家林业局先后批复了河南省森林航空消防站建设项目、河南省崤山火险治理项目、河南省外方山火险治理项目、河南省太行山物资储备项目，总投资4 158万元。其中中央投资3 249万元，是过去10年中央投资总额的122%；省级财政安排森林防火事业费950万元，比2006年净增加280万元；省发展和改革委员会在总投资没有增加的情况下，主动调整支出结构，为森林防火项目安排了150万元的配套资金。为实现森林火灾“早发现、早处置、早扑灭”，在国家林业局和西南航空护林总站的有力支持下，河南省新开展了航空护林业务，大大提升和增强了全省森林火灾的监测水平和扑救能力。新建了省森林防火监测指挥中心，卫星数字传输等指挥设备已安装完毕，并实现了火场前端与省指挥中心、省指挥中心与国家指挥中心的对接，通过了国家验收。投资110万元购买的森林防火指挥车已经到位。

（六）抓队伍机构

经过积极争取，平顶山市防火办公室配备专职防火人员7名，财务已经完全独立，工作有序开展，下辖10个县（市、区），有7个防火办公室单列办公，舞钢、郏县防火办公室规格升为副科；加强了全市扑火队伍管理，全市专业、半专业森林消防队伍达到63支，有队员2 382名，义务消防队伍达到236支，有队员10 041名。信阳市新县编委明确了县森林消防大队20个专项编制。郑州市在原有3支专业森林消防队伍的基础上，又成立了15支专业森林消防突击队，并为上述队伍配备了指挥车、运输车、对讲机、灭火机、扑火服等。其中，巩义市编委核定该市专业森林消防队事业编制6名、合同制编制30名，工资等人员经费全部纳入了财政预算。济源市投资10万多元在克井镇成立了专业森林扑火队，全市森林防火任务较大的10个山区乡（镇）又新组建了16支半专业森林消防突击队，每支队伍15人到20人。鹤壁全市已建专业森林消防队6支，重点山区乡（镇）都已建立了专业扑火队，成立了村级护林防火应急小分队，在全市形成了以市为龙头，以县（区）为纽带，乡（镇）、村为基础的护林防火指挥系统。

二、纪实

关键期实行森林火灾零报告制度　1月24日，省林业厅发出通知，要求全省各地自2月1日至4月30日实行火灾零报告制度。报告内容包括：①当日森林火灾次数；②扑救情况，过火面积；③值班员姓名。

召开河南省森林防火工作电视电话会议　2月9日，省政府召开森林防火工作电视电话会议，安排部署森林防火工作。省护林防火指挥部指挥长、副省长刘新民发表讲话，省政府副秘书长王树山主持会议，省护林防火指挥部副指挥长、省军区副司令员刘孟合，省林业厅厅长王照平，省公安厅副厅长孙世海以及省护林防火指挥部全体成员和省应急办公室、法制办公室、发展研究中心有关负责人参加了会议。18个省辖市和重点县（市、区）、乡（镇）政府主管森林防火工作的负责人、林业（农林）局局长、分管副局长、护林防火指挥部成员、防火办公室主任等全部在分会场参加了会议。刘新民作重要讲话。针对气候变化和节日特点，刘新民强调，各地对森林防火工作必须高度重视，一刻也不能放松。

巩义市“5·17”森林火灾　5月17日18时30分，巩义市北山口镇老井沟村青龙山发生森林火灾。火情发现后，北山口镇党委、政府高度重视，立即组织人员进行扑救。当晚23时30分，巩义市委、市政府召开紧急会议，对火灾扑救紧急部署，成立了以代市长张春阳为指挥长、四大班子领导为副指挥长的扑火指挥部，驻地武警官兵、消防队员、机关干部、公安干警、附近群众等1 500余人奋勇参战。由于山高坡陡，部分着火点难以攀登，为防止火灾进一步蔓延，除采用风力灭火机合围、二三号工具扑打等手段外，主要采取了阻火隔离措施，共开设宽25米的隔离带约3 000米。明火于18日16时全部被扑灭。经查，本次过火面积400余亩，烧毁林相为灌木林。

召开全省森林防火工作会议　6月14日，全省森林防火工作会议在登封市召开。会议全面总结了前段全省森林防火工作，安排部署了下步森林防火工作。省林业厅副厅长弋振立，各省辖市林业（农林）局主管森林防火工作的副局长、防火办公室主任以及各重点市（县、区）林业局局长等70余人参加了会议。会议还表彰了2004~2006年度全省森林防火先进单位、先进个人，通报了2006年度全省森林防火工作情况，登封、济源、新乡、南阳、沁阳5个单位在会上介绍了经验。

河南省森林防火监测指挥中心竣工　6月，河南省森林防火监测指挥中心顺利完成建设任务并通过了初步验收。该中心初步实现了集森林防火指挥、火场图像传输、视频会议及办公系统、森林火险预警系统与预警响应机制、森林资源数字化处理等于一体的多功能、数字化。

召开河南省森林防火工作电视电话会议　11月5日，省政府再次召开森林防火工作电视电话会议，安排部署秋冬季森林防火工作。刘新民副省长讲话，省政府副秘书长王树山主持会议。

首次开展航空护林工作　11月15日至2008年1月10日，河南省首次开展航空护林工作，累计飞行80余小时，给全省森林防火工作带来极大的推动。同时，省编委正式批复成立了“河南省森林航空消防站”，处级建制，事业性质，财政全额供给，编制25名，从而使全省森林防火队伍更加健全，处置火灾能力进一步增强。

加强联防工作　11月，豫晋、豫鄂皖、豫鄂、豫陕等省际联防组织和伏牛山、嵩山等省内大联防组织先后以召开联防例会、重新修订联防章程、签订联防协议、举行联防值班交接仪式等形式，积极开展联防工作。

编辑《责任重于泰山——河南省森林防火工作掠影》电视专题片　12月，与省电视台新农村频道合作，编辑发行了《责任重于泰山——河南省森林防火工作掠影》电视专题片，全方位展示了近年全省森林防火建设的成就，分析了当前森林防火工作面临的严峻挑战，介绍了今后森林防火工作的发展思路。

林业调查规划与设计

一、概述

2007年，河南省林业调查规划院（以下简称规划院）接受的工作项目之多、任务之重、时间要求之紧、质量标准之高，以及职工外业时间之长、付出的辛劳之大，都是历史上所没有的。面对艰巨的任务，院领导从容应对、科学决策，全院职工同心同德、尽职尽责、任劳任怨，各方面工作都取得了较好的成效。

（一）业绩显著

提前完成全省森林资源规划设计调查（以下简称二类调查）。培训市、县技术骨干5 600多名，协助各市、县组织1.3万名林业技术人员，历时270多天，完成了全省126个县（市、区）260多万个小班的外业调查及相关内业工作，总体工作进度比预期提早6个月以上。调查内容之多、劳动强度之大、时间要求之紧、工作任务之重，在河南林业调查规划历史上前所未有。

超额完成飞播造林。2007年度实施飞播造林26.7万亩，为年度目标任务20万亩的133.5%。

圆满完成五项核查。配合国家林业局华东院完成了对河南省2000年、2002年、2006年度飞播造林成效核查；完成了2007年度18个省辖市13项林业工作目标综合核查；完成了15个县（市、区）林业生态县的检查验收工作；完成了世界银行贷款河南省林业持续发展项目和日本政府贷款河南省造林项目的检查验收。

（二）转变作风

2007年，规划院职工凭着精湛的业务技术和扎实的工作作风，树立了良好的形象。

业务精——能出精品。规划院编制的两个项目分别被中国工程咨询协会评为全国优秀工程咨询成果一等奖和三等奖（2007年全国仅评出一等奖39项、二等奖82项、三等奖129项）。规划院5名同志作为主要完成人，编制的《河南林业生态省建设规划》，被国内知名专家（院士）评价为在“全国处于领先水平”，省政府主要领导称之为“全国一流的林业生态建设规划”，国家林业局向全国推广。夏丰昌被评为全国林业系统先进工作者。

作风实——能挑重担。从8月18日到9月20日，在二类调查的攻坚阶段，规划院的技术人员每天工作基本在16个小时以上，有时达19个小时，连续奋战33天，指导市、县完成了260多万个小班调查因子数据的录入和1.8万多张调绘图的处理。敬业精神受到全省林业系统的好评。

纪律严——能经考验。无论是生态县验收，还是综合核查，抑或是项目检查，都能坚持原则、遵守纪律，提交的成果准确、客观，受到省林业厅党组的高度评价。

（三）作用突出

提交的各项调查、核查成果为厅党组宏观决策提供了科学依据，发挥了参谋助手作用；完成的127个项目（工程）的林业工程咨询成果，为各级林业部门实施项目提供了技术支撑作用；培训市、县技术骨干5 600多名，发挥了传授知识作用；调查涉林司法案件25件，为林业公安部门严厉打击毁林犯罪行为发挥了提供法定证据的作用；组建的河南省林业工程建设协会等社团组织，发挥了学术交流作用；二类调查攻坚时期，大家吃苦耐劳、连续作战的行为，深深感染着林业系统的职工，发挥了示范带动作用。

二、纪实

召开全省森林资源规划设计调查工作会议　3月28日，全省森林资源规划设计调查工作会议在郑州召开。王德启副厅长出席会议并发表重要讲话。会议要求各市、县林业主管部门务必将二类调查工作作为当前林业建设中重要而紧迫的任务，做到思想上高度重视，领导上切实加强，措施上保障有力。

圆满完成二类调查工作　2月至11月，先后完成了78景SPOT5卫星数据影像处理、1.8万多张外业调查用图制作和大批资料、表格的印制；举办二类调查培训班60多期（每期培训时间为5~10天），培训市、县技术骨干5 600多名；集中110多名工程技术人员（含市、县上挂培训人员），组成14个技术指导组和6个工程督察组，协助各市、县组织1.3万名林业技术人员，历时270多天，完成了全省14个省辖市126个县（市、区）二类调查的技术指导、外业调查、数据录入、质量检查等工作。外业调查小班260多万个，规划院检查验收小班8万多个。

扎实开展“讲正气、树新风”主题教育活动　4月9日至5月，规划院党总支在全体党员和科级以上干部中深入开展了“讲正气、树新风”主题教育活动。通过该主题教育活动，使全体党员的理想信念进一步坚定、宗旨意识进一步牢固、道德修养进一步加强、作风建设进一步改善。

河南省林业工程建设协会成立　4月28日，河南省林业工程建设协会筹备会暨第一次会员代表大会在南阳市内乡县召开，会议通过了协会章程，明确了会费缴纳办法与标准，选举了协会领导机构。河南省民间组织管理局副局长侯贵洲出席会议并发表讲话。全省56个林业工程建设单位的代表参加了会议。

举办全省“创建林业生态县”县级自查培训班　4月26~29日，全省“创建林业生态县”县级自查培训班在内乡县举办。拟于2007年创建林业生态县的县、市林业局主管局长及业务技术人员共计90余人参加了培训。规划院的高级工程师曲进社、郭国杞讲授了“河南省林业生态县检查验收办法”，组织学员讨论了在“创建林业生态县”自查验收中应注意的问题，提出了县（市、区）上报自

查成果材料的技术要求，为各县（市、区）规范自查上报成果材料及做好自查工作打下了良好的基础。

超额完成飞播造林任务 6月13日至7月23日，规划院在洛阳市的新安、汝阳、栾川，三门峡市的卢氏、灵宝、渑池，南阳市的西峡、内乡、淅川，焦作市的沁阳、修武，新乡市的卫辉、辉县，鹤壁市的淇滨区和济源市等7个省辖市的15个县（市），实施飞播造林26.7万亩。共实施21个播区，飞行170架次，飞行时间228小时，共用种子10.7万公斤。

举办全省森林资源资产评估培训班 7月8~13日，全省森林资源资产评估培训班在郑州举办。省林业厅副厅长王德启、省资产评估协会秘书长傅松安出席开班仪式并发表重要讲话。省人大法工委姚福安处长，省林业厅林政处王胜文调研员，省林业工程建设协会领导曹冠武、雷跃平、田金萍、肖武奇、赵建新、郭良等出席开班仪式。各市和重点县林业局林政科（股）长，林业调查规划管理站（队）、省林业调查规划院技术人员共120人参加了培训。

在“讲文明 树新风”演讲比赛中取得优异成绩 7月31日，在省林业厅举办的“讲文明 树新风”演讲比赛中，规划院团总支荣获优秀组织奖，参赛选手孙玲荣获一等奖，郑方荣获二等奖。

积极参与《河南林业生态省建设规划》编制 8月，规划院抽出5名技术骨干，连续半年参与省厅编制林业生态省建设规划。8~9月，规划院工程技术人员及时培训、指导18个省辖市、159个县（市、区）技术人员编制了市、县林业生态建设规划。规划院计算中心3名同志完成了省级规划17项图面材料的编绘和印制工作。

完成世界银行贷款河南省林业持续发展项目和日本政府贷款河南省造林项目的检查验收 8月，检查验收世界银行贷款河南省林业持续发展项目15个县（市、区）327个小班22 041.75亩，检查验收日本政府贷款河南省造林项目75个县1 405个小班157 946亩。

规划院顺利通过省级文明单位年度复查验收 9月1日，郑州市、郑州市金水区两级精神文明建设委员会负责人一行4人，到规划院对省级文明单位创建工作进行了年度复查。在听取汇报、实地考察后，复查组认为，规划院业务工作进展顺利，职工素质明显提高，各种活动成效显著，单位环境优美安全，符合省级文明单位复查验收标准。

开展全省首届优秀林业（园林）工程咨询成果奖评选活动 10月，从42个单位申报的54个2007年度河南省林业（园林）工程优秀咨询成果中，评出一等奖6项、二等奖9项、三等奖17项。

省林业工程建设行业专家咨询委员会成立 10月，经第一届常务理事会第二次全体会议审议，成立了河南省林业工程专家咨询委员会。专家咨询委员会名誉主任委员由省政府参事、教授级高工赵体顺担任，主任委员由省林业厅总工程师杨朝兴博士担任，副主任委员由河南农大的博士生导师范国强教授和省林业调查规划院教授级高工赵义民担任。委员由高级专业技术人员担任。

夏丰昌荣获“全国林业系统先进工作者”称号 10月，规划院夏丰昌被国家林业局评为全国林业系统先进工作者。

两项目荣获全国林业优秀工程咨询成果奖 11月，中国林业工程建设协会公布了全国林业工程咨询优秀成果奖2007年度获奖项目（林建协字［2007］25号），其中规划院编制、推荐的《日本政府贷款河南黄河中游造林项目可行性研究报告》、《中原城市群生态体系建设》分别荣获2007年度全国林业优秀工程咨询成果一等奖和三等奖。

马群智荣获“先进个人”称号 11月，马群智被省政府评为全省资产清查工作先进个人。

圆满完成生态县检查验收 12月1~15日，在完成25个县资料审查的基础上，抽调62名技术人员，对相关各县进行检查验收，其中登封、惠济、湖滨、南乐、鄢陵、获嘉、鹤山、南召、内乡、商城、鲁山、宁陵、石龙13个县（市、区）达到林业生态县建设创建标准。

圆满完成年度综合核查 12月中下旬，抽调80多名技术人员，组成18个核查组、6个质量检查组，历时16天，完成了2007年度18个省辖市13项林业工作目标综合核查工作。共核查44个县264个乡（镇），核查面积25万亩。

两项目获全国优秀工程咨询成果奖 2008年1月15日，中国工程咨询协会发布《中国工程咨询协会关于公布全国优秀工程咨询成果奖2007年度获奖项目的通知》（协政字［2008］2号），规划院编制的《河南省黄河小浪底风景区旅游绿化规划》、《日本政府贷款河南黄河中游造林项目可行性研究报告》分别获得全国优秀工程咨询成果奖一等奖和三等奖。

林业科研

一、概述

2007年，河南省林业科学研究院（简称林科院）坚持以邓小平理论和“三个代表”重要思想为指导，认真贯彻落实科学发展观，团结奋进、求真务实、开拓创新、扎实工作，在承担科研项目、争取科研经费等方面取得了重大突破，圆满完成了全年工作目标任务。

(一)科研工作再上新台阶

一是科研项目实现重大突破。在过去的一年里，林科院新争取并通过国家和省立项的项目有25项，其中国家林业公益性项目“典型平原农区多目标农业防护林构建与可持续经营技术研究”经费453万元，是林科院历史上也是河南省林业系统争取国家科研项目单项经费最多的一次；省重大公益科研项目“河南省林木重大病虫害成灾机理及可持续控制技术研究”，是林科院首次通过公开竞标方式争取到的省级重大攻关项目，经费达150万元，也是林科院争取省级科研项目单项经费最多的一次，实现了争取项目的重大飞跃；“黄淮海平原农区农田防护林生态系统定位研究观测站建设工程”获得国家林业局立项，是林科院首次承担国家林业局较大的林业工程建设项目。全年共承担各类科研项目44项，其中国家农业成果转化资金项目2项，“十一五”国家科技支撑项目5项，“948”项目5项，国家林业局重点项目3项，省重点科技攻关项目2项，省农业结构调整项目1项，省农业成果转化资金项目2项，省杰出青年基金项目1项，省普通科技攻关项目8项，省属公益科研单位预研项目9项，国家和省标准化项目6项。

二是科技成果数量继续上升。全年共取得科研成果10项，其中“刺槐种质（基固）资源评价及饲料型刺槐良种选育研究”、“核桃属植物不定根发生机理及其繁殖技术体系创新”2个项目获省科技进步二等奖；“木通属植物种质资源收集、类型划分与果胶提驳技术研究”、“板栗优良品种丰产特性及机理研究”、“城市森林建设规划理论与实践研究”等3个项目通过鉴定；“泡泡树优良品种及栽培加工技术引进”、“香胶树优良品种及栽培技术引进”、“河南省退耕还林不同类型区造林模式研究与示范”3个项目通过国家林业局、省林业厅组织的验收；完成《蕨菜栽培技术规程》等4个标准的制定；“干旱石质山地植被快速恢复技术引进”项目在国家林业局组织的“948”项目中期评估中评分位居省级承担单位之首；全年公开发表论文45篇。

三是重点实验室工作稳步推进。按照实验室建设总体方案，通过自主招标和省财政招标，共投资120万元新购置气象色谱仪、体视显微镜、高压灭菌锅、冷冻离心机、冻干机、自动气象站等仪器，并完成安装调试；申报的“植物细胞遗传分析系统”、“细胞叶绿素荧光仪”等项目，争取经费120万元；新增“综合利用生物技术等方法进行黄连木等能源树种的雌雄株早期鉴别研究”，引进客座研究人员5人。

四是解决杨树黄叶病问题。根据林业厅党组的安排，林科院积极组织科技人员开展杨树黄叶病病因研究诊断，在各个发病区深入调查，全面取样，对病区土壤、水质、大气、病叶微量元素等进行细致分析，经过半年的努力，取得了突破性进展，初步提出了杨树黄叶病的致病原因及非侵染性的结论，并把研究结果向有关领导进行了汇报。

五是《河南林业生态效益价值研究》项目通过专家评审。11月7日，《河南林业生态效益价值研究》项目通过了省政府在郑州组织的专家评审，确认了河南省林业的生态效益总值为3 100多亿元。评审委员会认为，“该项目研究目标明确，符合河南省林业生态建设实际和全面协调可持续发展的要求，技术路线正确，评估方法规范科学，数据翔实可靠，并建议将这一成果尽快应用到河南林业生态省建设中”。这是在全国第一个使用国家标准测算林业生态效益的研究项目，在全国产生极大反响，主流媒体均给以广泛报道，走在了全国的前列。

（二）人才培养与对外合作交流卓有成效

一年来，林科院的人才培养、教育和对外合作交流工作，取得了丰硕成果。一是有3名同志完成博士学业，有4名同志分别在中南林业科技大学、河南农业大学在职攻读博士学位。二是进一步拓宽了对外合作交流渠道，有1名同志应邀赴韩国就核桃项目开展深层次合作；邀请广东省林业科学研究院、云南省林业科学研究院有关专家与本院科研人员开展形式多样的学术交流活动，取得了显著成效。

(三)科技开发工作有序推进

一是林科院利用自身技术优势，把握市场趋向，进一步加大了良种宣传力度，红叶杨、楸树、常青滕等良种苗木销售数量与收入再创新高。二是在园林绿化设计与施工中，先后完成民航小区和东韩寨小区绿化工程、省政府办公区三期绿化改造施工，受到委托单位的肯定与赞扬。三是完成申报省园林施工二级资质及豫林公司有关证件的更改、增资、验资等工作。

(四)林业科普工作成效显著

全年共承担科普传播工程项目12项，组织科普下乡30批次，下乡科技人员96人次，在淇县北阳镇挂牌建立了河南省林科院科普示范基地，同时组织专家积极参加由科技部、国家林业局在河南省组织开展的科技下乡活动。举办各类技术培训26场次，培训农民技术员和林农群众5 000余人次，编印发放各类技术资料1.5万份（册），向项目区赠送电脑2台、电视1台、园林工具100套、科技图书2 000余册，普及推广林果优良新品种36个，发放先进丰产栽培技术光盘18套，社会效益显著。

(五)林产品检测工作取得进展

省林产品质量监督检测站（简称质检站）以增强检测技术创新力、提高检验市场竞争力为工作思路，取得了可喜的成绩。一是完成了木地板、人造板建材市场的专项监督检查工作，保护了消费

者的合法权益。二是根据省质量技术监督局的安排，完成了全省人造板企业的产品定期监督检查工作。三是完成了质检站资质复查及扩权项目认定工作。12月9日，该站通过了省技术监督局组织的现场考核与评审，使质检站的许可检测产品由3类13种增加到7类32种，检测范围有了大幅扩展。四是加强了质检站的能力建设。组织申报的“河南省森林食品安全生产示范基地与认定体系建设”项目已列入省投资计划，投入森林食品质量检测仪器设备购置经费100多万元。

一年来，林科院干部职工团结协作，勇于创新，扎实工作，取得可喜的成绩，受到上级有关部门的表彰与奖励。院总支2007年被省委省直工委授予“2005~2006年度五好党总支”荣誉称号；院城市林业与环境研究所被团中央命名为2006年度国家级“青年文明号”；在2007年省万名科技专家服务“三农”活动中，林科院有6名专家被评为“优秀专家”。

二、纪实

获得省外国专家局表彰 3月12日，林科院被省外国专家局授予“引智先进集体”称号。

院城市林业与环境研究所获全国“青年文明号”称号 4月23日，林科院城市林业与环境研究所被共青团中央命名为2006年度全国“青年文明号”，并授予奖牌。

开展杨树黄叶病病因研究诊断 6月25日~12月30日，根据林业厅党组的安排，林科院组织科技人员开展杨树黄叶病病因研究诊断，对病区土壤、水质、大气、病叶微量元素等进行细致分析，经过半年的努力，取得了突破性进展，提出了杨树黄叶病的致病原因及非侵染性的结论。

6位专家获“优秀专家”称号 7月7日，在2007年省万名科技专家服务“三农”活动中，林科院的李良厚、刘翠峰、董云岚、凌晓明、刘占朝、刘俊磊6名专家被评为“优秀专家”称号。

获准承担“典型平原农区多目标农业防护林构建与可持续经营技术研究”科研项目 8月21日，由林科院申报的“典型平原农区多目标农业防护林构建与可持续经营技术研究”在全国申报的600多个项目中脱颖而出，通过了由财政部、科技部、国家林业局组织的专家评审，成为47个获准通过的项目之一，项目经费453万元，居该批项目中第三位，也是全国仅有的获准承担该批项目的5家省级林业科研院所的第一位。这是截至目前河南省承担的经费最多的单项林业科研项目。

“黄淮海平原农区农田防护林生态系统定位研究观测站建设工程”获国家林业局立项 9月15日，林科院“黄淮海平原农区农田防护林生态系统定位研究观测站建设工程”获得国家林业局立项，这是林科院首次承担国家林业局较大的林业工程建设项目。

开展学术交流活动 10月31日至11月1日，林科院邀请广东省林业科学研究院、云南省林业科学研究院有关专家与林科院科技人员开展了形式多样的学术交流活动。

《河南林业生态效益价值研究》项目通过专家评审 11月7日，林科院《河南林业生态效益价值研究》项目通过了省政府在郑州组织的院士级专家评审，确认了河南省林业的生态效益总值为3 100多亿元。这是在全国第一个使用国家标准测算林业生态效益的研究项目，在全国产生极大反响，主流媒体均给以广泛报道，走在了全国的前列。

组团参加农业高科技博览会 11月9日，受科技厅委托，林科院组织全省18个省辖市参加了在陕西举行的第十四届杨凌农业高科技博览会，由于组织得力、成绩突出，被组委会授予“优秀组织奖”、“优秀展示奖”、“优秀成果奖”，同时，有3个参展单位获得了组委会颁发的“后稷奖”。

争取到“河南省林木重大病虫害成灾机理及可持续控制技术研究”省级重大公益项目 11月20日，林科院首次通过公开竞标方式争取到省级重大公益项目“河南省林木重大病虫害成灾机理及可持续控制技术研究”，经费达150万元，这是林科院成立以来争取省级科研项目经费最多的一次，实现了争取项目的重大飞跃。

在鹤壁市建立科普示范基地 11月26日，在鹤壁市淇县北阳镇挂牌建立了河南省林科院科普示范基地。

质检站通过了资质复查和扩权项目认定 12月9日，质检站资质复查及扩权项目认定通过了省技术监督局组织的现场考核与评审。通过这次复查和扩权项目认定，使质检站的许可检测产品由3类13种增加到7类32种，检测范围有大幅扩展。尤其是所申请的森林食品检测项目，涉及干果类、坚果类、食用菌类等及食品中的重金属，农药残留等19个参数的检测项目全部通过认证，成为河南省首家获得森林食品检测资质认证的质检机构。

完成造林参考模式的制定工作 12月14~26日，林科院配合林业生态省建设规划的制定，完成“两区”、“两点”造林参考模式的制定工作。根据林业厅领导安排，林科院承担了林业生态省山地丘陵区、平原区和环城防护林、城郊森林、村镇绿化造林参考模式制定工作。通过科技人员的共同努力，圆满完成了相关任务。

种苗、花卉和经济林建设

一、概述

2007年，认真贯彻落实全国林业厅局长会议和全国种苗站站长会议精神，坚持以种为本、以推进林木良种化进程为中心，加强林木种质资源建设，加大优质林木种苗培育力度，不断优化造林树种结构，全省种苗工作再上新台阶。

（一）加强宏观指导，不断调整种苗生产的树种品种结构，超额完成年度生产任务

在种苗生产中，积极调整树种结构，加大优良生态林、经济林、花卉及园林绿化树种、生物质能源树种、工业原料树种等多树种、多品种生产力度，同时积极引进优良树种、品种，不断丰富河南省造林、育苗树种资源，育苗树种由过去80余个提高到150个以上，为林业生产林种、树种结构调整打下了物质基础。2007年，全省共完成大田育苗40.25万亩，占年度计划25万亩的161%；产苗21.74亿株（其中良种苗木15.7亿株），可出圃15.3亿株，完成容器育苗1.0亿袋。全省共采收林木种子126万公斤。全省新发展经济林52万亩，占全年任务数50万亩的104%；完成国家农业综合开发名优经济林建设项目1 000亩，经济林产品产量达到650万吨。全省花卉与园林绿化苗木生产面积发展到80万亩，超额完成年度目标任务。

（二）及时发布种苗信息，做好种苗余缺调剂

在造林关键时期，河南省经济林和林木种苗工作站（以下简称种苗站）建立信息报送制度，认真分析种苗生产供需状况，先后发布主要造林树种种苗余缺信息5期，调剂苗木1.6亿株，确保全省造林的种苗供应。

（三）加强种苗市场监管，全面提高种苗质量

一是加强种苗质量抽检。配合国家林业局北方林木种子检验中心对济源、新乡、南阳等地的飞播造林用种实施质量抽检；同时加大省级种苗质量的监督力度，对信阳等6个省辖市的造林苗木进行了省级质量抽检；郑州等10个省辖市开展了造林种子、苗木质量自查。全省工程造林苗木受检率达85%，苗木合格率90%以上，进一步增强了各地造林的种苗质量意识。二是加强种苗法制建设。配合国家林业局重点检查清丰、洛宁、洛阳市洛龙区等县区的种苗法制建设，就种苗管理机构建设、种苗质量监督、种苗市场监督及林木种苗扶持政策落实情况进行了深入调研和督察，通过督察有力促进了全省种苗法制建设。三是继续做好“一签两证”的发放工作，把好种苗市场准入关。上半年全省共发放生产经营许可证200多份，标签2万余份。

（四）加强种苗工程管理，不断提高项目建设成效

全省共建设种子园2 335.5亩，母树林3 552亩，采穗圃1 608.6亩，种质资源收集区571.5亩，良种繁育区2 395.5亩，子代测定林300亩，试验林532.5亩，良种示范区150亩，隔离防护林150亩。在开展调研的基础上，向国家林业局报送了林木种苗工程建设与管理工作报告。组织推荐上报2007~2008年中央投资种苗工程项目16个，已得到国家林业局批复5个；对2007年投资项目的年度设计和初步设计进行了审定论证。

（五）加强种质资源建设，圆满完成年度工作

一是利用省级财政资金种质资源建设经费400万元，营建基因库200亩、收集保存林1 000多亩、繁殖圃1 000多亩，繁殖优良苗木300多万株。二是完成国家重点林木种质资源保护项目“河南省桐柏毛集林场、卢氏东湾林场、温县苗圃苦楝、臭椿、青檀、七叶树树种资源调查收集保存示范”臭椿、青檀的部分繁育及部分保存林营建工作。三是配合中国林业科学研究院做好种质资源的收集、保存和利用工作，新建皂角种质资源收集区45亩，采穗圃16.5亩，试验示范区30亩；完成白皮松、皂角、毛白杨种质资源试验保存林测定任务。四是完成国家自然科技平台子项目“林木种质资源平台技术标准与规范研究制定及共享试点建设”存量树种的种质保护护照800份，建立种质资源卡片200份。

（六）创新种苗管理机制，服务林业生态省建设

《河南林业生态省建设规划》（豫政［2007］81号）经省政府颁布后，种苗站根据省政府、林业厅要求，按照“创新机制、择优扶持、公平竞争、阳光操作”的原则，制定了《河南林业生态省建设优质种苗培育资金扶持实施办法》（豫林种［2007］299号）。办法的出台，对优化河南省造林树种结构、丰富生物多样性、保证河南林业生态省建设的顺利实施有积极意义。

二、纪实

召开全省林木种苗站站长会议　1月31日，全省林木种苗站站长会在郑州召开。会议传达了全国林木种苗站站长会议精神，对全省种苗工作进行了部署，进一步确立了以种为本、以良种为核心的种苗工作方针。会议决定成立省、市两级种苗信息领导小组，落实种苗信息快报快传制度，积极开展种苗调剂。

对全省工程造林种苗质量进行抽检　4月3~10日，省林业厅委托省林木种苗质量监督检验站对信阳、驻马店、许昌、濮阳、南阳、平顶山等6个省辖市18个县（市、区）的重点工程造林苗木质量进行了抽查。共抽查杉木、火炬松、46杨、107杨、2025杨等5个树种（品种）、48个苗批。抽检结果：良种苗造林比例为91.6%，苗批合格率为89.5%（豫林种［2007］277号）。

全国林木种苗执法检查组到河南省检查　6月19~23日，全国林木种苗执法检查组李建锋一行3人先后到河南省清丰、洛宁、洛阳市洛龙区等3个县（区），就种苗管理机构建设、“两证”办理、种苗市场监管、种苗质量监督、案件处罚及林木种苗扶持政策落实情况等进行了检查。检查组对河省种苗执法工作存在的成绩进行了肯定，对存在的问题提出了改进意见。

国家北方林木种子检验中心有关人员来豫检查 6月，国家林业局委托国家北方林木种子检验中心对河南省济源市、新乡市、南阳市的飞播造林种子进行了质量抽查，共抽取黄连木、臭椿种子样品31个。抽检结果：种子样品合格率达90.3%（林场发[2007] 178号）。

《主要林木种子质量分级》、《盆栽菊花生产技术规程》2项地方标准出台 7月23日，由河南省经济林和林木种苗工作站起草的《主要林木种子质量分级》（DB41/T504—2007），由河南省经济林和林木种苗工作站、开封市林业技术推广站联合起草的《盆栽菊花生产技术规程》（DB41/T503—2007）等2个河南省地方标准通过河南省质量技术监督局发布，自2007年9月1日起实施。

下发《关于加强今冬明春造林种苗准备工作的紧急通知》 9月17日，河南省林业厅下发了《关于加强今冬明春造林种苗准备工作的紧急通知》（豫林种［2007］224号），要求各市认真做好苗木普查、检验，切实加强林木种子采收、储备，做好育苗准备，加强种苗质量监督，做好种苗余缺调剂，确保2007年冬2008年春全省造林绿化的种苗供应，保证河南林业生态省建设规划的顺利实施。

国家下达河南省林木种苗工程投资667万元 9月19日，国家发展和改革委员会、国家林业局下达了2007年林木种苗工程中央预算内专项资金投资计划（发改投资［2007］2445号），批复河南省温县毛白杨良种基地、濮阳市大枣良种基地、郑州市皂角良种基地、偃师市林木采种基地、栾川日本落叶松良种基地、登封市侧柏采种基地、河南榉树五角枫林木良种基地等7个项目总投资667万元，其中：中央预算内450万元，地方配套217万元。

完成国家科技攻关项目“林木种质资源收集保存”年度任务 9月至10月，根据国家科技攻关项目“林木种质资源收集保存”年度工作安排，种苗站组织科技人员先后采集青檀、臭椿80多个家系。同时，按照项目科研要求，对苦楝、毛白杨、白皮松、皂角、七叶树等树种的生长情况进行了调查。

考核全省林业育苗任务完成情况 10月，种苗站组织7个考核组分赴全省18个省辖市，随机抽取、实地验收35个县（市）105个乡（镇）315个行政村的育苗品种、数量、等级，完成了全省林业育苗任务考核工作。

召开2007年度林木品种审定会 12月15日，河南省2007年度林木品种审定会在郑州召开。省林木品种审定委员会主任委员、林业厅党组成员、副厅长丁荣耀出席会议并讲话。会议对2007年报审的林木品种进行了审定。中国林业科学研究院经济林研究中心选育的恐龙蛋杏李、中国农业科学研究院郑州果树研究所选育的宝石红猕猴桃、河南省林业技术推广站选育的中豫长山核桃1号、河南省红枫实业有限公司选育的彩叶北海道黄杨等26个品种通过审定。丁荣耀在讲话中强调：林木新品种选育一要不断提高科技含量和质量，加快新品种的选育和推广速度；二要以林业生态省建设为中心，为生态省建设提供又好又多的新品种；三要树立科学发展观，正确认识和把握新品种引进和自主选育的关系，不断提高自主创新能力。

《河南林业生态省建设优质林木种苗培育资金扶持办法（试行）》出台 12月25日，河南省林业厅出台了《河南林业生态省建设优质林木种苗培育资金扶持办法（试行）》（豫林种［2007］299

号）。本办法所称优质林木种苗，是指河南林业生态省建设急需、育苗技术复杂、繁育困难的优质生态用材树种、经济林树种、珍稀濒危树种、生物质能源树种、彩叶景观树种等林木种苗，重点扶持国家、省林木品种审定委员会审（认）定通过并向社会公告的林木良种和优良乡土树种。该办法扶持对象为全省范围内的国有、集体、民营等各种所有制种苗生产单位。2008年度扶持金额为1 200万元。办法规定，河南省经济林和林木种苗工作站负责优质林木种苗培育的组织和管理工作。

森林病虫害防治与检疫

一、概述

2007年，河南省林业有害生物防治工作在省林业厅党组的高度重视和正确领导下，坚持“预防为主、科学防控、依法治理、促进健康”方针，认真组织实施国家级工程治理项目，严格实行目标管理和重点治理，加强能力建设，加大执法力度，各项工作都取得了较大进展，完成了年度目标任务。

（一）林业有害生物发生防治及“四率”指标完成情况

2007年，全省共发生各种林业有害生物903.6万亩， 发生率为13.98%；成灾面积10.7万亩，成灾率1.67‰，低于国家林业局下达的8‰的指标6.33个千分点。2007年初，预测全年发生各种林业有害生物805.7万亩，全年实际发生903.8万亩，监测覆盖率达到85%以上，测报准确率为89.2%，高于国家林业局下达的82%目标任务7.2个百分点。全年共防治各类林业有害生物面积704.6万亩（飞机防治达96.5万亩），无公害防治面积528.5万亩，无公害防治率达到75%，高于国家林业局下达的74%的目标任务1个百分点。全省应施产地检疫面积53.8万亩，实际实施种苗产地检疫面积48.8万亩，种苗产地检疫率达90.7%，高于国家林业局下达的89%目标任务1.7个百分点。

（二）采取多种措施，重点工程年度目标超额完成

通过召开会议、明确目标任务、加强检查督促协调等形式，认真落实各项治理任务，大小蠹、杨树病虫害两个工程治理项目进展顺利。2007年，全省共发生红脂大小蠹26.1万亩，华山松大小蠹、松纵坑切梢小蠹等其他小蠹虫30.2万亩，运用诱捕器诱杀法、干基薰杀、伐桩处理、虫孔施药、干部喷药和人工挖除等综合措施共防治10.7万亩，遏制了小蠹虫严重危害的势头，使虫害发生范围进一步缩小，危害程度持续减轻，确保红脂大小蠹不过黄河。

杨树病虫害工程治理区以采取飞机喷洒阿维灭幼脲等仿生制剂为主要措施，结合纯林改造、地面喷雾防治等多种措施，综合治理面积12.2万亩，较好地控制了杨树病虫灾害。

（三）测报工作稳步推进

据统计，全省共有森林病虫害测报站点1 188个，其中中心测报点146个（国家级中心测报点38

个，省级中心测报点12个），一般测报点1 042个。有专职测报员633人，兼职测报员1 845人。全省各测报站点全年共发布病虫情报1 565期，其中省测报站1~9月发布了林业有害生物发生情况及动态信息14期，各市及国家级、省级森林病虫害中心测报点发布病虫情报1 400余期，7.5万余份。完成了森防系统软件基础数据维护，对有关数据进行了重新调整和确认，完成了全省越冬后调查及全年趋势预测、杨树黄叶病害调查、杨树病虫害监测、重点病虫害调查测报任务，按时完成了林业有害生物发生危害数据汇总、报表上报工作和全年发生趋势预测发布。

（四）重点针对危险性林业有害生物，加强了检疫工作

2007年,全省加大检疫执法力度,在全面开展产地检疫、调动检疫、复检的同时，开展了松材线虫病、枣实蝇、悬铃木方翅网蝽、加拿大一枝黄花等外来林业有害生物和危险性林业有害生物的专项普查或调查。加强了杨树黄叶病害的调查研究，5月组织了由河南省林业厅、河南农业大学、河南省林业科学研究院等单位专家组成的协作组，6月组织了由国家林业局植树造林司、森林病虫害防治与检疫总站、北京林业大学、南京林业大学等专家组成的杨树黄叶病害考察组，并形成了考察报告。完成了全省森林植物检疫现状调研，组织有关省辖市森林病虫害防治与检疫站站长赴重庆考察，学习重庆检疫执法经验，出台了《河南省省际林业植物调运检疫管理办法》，为进一步规范河南省的省际林业植物调运检疫奠定了基础。

（五）森防体系进一步得到加强

全省有省、市（地）、县三级森林病虫害防治与检疫站159个，其中省级1个、市（地）级18个、县级140个。经验收，宁陵县森林病虫害防治与检疫站、平顶山市森林病虫害防治与检疫站于2007年达到省级标准站建设标准。截至目前，全省建设省级标准站95个，国家级标准站30个。初步建立了应急防控体系，济源市、濮阳县、南乐县等市（县）以财政专项资金购买防治专用车及大型防治器械，为防控重大林业有害生物灾害提供了组织保证。

（六）开展无公害飞机防治和联防联治，控制突发性病虫灾害

省森林病虫害防治与检疫站多次召开飞机联防会议，协调飞防用药，解决飞防中出现的问题。有机场、面积大的地方采用运五飞机防治，没机场、面积小的地方采用直升飞机防治，防治用药采用阿维灭幼脲、苯氧威、森得保等生物及仿生制剂。2007年，焦作、新乡、鹤壁、济源、郑州、安阳、南阳、商丘、三门峡9个省辖市开展了飞机防治，作业面积96.5万亩。

二、纪实

林业有害生物监测预报工作获国家林业局表彰　1月，国家林业局授予河南省森林病虫害防治与检疫站全国林业有害生物监测预报工作先进集体称号，王平被授予全国林业有害生物监测预报工作优秀工作者称号（林造发［2007］12号）。

建立健全应急防控机制，促进防治工作的规范化、制度化　4月，根据《河南省人民政府办公厅关于印发河南省重大林业有害生物灾害应急预案的通知》（豫政办［2006］66号）的要求和精神，成立了由省直相关部门参加的河南省重大林业有害生物灾害应急防控指挥部办公室（豫林防控［2007］1号）和河南省重大林业有害生物灾害应急防控指挥部专家组（豫林防控［2007］2号），截至目前，全省18个省辖市及林州、邓州等30个县（市、区）相继发布了预案。应急预案的制定和发布，进一步明确了参与应急部门的职责、预警级别、应急响应、后期处置、保障措施等，在促进防治工作规范化、制度化的同时，为重大林业有害生物灾害处置提供了依据。

国家林业局森林病虫害防治与检疫总站在河南省召开全国防治科长培训研讨会　9月，国家林业局森林病虫害防治与检疫总站在河南省安阳市召开由全国各省、自治区、直辖市防治科科长参加的培训研讨会，国家林业局植树造林司总工程师吴坚、河南省林业厅副厅长张胜炎出席会议。

召开杨树黄叶病害病因研讨会　12月，省森林病虫害防治与检疫站邀请国家林业局植树造林司总工程师、研究员吴坚，北京林业大学教授杨旺，河南农业大学教授、博士生导师范国强，河南省农业科学研究院研究员、博士生导师张振臣等全国林业教学、科研和管理等部门的专家组成专家组，在河南省郑州组织召开杨树黄叶病害发病原因研讨会。省林业厅助理巡视员万运龙，河南农业大学、省林业科学研究院、省森林病虫害防治与检疫站及焦作市森林病虫害防治与检疫站的有关人员参加了会议。专家组成员在听取了中国林业科学研究院、河南农业大学、河南省林业科学研究院的研究情况汇报后，结合黄叶病发生发展情况，经质疑和讨论形成了一致的意见和建议，认为虽然杨树黄叶病害致病原因非常复杂，但截至目前尚未有充分的依据证明该病是侵染性病害。

林业技术推广与乡站建设

一、概述

一年来，河南省林业技术推广站在林业厅党组的正确领导下，按照《绿色中原建设规划》加大科技创新力度，着力加强全面建设，在林业技术推广、重点工程区林业站建设、林业行政案件稽查等方面工作成绩显著，圆满完成了年度工作任务。

（一）加快林业科技推广体系建设

为努力做好《国务院关于深化改革加强基层农业技术推广体系建设的意见》的贯彻落实工作，河南省林业技术推广站积极协助省农业厅等相关部门，起草了《河南省人民政府关于深化改革加强基层农业技术推广体系建设的实施意见》中有关“基层林业技术推广体系建设”部分的内容，该实施意见已经由省政府以豫政［2007］78号文下发实施。按照国家林业局下达的林业技术推广中心站（开封市）项目建设任务，组织人员督促实施。购置各种仪器设备70多台（套），办公用房已经启用。同时，向国家林业局申报了11个市、县推广站作为2008年科技推广中心站建设项目计划。

（二）认真落实国家级、省级推广项目实施方案

作为技术依托单位，认真落实国家级、省级林业技术推广项目实施方案，完成了承担的国家林业生态建设科技支撑项目“河南省淮河源头退耕地优良灌木繁育栽培技术示范应用”的竣工验收及承担的其他推广科研项目年度目标任务。承担编辑的国家局标准“石榴无公害栽培技术规程”，经国家林业局批准发布；承担的省农业科技成果转化资金项目“干旱裸露地植被快速恢复技术示范与应用”项目，通过了省科技厅组织委托有关部门的监理验收。结合承担的省扶贫科技支撑项目到实施地培训与指导3次，到村72人次，培训农民5 020人次，印发资料11 200份，推广新品种新技术38项。为解决“技术棚架”问题，编辑了《河南林业科技推广》12期，印发7 000余份，免费向全省推广系统和一批林业专业户无偿发放。同时，拓宽项目资金争取渠道，申报各类项目6项，其中：国家林业局星火计划项目2项，推广项目1项，科技成果转化项目1项，生物质能源林项目2项。

（三）加强重点工程区林业站建设

按照国家林业局的要求，配合国家林业局林业工作总站对河南省2006年重点工程区林业站建设项目进行了检查验收。2007年建设项目全部落实，由国家林业局统一采购的部分仪器设备290件(套)，已配发到各项目建设单位。同时，完成了2008年重点工程区林业站河南项目的筛选和推报工作。

（四）推进省级林业科技推广中试基地一期工程建设

为加快省级林业科技推广中试基地建设，先后引进栽植枫杨、复叶槭、黄连木等10多个新品种，开展了驯化和适应性观测试验，进行了GGR物化技术育苗及生长促进试验、黑核桃高枝嫁接试验等新技术新成果的中试工作，全面启动了新品种、新技术中试区、示范区和资源保存扩繁区的建设，共栽植各种树木5万余株，完成了部分基础设施建设任务。

（五）加大林业行政案件稽查督办力度

为提高林业行政案件稽查督办工作质量，有效地遏制破坏森林重大案件的发生，按照“谁接报、谁负责”的稽查督办工作原则，全年共受理领导批办、上级督办、群众来访重大案件20起。其中，国家局督办件10起，厅处、室批办件4起，群众来信、来访举报案件6起。受理案件全部办结，案件办结率达100%。

二、纪实

两项目被确认为河南省科学技术成果　1月9日，省林业技术推广站主持完成的“桃主干形树体栽培新模式及配套栽培技术研究与示范”（登记号9412007Y0093）、“河南省社会林业工程创新体系的研究与实施”（登记号9412007R0094）两个项目被确认为河南省科学技术成果。

“桃主干形树体栽培新模式及配套栽培技术研究与示范”项目获得河南省科技进步三等奖　11月6日，由省林业技术推广站主持完成的“桃主干形树体栽培新模式及配套栽培技术研究与示范”项目获得河南省科技进步三等奖（证书号：2007-J-213-DOI/04）。

“杨树工业用材林高产新品种定向选育和推广”项目获得国家科技进步二等奖　12月11日，由省林业技术推广站参与完成的“杨树工业用材林高产新品种定向选育和推广”项目获得国家科技进步二等奖（证书号：2007-J-202-2-01-D06）。

张玉洁承担完成的“杨树工业用材林高产新品种定向选育和推广”项目获得国家科技进步二等奖　12月11日，由省林业技术推广站张玉洁承担完成的“杨树工业用材林高产新品种定向选育和推广”项目获得国家科技进步二等奖（证书号：2007-J-202-2-01-R09）。

退耕还林天然林保护及生态公益效益补偿

一、概述

2007年，河南省退耕还林天然林保护及生态公益林管理工作在省林业厅党组的正确领导下，各级林业部门和各个实施单位认真落实政策，积极探索管理模式，促进了各项工作的顺利开展，全面完成了年度目标任务，取得了良好成绩。

（一）全面完成退耕还林造林年度目标

截至2007年底，河南省已完成国家退耕还林工程计划任务1 386.75万亩，其中在坡耕地和沙化耕地上退耕还林376.5万亩，宜林荒山荒地造林和封山育林1 010万亩。工程区覆盖全省18个省辖市的136个县（市、区），涉及退耕农户129.1万户、退耕农民488.9万人。国家累计投资45.3亿元。

退耕还林工程建设取得了显著成效。一是加快了河南省绿化步伐。根据目前实施的退耕还林工程面积，按照85%的保存率计算，将使全省森林覆盖率增加4.7%。二是改善了生态环境。根据河南省林业科学研究院在济源市东沟村小流域的监测结果，退耕还林的实施，使林草覆被率由28%增加到了54%，土地年侵蚀模数由治理前的每亩45.6吨下降到每亩21.87吨，坡耕地粮食产量提高23.4%。三是调整了农村产业结构。工程的实施对调整农村产业结构和新农村建设起到了积极的推动作用。截至目前，退耕还林工程已形成杨树、泡桐、刺槐等速生用材林648万亩、干鲜经济林290万亩、林草间作30万亩、林药间作60万亩。四是增加了农民收入。据2006年监测，12个退耕还林样本县2005年农村居民人均纯收入为2 969元，高出全省平均水平98元。同时，直接补给农户的粮食补助资金和生活补助费38.3亿元，平均每户2 967元。五是促进了农村劳动力的转移。据调查，2005年退耕户有79.5万人外出务工，总收入43.7亿元，人均5 491元。同时，退耕还林工程还为农民提供就业岗位44万个，总收入达到16.3亿元。

（二）天然林资源保护工程稳步推进

天然林保护工程区各地继续认真贯彻落实河南省人民政府《关于在黄河中游地区全面停止天然林商品性采伐的通告》，在工程区继续实行天然林禁止商品性采伐，对因地方重点工程确需少量采伐天然林的，严格执行国家林业局单报单批制度。对省林业厅下达的18.465 9万立方米（蓄积）天然林保护区人工商品林采伐限额，认真按照试点工作方案和采伐管理程序执行，严格采伐管理。

在天然林保护区工程公益林建设过程中，实行由具有资质的林业专业设计单位设计，由专业队承包施工，县林业主管部门组织营林、财务、纪检等有关人员进行施工监督、质量验收，施工单位出具税务部门正规发票报账的办法，切实把握好设计、种苗、施工、验收、报账等关键环节的管理，保证了建设进度和质量。同时，还开展了公益林建设“回头看”活动，对工程实施以来公益林建设情况进行了全面核查，通过强化管护措施、修复封禁设施、开展补植补造，保证了公益林建设质量。

开展天然林保护区工程县级档案电子化管理工作，将县级天然林保护区工程基本概况、森林管护、公益林建设、资金管理、人员分流、工程管理等六方面的有关方案、文件、规定、总结全部录入电脑，并利用电脑制作工程区规划布局、管护责任区分布、公益林建设进展等三套电子图，做到工程文字档案与电子档案并存，确保档案工作质量。

（三）森林生态效益补偿工作顺利开展

补偿面积进一步核实。为合理分配和使用补偿资金，各实施单位结合“二类调查”成果，对公益林补偿面积进行了进一步核实。核实结果表明：重点公益林补偿面积870.6万亩，涉及13个省辖市、48个县级实施单位、236个乡镇（含县管林场）、2 623个村（林班）、28 526个小班，补偿国有林264万亩、集体林433.2万亩、个体林167.85万亩（涉及林农13.13万户），其他权属5.55万亩。省级公益林补偿面积120万亩，涉及11个省辖市、32个县级实施单位、51个乡镇（含县管林场）、410个村（林班）、4 205个小班，补偿国有林69.6万亩、集体林46.05万亩、个体林4.35万亩（涉及林农0.32万户）。补偿面积的进一步核实，为补偿资金的合理分配使用夯实了基础，避免了套取补偿资金等违规行为的发生。

资源管护全部到位。一是签好管护合同。为使不同权属公益林的管护责任更加明晰，河南省将管护合同细化为“两级两类”：一级合同由林业主管部门与直属的实施（管护）单位签订；二级合同分为护林员、林农个人两类护林合同，由实施（管护）单位与护林员或林农个人签订。二是选好护林人员。各实施（管护）单位上岗的护林员多为林区附近既有营造林经验又年富力强的村民，护林劳务费与护林绩效挂钩，较好地解决了“管与不管一个样、管好管坏都有钱”的问题。三是抓好护林员队伍建设。各实施单位结合当地实际，不断完善护林员选聘程序，同时采取多种措施，加强职业道德教育、业务知识培训和护林绩效考核，及时撤换不称职、不合格的护林员。全省现有专兼职护林员5 554名，其中国家重点公益林区4 690名，省级公益林区864名，资源管护全部到位。

管护制度日趋完善。各实施单位按照有关规定，制定了补偿基金使用管理制度或实施细则、公益林管护细则、护林员考勤考核制度以及护林员选用标准等管理规范，基层管护组织还制定了“村规民约”。新县还以县政府的名义印发了《关于加强重点公益林管理的通知》，并批转了《新县重点公益林保护管理与森林生态效益补偿基金实施方案》，在国家重点公益林资源管理办法尚未出台之前，先行规范了公益林管理行为。

补偿基金足额兑付。各实施单位对补偿基金实行专项管理，分账核算。已实行国库集中支付的，资金拨付按照国库集中支付有关规定办理；未实行国库集中支付的，资金由县级财政部门或林业主管部门采取报账制等方式拨付。全年中央财政补偿基金4 353万元、省级补偿基金600万元均全部拨付到位。

二、纪实

全省生态公益林资源管理现场会在汝阳召开 1月22~23日，全省公益林资源管理现场会在汝阳县召开，省林业厅党组成员、副厅长张胜炎出席会议并作重要讲话。会议要求各级林业部门和各个实施单位认真学习汝阳经验，增强责任意识，全面提升生态公益林资源管理水平。已实施森林生态效益补偿的14个省辖市林业局主管局长及业务负责人、49个县（市、区）林业局主管局长和13个省辖市直属国有林场主要负责人参加了会议。

开展退耕还林后续产业发展情况调研 1月25日，为加快退耕还林后续产业发展，张胜炎副厅长带队到原阳县陡门乡陡西村调研退耕还林林下种植食用菌情况。林下种植食用菌一可增加农民收入，二可解决秸秆焚烧问题，三可促进林木生长。

省林业厅认定省级公益林面积480万亩 2月7日，《河南省林业厅关于认定省级公益林面积的通知》（豫林补［2007］10号）认定省级公益林面积480万亩。认定的区位及面积为重点公益林区外的重要河流源头（四大干流的二级以上支流）162.45万亩，大中型水库（库容6 000万立方米以上）周围135.9万亩，省级以上自然保护区、森林公园及国有林场内的生态公益林181.65万亩。

颁发新的补偿基金管理办法和公益林管理目标考核办法 2月7日，河南省财政厅、河南省林业厅联合下发了《关于印发〈河南省森林生态效益补偿基金管理办法〉的通知》（豫财办农［2007］152号）。

开展2006年度天然林保护工程省级复查 3月14日至4月15日，按照国家林业局的要求，在各工程县（市、区）自查的基础上，组织专业技术人员，对洛阳、三门峡、济源三市天然林保护工程实施情况进行了省级复查。对复查中发现的问题，以河南省退耕还林和天然林保护工程领导小组办公室名义函告有关省辖市政府，督促有关单位认真整改。

天然林资源保护工程“四到省”考核取得佳绩 3月26日，国家林业局发布了《国家林业局关于2005年度天然林资源保护工程“四到省”考核结果的通报》（林天发［2007］69号），河南省排名第三。

下发《关于印发河南省一折通兑现农民补贴实施方案的通知》 3月30日，省人民政府办公厅下发《关于印发河南省一折通兑现农民补贴实施方案的通知》（豫政办［2007］26号）。通知规定，从2007年起在农村信用社为农民开设固定的补贴存款账户，实行“一折通”办法兑现政府对农民的粮食直补、综合直补和退耕还林粮食补助资金。

开展退耕还林成果巩固情况调研 5月，河南省退耕还林和天然林保护工程管理中心（以下简称省退耕中心）组织两个调研组对济源市、修武县、温县、唐河县、泌阳县、汝州市等市、县（市）的退耕还林成果巩固情况进行了调研。

财政厅、林业厅联合下达森林生态效益补偿基金 6月29日，《河南省财政厅 河南省林业厅关于下达2007年省级森林生态效益补偿基金的通知》（豫财办农［2007］164号）下达年度省级补偿基金600万元；9月20日，《河南省财政厅 河南省林业厅关于下达2007年中央财政森林生态效益

补偿基金的通知》（豫财办农［2007］256号）下达年度中央补偿基金4 353万元。

国家林业局领导来河南调研 7月10~11日，国家林业局李育材副局长到河南省实地察看了洛阳市小浪底等地的退耕还林工程，听取了当地负责同志的工作汇报，详细询问了工程管理情况，并在工程现场与退耕农户进行了亲切交谈，仔细询问了造林机制、成果巩固及政策兑现情况。在充分肯定河南省退耕还林工程建设取得显著成效的同时，李育材副局长对河南省巩固退耕还林成果提出了指导性的意见。

开展退耕还林生态移民情况调研 8月，为做好退耕还林成果巩固专项规划编制工作，省退耕中心对嵩县、汝阳、鲁山三县开展了退耕还林生态移民情况调研。

国务院出台完善退耕还林新政策 8月10日，国务院下发《国务院关于完善退耕还林政策的通知》（国发［2007］25号）。通知决定，现行退耕还林粮食和生活费补助期满后，中央财政安排资金继续对退耕农户直接补助。淮河、长江流域每亩退耕地补助105元，黄河、海河流域每亩退耕地补助70元，原每亩退耕地每年20元生活补助费，继续直接补给退耕农户，并与管护任务挂钩。补助期为：还生态林补助8年，还经济林补助5年。

配合国家林业局完成天然林保护工程“四到省”核查 8月14~22日，配合国家林业局天然林保护工程“四到省”核查组对河南省2006年度天然林保护工程实施情况和工程管理及资金管理情况进行了核查。

表彰全国退耕还林工程先进集体与个人 8月23日，《国家林业局关于表彰全国退耕还林先进县、先进单位、先进个人、优秀农户的决定》（林退发［2007］174号），对河南省在退耕还林工作中作出突出成绩的先进县、先进单位、先进个人、优秀农户予以表彰，获全国退耕还林先进单位的是河南省退耕还林和天然林保护工程管理中心、登封市林业局、新安县林业局、桐柏县林业局、新县林业局，获全国退耕还林先进个人的是段绍光、李庆国、李建路、马庆君、杜宏、郭生乾、张朝敏、陆乱祥、康敬国，获全国退耕还林优秀农户的是王金奎、吴世收、刘六昌、王灵荣。

组织开展退耕还林有关情况调查 9月26日，省林业厅下发《关于开展退耕还林有关情况调查的通知》（豫林文［2007］63号）。调查的主要内容：退耕还林需要补植补造情况、退耕还林工程生态移民需求情况、25度以上坡耕地面积、现行补助期满退耕地情况。

配合财政厅下达年度退耕还林粮食补助资金 9月27日，省财政厅印发《关于拨付2007年退耕还林粮食补助资金的通知》（豫财办金［2007］81号），拨付粮食补助款64 597.029万元。

召开全省退耕还林工作会议 10月9日，全省退耕还林工作会议在郑州召开。会议的主要内容是贯彻落实《国务院关于完善退耕还林政策的通知》精神，传达贯彻全国退耕还林工作会议精神，分析退耕还林工作面临的新形势，部署安排下一阶段退耕还林工作。

编写《2007年度退耕还林工程省级实施方案》 10月，根据《国家发展和改革委员会 国家林业局关于下达2007年退耕还林工程荒山荒地造林中央预算内专项资金投资计划的通知》（发改投资［2007］2037号），下达河南省退耕还林工程荒山荒地造林80万亩，总投资4 000万元，省退耕中心编制了《2007年度退耕还林工程省级实施方案》，并报国家林业局审核通过。2007年度退耕还林工程造林任务涉及17个省辖市、89个县（市、区）。

下达退耕还林工程现金补助费　10月23日，省财政厅、林业厅印发《关于拨付2007年退耕还林工程现金补助的通知》（豫财办［2007］292号），拨付退耕还林工程农户现金补助7 295万元。

印发《河南省公益林管理工作年度目标考核办法（暂行）》的通知　10月24日，下发了《河南省林业厅关于印发〈河南省公益林管理工作年度目标考核办法〉（暂行）的通知》（豫林文[2007]69号）。

省公益林管理办公室组织年度管理目标考核　10月31日至11月16日，省公益林管理办公室在县级自查的基础上，组织省林业科学研究院专业技术人员和河南农大林园学院师生共计60余人，分赴各地开展了本年度公益林管理目标考核。本次考核共抽查县级样本25个、乡级样本76个，抽查村（林班）213个、小班1 500个，抽查面积48万亩，调查护林员330名。考核结果表明：除部分单位因基层财政困难、工作经费难以落实外，全省公益林管理工作基本实现了工作到位、措施到位、人员到位、政策到位、管护到位的目标。

召开全省退耕还林座谈会　11月5日，全省退耕还林座谈会在郑州召开，全省17个省辖市及试点工程县（市）林业局主管局长和退耕还林办公室主任参加了会议。会议的主要内容是座谈讨论巩固退耕还林成果的有关问题，进一步贯彻《国务院关于完善退耕还林政策的通知》精神。

下发退耕还林有关问题处理意见　11月21日，省林业厅下发《关于印发退耕还林有关问题处理意见的通知》（豫林退［2007］263号），对征占退耕地、低质低效林分改造、抚育间伐、林木管护、林下间作、补植补造与重造、毁林复耕、大户承包退耕地、退耕地块调整、林权证发放等10个问题，提出了具体处理意见。

编印退耕还林政策宣传单　12月，为做好完善退耕还林政策宣传工作，省退耕中心组织编印《完善退耕还林政策问答》宣传单140万份，发放至每个退耕农户。

全省公益林管理业务培训班在郑州举办　12月12~14日，省公益林管理办公室在河南饭店举办全省公益林管理业务培训班，对基层管理人员进行了补偿基金管理、护林员管理、公益林建设项目管理等管理知识的业务培训。

全省天然林保护工程座谈会在郑州召开　12月21日，在郑州举办了全省天然林保护工程座谈会，参加会议的有各工程实施县（市、区）林业局局长、主管局长、天然林保护办公室主任共50余人。会上传达了“全国天然林保护办公室主任座谈会”和“天然林保护工程省级管理人员培训班”会议精神，对河南省天然林保护工程进行了阶段性总结，探讨了实施天然林保护工程的改革思路及途径，研究部署了2008年天然林保护工程建设工作。

林业产业及林业外资项目管理

一、概述

一年来，河南省林业产业发展中心在林业厅党组的正确领导下，以科学发展观和现代林业建设为指导，认真落实《中共中央　国务院关于加快林业发展的决定》和河南省委、省政府贯彻中央决定的意见，树立和谐发展的理念，紧紧围绕《河南林业生态省建设规划》，推进河南省林业产业发展，促进林农脱贫致富，圆满完成了年度目标任务，取得了明显成效。

（一）积极推进林业产业发展

贯彻落实国家林业局等七部委联合印发的《林业产业政策要点》，全面推进林业产业发展。加强与相关部门合作，向省农业产业结构调整办公室上报河南省农业产业化备选龙头企业10个，并组织企业开展申报工作，有7个企业通过评审；组织召开了全省林业产业工作座谈会，就河南省林业产业的发展问题进行了探讨与交流；组织开展了《中国林业产业年鉴》编纂工作；制定印发了《河南省木材经营加工许可证管理办法（试行）》，进一步规范了全省木材经营加工许可证的管理工作；完成了全省2006年度、2007年度林业产业发展情况综合分析报告；积极组织参加“2007中国国际林业博览会”，荣获优秀设计奖、组织奖两项大奖，另有6个系列、近20种林产品分获产品金奖、银奖；完成了林业系统安全生产和食品安全的相关协调工作，参加省政府安全生产和食品安全工作会议6次，向省政府及有关部门提交安全生产方面报告及汇报材料5份，组织参加了全省食品安全宣传周活动。全年完成林业产业总产值438亿元，比2006年增长26.8%。

（二）认真组织实施外资营造林项目

一是启动实施了日元贷款河南省造林项目。4月20日，省林业厅在郑州召开项目启动工作会议，会议下发了日元贷款河南省造林项目的实施管理办法、财务管理办法、提款报账办法、检查验收办法，印制了《日元贷款河南省造林项目工作手册》、《日元贷款河南省造林项目农户手册》，并发放到各项目单位及农户，配合省财政厅完成项目逐级转贷工作。二是启动实施了中德财政合作河南省农户林业发展项目。5月24日，联合省财政厅在郑州召开项目启动会议，配合国内外咨询专家编制完成了项目执行计划、年度计划工作，完成了项目实施管理办法、财务管理办法、审计方案的制定，完成了物资设备采购工作，所采购交通工具、办公用品等物资已分发至各项目单位，印制了项目彩色宣传页、《参与式土地利用规划手册》。三是组织完成了日本政府贷款河南省造林项目及中德财政合作河南省农户发展项目市、县级管理人员的培训工作。培训市、县级项目技术管理人员1 080人。四是完成了日本小渊基金项目森林档案编制工作，并通过了日本小渊基金项目技术指导团的年度检查验收。五是完成林业外资项目造林年度检查验收、年度提款报账和年度财务决算、审计工作，并督促各项目县完成了审计意见的整改工作。六是接受世界银行检查组对河南省宜阳县及南乐县、信阳市平桥区的贫困地区林业发展项目和林业持续发展项目的考察、检查。七是完成了河南省世界银行项目林划入生态公益林情况摸底调查，配合国家林业局开展了债务调研，并就该部分公益林债务向财政部和国家林业局进行了确认，起草了专题报告。全年共组织完成利用外资营造林118.1万亩，为计划任务的103.5%。

（三）积极推进速生丰产林基地建设

配合全省林纸一体化项目建设，全省共完成以工业原料林为主的速丰林43万亩。2007年，河南省被国家林业局确定为全国首批速丰林工程大径材项目试点省份，该项目将利用中央预算内资金100万元，在原阳林场新造杨树大径材2 360亩，改培2 000亩，同时完成了2008年度大径材项目申报工作。

二、纪实

河南省被确定为全国首批速丰林工程大径材项目试点省份 3月1日，根据《国家林业局计资司关于报送2007年大径材级材培育基地试点建设项目投资建议计划的通知》（计计函［2007］23号），河南省被确定为全国首批速丰林工程大径材项目试点省份。

下发《日本政府贷款河南省造林项目实施管理办法》 4月6日，省林业厅、财政厅联合下发了《关于印发〈日本政府贷款河南省造林项目实施管理办法〉的通知》（豫林项［2007］55号），为项目管理提供依据，确保项目管理更加规范。

举办日本政府贷款河南造林项目营造林检查验收培训班 4月9~12日，省林业厅项目办公室在郑州举办了日本政府贷款河南造林项目营造林检查验收培训班，培训市、县级项目技术管理人员160人。

日本政府贷款河南省造林项目启动 4月20日，日本政府贷款河南省造林项目启动工作会议在郑州召开。省政府刘新民副省长、王树山副秘书长，省财政厅鲁轶副厅长，省林业厅刘有富副厅长、张胜炎副厅长，省外侨办公室郭俊峰副主任，日本驻华大使馆一秘等等力研、日本国际协力银行驻北京代表处副所长中里太治、日本国际协力银行驻北京代表处项目官员张阳，省财政厅、审计厅、林业厅、外侨办公室以及各省辖市、县（市、区）的林业局、财政局主要领导共同出席了会议。刘新民副省长作了重要讲话。日元项目是继世界银行贷款项目之后又一个大型林业外资项目，总投资8.3亿元，其中利用日元贷款74.34亿日元（合5.6亿元人民币）。

举办中德财政合作河南省农户林业发展项目研讨会 4月29日，中德财政合作河南省农户林业发展项目研讨会在鲁山举行。项目首席咨询专家伊安•阿米塔奇参加会议并就项目管理进行了阐述。

国家林业局正式下达我省速丰林工程大径材项目投资计划 5月9日，国家林业局正式下达投资计划（林计发［2007］108号），同意国有原阳林场利用中央预算内资金100万元，新造杨树大径材2 360亩，改培2 000亩。

中德财政合作河南省农户林业发展项目启动 5月24日，中德财政合作河南省农户林业发展项目启动工作会议在郑州召开。国家林业局对外合作项目中心苏明副主任、河南省财政厅鲁轶副厅长、河南省林业厅张胜炎副厅长、德援项目首席咨询专家伊安·阿米塔奇、国际咨询专家阿尔弗雷德·皮特勒、国内咨询专家刘勇，以及省财政厅、林业厅、水利厅、畜牧局、扶贫办公室和各有关项目单位的会议代表共同出席了会议。国家林业局对外合作项目中心苏明副主任作了重要讲话。德援项目是河南省接受外国政府赠款的第一个林业项目。德援项目将在河南省西部山区四个国家级贫困县实施，总投资达1.2亿元人民币。

印发《河南省木材经营加工许可证管理办法（试行）》 6月12日，河南省林业厅印发《河南省木材经营加工许可证管理办法（试行）》（豫林产［2007］163号），进一步规范全省木材经营加工许可证的管理工作。

世界银行财务考察团对河南省世界银行贷款林业项目建设情况进行检查 6月14日，世界银行财务考察团一行到河南省考察世界银行贷款林业项目建设情况。来自世界银行总部及中国、蒙古、越南、泰国、菲律宾、印度尼西亚、澳大利亚等7个国家的18位世界银行专家在省林业厅、省财政厅有关人员的陪同下，实地考察了宜阳县贫困地区林业发展项目造林点，与省、市、县林业、财政部门和当地政府进行了座谈交流，考察团对河南省林业世界银行贷款项目建设所取得的成绩给予了充分肯定。

举办中德财政合作河南省农户林业发展项目造林计划研讨会 6月18日，省林业厅项目办公室在郑州举办了中德财政合作河南省农户林业发展项目造林计划研讨会。项目咨询专家阿尔弗雷德·皮特勒与各项目县主管局长、项目办公室主任以及技术人员就《项目造林报告》进行了研讨。

国家林业局世界银行项目管理中心对河南省部分林业持续发展项目的苗圃建设情况进行检查 6月26~30日，国家林业局世界银行项目管理中心对开封县、南乐县、沁阳市的林业持续发展项目的苗圃建设情况进行了检查，对河南省苗圃建设给予充分肯定。

举办日元贷款河南省造林项目综合管理培训班 8月12~18日，为了提高各级项目单位的管理水平，省林业厅项目办公室、省财政厅债务处在郑州共同举办了日元贷款河南省造林项目综合管理培训班。培训各市、县财政、林业部门主要项目管理人员约400人。

举办中德财政合作河南省农户林业发展项目执行计划研讨会 8月15日，省林业厅项目办公室在郑州召开中德财政合作河南省农户林业发展项目执行计划研讨会。项目咨询专家、各项目办公室主任参加了研讨，根据项目管理工作需要，修订了项目执行计划。

开展全省速丰林工程造林企业和造林大户基础数据调查及统计工作 8月10~23日，按照国家林业局的统一部署，组织各省辖市完成了全省速丰林工程造林企业和造林大户基础数据调查和统计工作。

部分单位、企业、个人获国家林业局和中国林业产业协会表彰 8月20日，在召开的全国林业产业大会上，河南省林业产业发展中心和新乡市林业局获得“全国林业产业突出贡献奖先进单位”称号；新郑奥星公司和宛西制药公司获得“全国林业产业突出贡献奖先进企业”称号；河南省林业产业发展中心卓卫华、郑州市林业局史广敏、许昌鄢陵北方花卉集团李世忠、三门峡湖滨果汁公司范红霞等4人获得“全国林业产业突出贡献奖先进个人”称号。

召开全省林业产业工作座谈会 10月16日，省林业厅在郑州召开全省林业产业工作座谈会。省林业厅张胜炎副厅长出席并作了重要讲话，全省18个省辖市林业局主管产业工作的副局长和产业办公室主任参加了会议。会议通报了全国林业产业大会精神，安排部署了参加林业博览会及下一步全省林业产业工作。

世界银行“林业持续发展项目”检查团对河南省的项目实施情况进行检查验收 10月25~29日，以世界银行东亚乡村发展局默罕默德·本拉里（Mohamed N·Benali）先生为团长的世界银行“林业持续发展项目”检查团，对河南省南乐县、信阳市平桥区“林业持续发展项目”实施情况进行了检查。省林业厅张胜炎副厅长陪同检查。

举办中德财政合作河南省农户林业发展项目培训班 11月5~10日，省林业厅项目办公室在南召举办中德财政合作河南省农户林业发展项目培训班。就参与式林业规划、造林等对项目区县、乡的管理、技术人员进行了培训。

下达日本政府贷款河南省造林项目2008年度生产及投资计划 11月21日，省林业厅下发了《河南省林业厅关于下达日本政府贷款河南省造林项目2008年度生产及投资计划的通知》（豫林项［2007］262号），该项目2008年度全省计划营造林86.0万亩，实现投资25 029.0万元。

举办中德财政合作河南省农户林业发展项目财务管理培训班 11月22日，省林业厅项目办公室在郑州举办中德财政合作河南省农户林业发展项目财务管理培训班。嵩县、卢氏、鲁山、南召4个项目县的项目办公室主任和财务人员参加了培训。国内外财务咨询专家就项目的《财务管理指南》对培训人员进行了系统的培训。

下达中德财政合作河南省农户林业发展项目2008年度生产计划 11月22日，省林业厅下发了《河南省林业厅关于下达中德财政合作河南省农户林业发展项目2008年度生产计划的通知》（豫林项［2007］264号），该项目2008年度计划营造林8.3万亩。

《中国林业产业年鉴》（河南卷）编纂工作完成 5月至11月，按照国家林业局关于编纂《中国林业产业与林产品年鉴》的通知（林策发［2007］117号），组织开展了《中国林业产业年鉴》（河南卷）的编纂工作。

河南省世界银行项目林划入生态公益林区的林业世界银行贷款债务确认工作完成 12月5日，根据《国家林业局世行中心、财政部国际司关于确认国家重点公益林区林业世界银行贷款债务情况的通知》（林贷财字［2007］28号）的要求，完成了河南省世界银行项目林划入生态公益林情况摸底调查，配合国家林业局开展了债务调研，并就该部分公益林债务向财政部和国家林业局进行了确认，起草了专题报告。

深入德援项目区组织开展参与式土地利用规划咨询服务活动 12月13~25日，省林业厅项目办公室和中德项目咨询专家组深入到各项目县，组织开展参与式土地利用规划咨询服务活动，受到了

各项目县的良好评价。

河南林业产品在“2007中国国际林业博览会”上荣获金银奖 12月19~22日，河南省林业厅组织参加了“2007中国国际林业博览会”，荣获优秀设计奖、组织奖两项大奖，另有6个系列、近20种林产品分获产品金奖、银奖（《关于印发获奖名单的通知》林组发［2007］9号）。

国家林业局世界银行中心“林业持续发展项目人工林部分”资金与财务培训班在郑州举行 12月25~28日，国家林业局世界银行中心在郑州举办了“林业持续发展项目人工林部分”资金与财务培训班，各项目省有关人员参加了培训，聘请世界银行、国家审计署及北京大学的有关专家授课。

计划财务

一、概述

2007年，林业计划财务工作紧紧围绕学习和贯彻党的十七大会议精神、河南省第九次党代会和全国林业厅局长会议精神等内容，全体同志认真践行“八荣八耻”，转变工作作风，加强党风廉政建设，严格按照年度工作责任目标，服从和服务于河南林业协调、快速发展的大局，廉洁从政，依法行政，高效务实，充分发挥了计财工作的组织、协调、服务、监督四大职能，争取政策，落实投入，加强监管，保证各项资金安全高效运行，取得了显著成绩。

（一）主要成绩

一是编制完成《河南林业生态省建设规划》。按照省政府要求，组织编写了《河南林业生态省建设规划》，规划共涉及8个生态工程和4个产业工程，造林规模达2 750万亩，投资405亿元。绘制出了河南省林业今后5年的发展蓝图。

二是严格林业建设计划。认真编制了2007年、2008年中央预算内林业基本建设投资计划，申请自然保护区及湿地建设工程、种苗工程、林业有害生物防治、重点火险区综合治理、疫源疫病监测等五大类40个项目投资21 330.3万元；按照省发展和改革委员会的要求，应用国家发展和改革委员会投资软件编报了2007年及2008年重点防护林、湿地、种苗等项目的中央预算内投资计划，并联合河南省发展和改革委员会行文上报国家发展和改革委员会及国家林业局。

三是加大资金争取力度。2007年，河南省林业建设投资有了较大增长，实现了争取国家林业投入“一高一低”的目标。全年共争取各类林业建设资金达到18.373亿元，与2006年同口径相比，增加1.391 9亿元，增长8.2%。

四是积极争取政策。制定出台了《河南省森林生态效益补偿基金管理办法》（豫财办农[2007] 152号），下发了《关于对全省森林公安机关公用经费保障标准落实情况进行检查的通知》，加快了文件落实的进度，为各级森林公安经费的保障创造了较好的条件；把育林基金征收情况纳入了省林业厅对各省辖市林业主管部门的年度考核体系。

五是严格项目资金管理。加强政府采购和国库集中支付，组织开展了财政部和国家林业局联合开展的“财政支农资金管理年”活动，印发了《河南省防沙治沙工程建设资金管理暂行办法》（豫财办农［2007］62号）；发布了《河南省2007年度防沙治沙工程、林木种质资源和淮河防护林工程建设项目指南》（豫财办农［2007］24号）；转发了河南省财政厅《关于印发〈河南省财政农业专项资金县级报账制管理办法（试行）〉的通知》。

六是加强资金稽查审计。配合省审计厅完成了2006年森林植被恢复费和育林基金审计的延伸审计工作；及时下发了《关于认真做好中央财政转移支付支农资金专项审计准备工作的通知》，顺利通过了审计署的专项审计；聘请有关会计师事务所完成了对种苗站、规划院、省林业学校、省野生动物救护中心、森防站等单位领导的离任审计工作；完成了国家林业局重点工程稽查办公室对省种苗站省级种苗示范基地项目的稽查，使省级种苗示范基地项目的建设更为规范。

七是加强计财基础工作。组织完成行政事业单位资产清查；完成年度预决算、林业统计工作；加强了调研工作；召开了全省林业计划财务会议；举办了两期全省财务人员专业知识培训班；做好了森林资源资产评估专家评选工作。

（二）工作创新及重点突破

一是在林业发展规划编制上实现了突破。按照省委、省政府深入贯彻十七大精神，把全面推进河南林业生态省建设作为夺取全面建设小康社会新胜利、开创中原崛起新局面重大举措的要求，全省各级林业计划财务部门把高标准、高质量完成《河南林业生态省建设规划》作为2007年林业规划编制工作中的一件大事，组织了各方面力量，联合多个相关部门，结合实际，集思广益，经过调研—编制—论证—修改—完善等多个环节，采取“自下而上、上下结合”的方式，通过大量卓有成效的工作，完成了规划的编制工作并最终经过了由中国科学院院士等专家组成的专家团的评审，河南省人民政府于2007年11月23日印发了《河南林业生态省建设规划》。规划显示，从2008年到2012年，河南省将累计投资405.72亿元建设系列林业生态工程，构筑山地丘陵和平原农区、城市和村镇以及生态廊道点、线、面相结合的综合林业生态体系。到2012年，全省新增有林地1 129.79万亩，达到5 468.43万亩；森林覆盖率增加4.51个百分点，达到21.84%；林业年产值达到760亿元；林业资源综合效益价值达到5 100.53亿元；全省80%的县市要建成林业生态县。

二是在资金监管上实现了突破。本年度，按照国家林业局和财政部门的要求，我们组织实施了“财政支农资金管理”活动，紧紧围绕林业计财工作实际，按照“夯实基础、提高水平、注重效益”的要求，编制了《河南省林业厅财政支农资金管理年活动方案》，先后开展三次大规模的资金自查与检查工作，查漏补缺，建章立制，先后与省财政等部门联合或单独下发各类林业项目规章制度7个，涉及到项目申报、资金监管、资产管理、政府采购等多个方面的内容。同时，按照工作部署，加强了政府采购和国库集中支付工作，严格银行账户管理，继续做好政府性基金和行政事业性收费项目的征收管理及财政对账工作、票据管理工作。认真加强了行业财务和厅机关财务的管理，及时组织实施网上审批和支付，加大对各类资金的监管力度，严格规范资金的申请、审批和使用程序，充分发挥资金的使用效益。此项工作也得到了省财政部门的高度评价。

三是在执行政府采购方面实现了突破。结合省财政厅关于大力推行政府采购制度的有关规定，林业厅计划财务处要求对符合政府采购制度的采购行为，要严格按章办事，并专门指派人员负责此项工作。在实际工作中，林业厅计划财务处率先在办公设备购置和大型报表印刷中实行政府采购，同时明确要求各有关单位严格遵守该项制度，并在实际工作中认真贯彻执行。一年来，全厅各项物资采购、大型会议、设备购置等全部实现了定点或招标采购。

四是在政务公开方面实现了创新。为确保计财工作政务公开落到实处，认真将林业规划、年度发展计划、行政事业性收费、政府采购和财务管理制度等五大项内容落实到具体人员。在政务公开形式上本着"规范、明了、方便、实用"的原则，充分利用林业厅公共信息网络、会议、简报和厅机关电子公示栏等多种形式，将年度所需公开事宜进行及时的公开、公示，全年重点公示了以下内容：6项林业年度发展规划和年度林业工程投资计划；3项行政事业性收费项目、依据、标准；7项新出台的财务管理工作制度。

（三）主要做法

一是充分发挥计划财务工作的综合功能。2007年计划财务工作把改革创新作为重点，注重对具有宏观性、战略性、前瞻性的林业重大问题的研究，加大对相应政策、法律、法规的学习研究力度，提高宏观调控的能力和水平。同时，针对计财工作涉及纵深、牵一发而动全身的工作性质，大力强化独有的统筹驾驭、协调沟通能力，对外沟通和宣传，求得外部的支持、理解，创造宽松的林业生存和发展条件；对内较好地做到防微思危，抓服务和配合，以承担并运作大规模资金和政策的作用，为2007年河南林业的发展提供了扎实的保障。

二是把争取项目投入和增强资金使用效益作为计划财务工作的第一要务。2007年，全省各级林业部门把增加林业投入作为加快林业发展的关键，进一步加大了资金争取力度。按照联合立项、共同管理、各司其职的办法，稳定和扩大地方配套投资；通过占位子、争份额的方式，广泛争取综合部门林业生态建设资金；积极引入政策拉动、项目带动、利益驱动、服务推动的激励机制，鼓励各类公司、企业、实体和个体投资发展林业；建立奖惩机制并采取经济调控措施，加强育林基金征缴管理；大力争取金融机构贷款支持林业，运用立项审批、贴息杠杆等调控手段，扩大贷款规模，提高贷款落实率；同时依靠自身扎实工作，实施好外资项目，扩大影响，争取世界银行贷款项目，启动了日元贷款造林项目。

三是改革创新，狠练内功。①深刻认识并把握筹资理财的艰巨性。争取政策难，落实政策、用好用足政策更难、更重要，这正是计财工作机构筹资艰巨之所在，有了思想上的认识到位，才能在行动中高度重视，我们按照"廉洁、务实、高效"的机关作风，完善计划财务管理的程序、规定和方法，突出林业计划财务工作的战略性、宏观性和指导性，进一步解放思想，更新观念，有效地进行了投资结构的调整，健全了财务预决算管理体制，确保各项林业投入政策的落实。②以加强业务建设为根本，提高业务水平。2007年，连续举办多期业务培训班，涉及全省18个省辖市，100多个基层林业单位。学员们不仅提高了自身的业务素质，增强了法制观念，明白依法理财、依法管财的重要性，而且也更加了解了林业财务与会计发展的新要求、新问题，为今后工作中做到与时俱进，更新观念，及时提供准确、真实的会计信息奠定了坚实的基础。

二、纪实

申报林业建设项目 3月5日，认真编制了2007年、2008年中央预算内林业基本建设投资计划，并按时呈报国家林业局，申请营造林、森林防火、林木病虫害防治、森林公安等基础设施等14大类58个项目，总投资规模18 501万元，其中2007年1 521万元，2008年16 980万元；呈报了2007年国债投资项目计划，申请自然保护区及湿地建设工程、种苗工程、林业有害生物防治、重点火险区综合治理、疫源疫病监测等五大类40个项目投资21 330.3万元。

发布林业建设项目指南 3月16日，联合省财政厅发布《2007年度防沙治沙、林木种质资源和淮河防护林工程建设项目指南》（豫财办农［2007］24号），对河南省的防沙治沙、林木种质资源和淮河防护林工程建设项目的申报程序进行规范，提高各地项目申报质量。

召开全省林业计划财务工作会议 4月10日，在新密市召开了全省林业计划财务工作会议，刘有富副厅长出席会议并作了工作报告，会议传达了全国林业厅局长会议精神和全国计划财务会议精神，回顾总结了2006年全省林业计财工作，对2007年度计财工作作了全面部署。

出台防沙治沙工程建设资金管理办法 4月20日，联合省财政厅印发了《河南省防沙治沙工程建设资金管理暂行办法》（豫财办农［2007］62号），该办法规范了河南省防沙治沙工程项目管理与申报程序，以提高资金使用效益。

组织开展“财政支农资金管理年”活动 6月21日印发了《河南省林业厅关于开展财政支农林业专项资金检查工作的通知》（豫林文［2007］47号），制订了工作方案，提出了具体要求，9月份组织进行了对23个林业项目的资金检查，10月份上报了林业厅的财政支农资金管理活动工作总结，圆满完成了此项工作。

稳定森林生态效益补偿资金政策 6月26日，联合省财政厅出台《河南省森林生态效益补偿基金管理办法》（豫财办农［2007］152号），进一步明确森林生态效益补偿基金的范围和方向，保持了政策的连续性，扩大了投资规模，2007年中央级和省级森林生态效益补偿资金总额达到4 953万元。

加快森林公安经费保障政策落实进度 6月26日，与省财政厅联合下发《关于对全省森林公安机关公用经费保障标准落实情况进行检查的通知》（豫财办农［2007］151号），要求各地继续贯彻落实《河南省森林公安经费保障标准实施意见》，对森林公安经费纳入同级财政提出明确要求，制定了森林公安经费支出制度，加快文件落实的进度，为各级森林公安经费的保障创造了较好条件。

完成行政事业单位资产清查工作 6月，组织完成省林业厅及直属单位的资产清查工作，印发了资产清查工作方案，开展了资产清查业务培训，初步摸清了各单位的资产清查基础表及各预算单位的盘盈盘亏情况，下发了省财政对各单位的资产最终认定数，完成了有关单位资产核销的审批工作。在省政府印发的《河南省人民政府关于表彰全省行政事业单位资产清查工作先进集体和先进工作者的决定》（豫政［2008］24号）中，省林业厅计划财务处被省政府命名为“行政事业单位资金清查工作先进单位”。

出台支持黄淮四市加快林业发展的意见 8月20日，印发《河南省林业厅关于支持黄淮四市加快林业发展的意见》（豫林计［2007］206号），决定加快对黄淮地区商丘、周口、驻马店和信阳市的林业发展，对四市的生态环境建设、森林资源保护和科技兴林等方面予以大力支持。

完善林业行业石油价格补贴办法 9月6日，印发《河南省林业厅关于2007年度石油价格改革补贴工作的通知》（豫林计［2007］213号），对国有林场、苗圃的石油价格补贴首次采用以面积定补贴的方式，进一步完善了油补办法，规范了油补资金的使用与管理。

完成内部审计工作 10月15日，按照省林业厅党组的要求，联合有关会计师事务所完成对种苗站、规划院、省林业学校、省野生动物救护中心、森防站等单位领导离任审计工作，并提交了《审计报告》。

编制完成《河南林业生态省建设规划》 11月23日，省人民政府以豫政［2007］81号文的形式印发实施了《河南林业生态省建设规划》，规划对2008~2012年河南省林业建设作出了统筹安排，计划用5年时间初步把河南省建设成林业生态省。

人事教育与外事管理

一、概述

2007年，人事教育外事管理工作始终坚持以人为本，认真贯彻落实党的十七大会议精神，坚持科学发展观和科学人才观，按照“把握重点、攻克难点、统筹兼顾、全面建设”的工作思路，认真落实林业厅党组的决议决定，促进了各项工作任务的顺利完成。紧紧围绕服务全省林业建设这一主题，全面加强干部队伍教育培训及管理，积极搞好对外交流与合作，继续深化干部人事制度改革，强化了人事干部队伍自身建设，不断提高工作效率和服务质量，为建设林业生态省提供了强有力的组织保证和智力支持。

二、纪实

完成2006年度全员考核工作 1月至3月，圆满完成了2006年河南省林业厅全员年度考核和省管干部考核工作。1月16日，召开全厅年度考核测评大会，厅机关全体公务员和事业单位处级干部参加了会议。会议严格按照有关规定，对干部进行了年度测评。

开展“讲正气、树新风”主题教育活动 4月30日，按照《关于在全厅各级党组织和党员领导干部中深入开展“讲正气、树新风”主题教育活动的意见》（豫林党［2007］10号），从即日起，集中两个月的时间，在全厅各级党组织和党员领导干部中深入开展了以学习贯彻胡锦涛同志在中纪委七次全会上的重要讲话精神，加强领导干部5个方面的作风建设，树立8个方面的良好风气为主要内容的“讲正气、树新风”主题教育活动。

完成干部挂职锻炼和干部调整工作 4月，任命朱选伟、王学德、李茂军、周明金4位副处级干部到林业厅挂职锻炼。7月至8月，省林业厅推荐李国锋同志到基层挂职锻炼，推荐刘占朝同志到省信访局挂职锻炼。

举办全省林业系统人事干部培训班 6月25日至7月5日，根据《关于举办全省林业系统人事干部培训班的通知》（豫林办［2007］24号）要求，在河南科技大学林业职业学院举办全省林业系统人事干部培训班，培训了省辖市林业局人事科长及厅直单位人事科长共计30名。

举办中等林业学校优质课评选和乒乓球友谊赛活动 9月18日至9月20日，根据《河南省林业厅关于开展中等林业学校优质课评选和乒乓球友谊赛活动的通知》（豫林办〔2007〕38号）要求，在汝南园林学校举行教师优质课评选和乒乓球友谊赛活动。

组织开展了教师节慰问活动 9月，组织有关人员分别到省内3所中等林业学校进行慰问，并给教师分发了慰问金。同时根据《关于表彰全省林业学校优秀教师的决定》（豫林教〔2007〕215号），对13名全省中等林业学校优秀教师进行表彰。

开展职称评审工作 9月至10月，组织完成了2007年度省林业厅林业工程专业中高级专业技术职务任职资格评审工作，全省有88名专业技术人员获批高级工程师任职资格。

学习贯彻党的十七大精神 11月6日，召开十七大精神学习动员会。厅机关全体公务员和事业单位处级干部参加了会议。会议下发了《关于学习贯彻党的十七大精神的通知》（豫林党〔2007〕23号），对全厅认真学习、全面贯彻党的十七大会议精神作出具体安排和部署。

成立河南省森林航空消防站 11月22日，省编制办公室批复（豫编〔2007〕62号），同意成立河南省森林航空消防站。

推荐河南省优秀专家人选 12月，在单位推荐、组织考察的基础上，经专家组认真评审，省林业厅推荐林晓安、宋宏伟两位同志为河南省优秀专家人选（豫林党〔2007〕25号）。

机关党的建设

一、概述

一年来，在河南省委省直工委和林业厅党组的正确领导下，厅直党委坚持以“三个代表”重要思想为指导，深入贯彻落实科学发展观，紧紧围绕现代林业建设与发展，以争创“五好”基层党组织为载体，以增强党组织的凝聚力、战斗力和创造力为目标，全面加强林业厅党的思想、组织和作风建设，较好地完成了各项工作任务。2007年，厅直党委被省直工委表彰为“五好”机关党委；厅直工会工委被省直工会表彰为“先进厅局工会工委”；林科院总支被省直工委表彰为“五好”基层党组织；林科院城市与林业研究所被命名为国家级青年文明号。厅直党委书记乔大伟、专职副书记冯慰冬被省直工委评为优秀党务工作者。有5名同志被省直工委评为优秀共产党员。另有11名同志被省直工会工委评为优秀工会干部。河南省林业厅被国家林业体协推荐为2007年全国群众体育工作先进单位，被省文明委授予省级文明单位称号。

二、纪实

举办2007年春节联欢会 2月8日，举办了河南省林业厅春节联欢会，由厅机关和厅直各单位选送的16个节目参加了演出，联欢会取得了圆满成功。

召开“讲正气、树新风”主题教育活动动员大会 4月4日，省林业厅召开了“讲正气、树新风”主题教育活动动员大会，对全厅开展“讲正气、树新风”主题教育活动进行动员部署。

开展“五好”基层党组织评选活动 4月25日至5月10日，在全厅范围内开展了“五好”基层党组织评选活动，经各总支、支部推荐，厅直党委研究，有1个总支、8名个人被省直工委表彰为2005~2006年度省直机关先进党组织和优秀个人。

召开创建省级文明单位动员大会 6月5日，省林业厅召开了创建省级文明单位动员大会。厅机关、退耕中心、服务中心、产业中心的全体同志以及厅直其他单位的处级干部参加了会议。由此拉开了河南省林业厅创建省级文明单位的序幕。

举办老干部光荣传统报告会 6月20日，为进一步加强全厅团员青年的理想信念教育，应厅直党委、厅团委、老干部处的邀请，厅机关退休干部侯尚谦同志为全厅团员青年作了一场光荣传统报告会，受到了广大团员青年的好评。

组织开展特殊党日活动 6月29日，在厅直党委的集中组织下，全厅党员过了一个以“迎接党的十七大胜利召开、保持共产党员先进性”为主题的特殊党日。通过学习党章过特殊党日活动，增强了党员遵守党章、贯彻党章、维护党章的自觉性和坚定性，为党的十七大的胜利召开营造了良好的政治氛围。

举办工会干部培训班 7月10~11日，在郑州举办工会干部培训班。

开展向三门峡市卢氏县灾区捐款活动 7月，三门峡市卢氏县遭受特大洪涝灾害，省林业厅广大干部职工积极响应省委号召，广泛开展向灾区献爱心活动，全厅累计捐款69 800元，捐助衣物1 900余件(套)。

林业厅选手在第二届“河南煤炭杯”乒乓球赛中取得好成绩 9月11~15日，省直文明单位“迎奥运、讲文明、树新风”系列活动第二届“河南煤炭杯”乒乓球赛在河南省工程学院举行。省林业厅选手获得副厅级以上干部组团体冠军，省森林公安局宋全胜局长获得男单冠军，厅直党委乔大伟书记获得男单第四名的好成绩。

参加2007年河南省直机关“健身活动月”活动 10月，是2007年河南省直机关“健身活动月”。省林业厅组织的参赛人员在健身月所举行的各项比赛中，分获男子飞镖团体第二名、乒乓球团体第四名、保龄球团体第五名的好成绩。其中杜国红同志获得男子飞镖个人第一名的好成绩。

掀起学习贯彻党的十七大精神的热潮 11月，党的十七大胜利闭幕以来，河南省林业厅各级党组织认真贯彻执行中央和省委精神，坚持把学习、宣传、贯彻党的十七大精神作为首要的政治任务，采取多种灵活有效的方式，在全厅各级党组织和广大党员干部群众中迅速掀起学习贯彻党的十七大精神的热潮。

参加省直党校举办的学习贯彻党的十七大精神轮训 11月中旬至12月下旬，根据省委组织部的统一安排，省直工委在省直党校举办了省直机关处级领导干部学习贯彻党的十七大精神轮训。省林业厅有31名处级领导干部参加了这次培训。

老干部工作

一、概述

2007年，林业厅老干部工作坚持以邓小平理论和“三个代表”重要思想为指导，认真落实科学发展观和省委、省政府关于做好新时期老干部工作的一系列部署和要求，围绕中心、服务大局、突出重点、提高水平，全面落实老干部政治、生活待遇，注重加强老干部思想政治建设和老干部工作队伍建设，努力开创老干部工作和谐发展的新局面，推动了各项工作健康发展。

（一）切实加强老干部党支部建设和思想政治建设

按照省委老干部局和厅党组的统一部署，厅机关及直属单位着力抓好中组部《关于进一步加强和改进离退休干部党支部建设工作的意见》（中组发［2006］12号）的贯彻落实，会同老干部党支部抓好老干部党员理论学习和思想武装。通过组织老干部参加形势报告会、座谈会、集中学习、参观考察、知识竞赛等多种形式，使广大老干部深入学习领会党的十六大、十七大和省八次党代会精神，深刻理解党在新时期提出的新思想、新观念、新举措，把大家的思想和行动统一到中央和省委的决策上来。在老干部党员中深入开展“做永不褪色共产党员”主题教育活动，召开新老干部座谈会，共同回顾党史，重温入党誓词，使广大老干部党员做到政治坚定、思想常新、理想永存。

（二）着力抓好老干部政治、生活待遇落实

按照胡锦涛总书记关于“政治上尊重老干部、思想上关心老干部、生活上照顾老干部”的指示精神，认真落实在职干部联系老干部制度，定期向老干部通报工作，邀请老干部代表参加重要会议和重大活动，组织老干部参观考察工农业生产，使老干部及时了解国内外政治经济形势和全省林业改革发展的新成就，分享我国改革开放和现代化建设的新成果。按照老干部“生活待遇略为从优”的原则，认真落实老干部生活待遇和医疗保障政策，使老干部感受到党组织的关怀和温暖，为实现老干部老有所养、老有所医、安享晚年创造了舒心环境。

（三）积极引导老干部为“两个文明”建设发挥余热

重视挖掘和利用老干部这一群体的智力财富和独特优势，积极组织老干部参与加快绿色中原建

设的调查研究，发挥他们在普及科学知识、促进科学发展、弘扬先进文化、构建和谐社会等方面的积极作用，使广大老干部在创建两个文明建设中既起推动作用，又起表帅作用。

（四）积极组织开展老年文娱健身活动

根据老同志的特点，组织开展不同形式的老年文娱活动，丰富老干部的晚年生活。加强老干部活动阵地建设，整修老干部活动室和门球场，增添活动器材设施，改善活动条件。主动为老干部征订报刊杂志，购置学习书籍，组织老干部参加省、市、区各项文体比赛和全厅职工春节联欢会，展示了广大老干部的精神风貌，促进了老干部身心健康。

（五）不断强化老干部工作队伍建设

全厅老干部工作部门及工作人员以学习全省老干部工作“双先”经验为动力，进一步增强政治意识、大局意识和服务意识，发扬爱岗敬业、无私奉献精神，带着感情做工作，恪守爱老之责，善谋助老之策，真心诚意地为老干部做好事、办实事；围绕开展“讲正气、树新风”主题教育活动，制订整改措施，建立完善制度。组成检查组，对全厅11个单位的老干部工作进行全面检查。通过检查整改，促进了全厅老干部工作的健康发展。

二、纪实

积极开展为老干部“献爱心、送温暖”活动　1月，在元旦、春节到来之际，厅领导和直属单位负责同志分头走访慰问老干部，帮扶困难家庭，开展为老干部“献爱心、送温暖”活动。各单位党团员和青年以丰富多彩的形式为老干部办实事、做好事、解难事，大力弘扬尊老爱老、助人为乐的道德风尚，促进了和谐机关建设。

召开全厅老干部工作会议　2月7日，林业厅召开老干部工作会议，厅党组成员、纪检组长乔大伟总结和部署老干部工作。厅机关处、室（局）和厅直属单位把做好老干部工作融入到“岗位学雷锋、行业树新风、单位创文明”活动之中，积极推进老干部工作机制创新，实现老干部工作制度化、经常化、全员化、具体化。

开展老干部工作“争先创优”活动　4月至6月，围绕开展“讲正气、树新风”主题教育活动，老干部工作部门及工作人员主动征求意见，开展谈心活动，查摆剖析问题，制定整改措施。按照“政治强、业务精、作风实、服务优”的标准，加强老干部工作人员能力、素质和作风建设，组织学习全省老干部工作“双先”经验，提高老干部工作管理服务水平。

开展“关爱老干部健康”系列活动　6月中旬至10月上旬，厅机关及直属单位开展“关爱老干部健康”系列活动。组织老干部参加“健康杯”征文和“健康家庭”评选活动，举办老年健康知识讲座，交流科学养生经验；组织老干部参加省直老年人运动会，在省林业学校举办第11届“康乐杯”老年门球赛；组织离退休干部体检，倡导卫生保健习惯，促进了老干部身心健康。

开展“做永不褪色共产党员”主题教育活动　8月，结合纪念建党86周年和建军80周年，在老干部党员中开展“做永不褪色共产党员”主题教育活动；举办迎接党的十七大和纪念建军80周年知识竞赛，召开老干部光荣传统报告会，勉励年轻干部牢记“两个务必”，发扬“三大作风”，增强做好本职工作的责任感和使命感。

开展专题调研活动和参观考察 9月10~17日，原林业厅厅长马新高带领老干部调研组赴信阳、驻马店、新乡等地就国有林场改革与发展进行深入调研，会同地方政府领导及林业部门干部职工共同探讨活化国有林场经营机制的途径，为厅领导决策提供依据。10月11~17日，厅机关离退休干部赴重庆、宜昌、厦门等地参观考察。

郑州市

一、概述

2007年，郑州市林业工作在市委、市政府的正确领导下，在省林业厅的有力指导下，以创建全国绿化模范城市和森林生态城建设为中心，及早动员、强化落实，取得了显著成绩。2007年度全市共完成新造林22.19万亩，新建和完善农田林网21.4万亩，培育各类苗木7.18万亩，中幼林抚育9.3万亩，全市参加义务植树达到346.2万人次，植树1 522万株，是省下达目标任务1 471万株的103.5%。实现林业总产值12.65亿元。创建全国绿化模范城市工作顺利通过检查验收，郑州市被全国绿化委员会授予“全国绿化模范城市”的荣誉称号；完成了森林资源二类调查和集体林权制度改革试点工作；森林生态城自规划实施以来累计完成造林57万亩，组织对森林生态城生态效益进行了监测评价，通过科学计算，得出森林生态城范围内生态效益年度总货币值为122亿元。

（一）多措并举，造林绿化任务顺利完成

为确保年度目标任务的圆满完成，郑州市及早动员安排，强化工作督察，扎实推进造林绿化工作。2006年11月16日，市委、市政府召开了创建全国绿化模范城市暨2007年度造林绿化工作会议，对2007年造林绿化工作及早进行了动员部署。2007年2月12日，市委、市政府再次召开2007年省会郑州全民义务植树暨创建全国绿化模范城市动员大会，对2007年造林绿化工作进行了再动员、再部署。为抢抓时机，确保春季结束之前完成年度目标任务，市政府多次召开植树造林现场会、推进会，对春季造林绿化工作进行了安排督促。工作中，郑州市林业局继续坚持局领导分包各县（市）、区造林绿化工作责任制，组成8个督察组，分别由一位局领导带队深入各地进行督促检查。2006年冬以来，郑州市林业局还先后6次在《郑州日报》上公布各县（市）、区造林进度，起到了良好的督促效果。各县（市）、区还通过党委和政府督察室联合督察、媒体通报、短信通报等措施，加大督察力度，保证了造林绿化工作的快速推进。

（二）实施工程造林，造林质量进一步提高

为有效提高造林质量，2007年郑州市森林生态城范围内的重点造林全部采用招标造林，其他区域的造林采用专业队造林。各地按照市政府要求，坚持高标准规划设计，面向社会公开招标造林，

强化质量监理，并组织专业技术人员深入施工现场进行技术指导，有力地保证了建设质量。同时，坚持突出重点，尽量集中连片栽植，发挥片林的规模生态效益，全市1 000亩以上的片林达到10余处，尖岗常庄水源涵养林集中造林面积达7万多亩。

（三）创建全国绿化模范城市工作一举成功

2006年，郑州市委、市政府作出了《关于创建全国绿化模范城市的决定》，力争用两年时间创建全国绿化模范城市，并成立了创建全国绿化模范城市工作领导小组及办公室，制定印发了《创建全国绿化模范城市工作实施意见》，在全市扎实开展了创建工作。郑州市林业局作为创建工作的主要责任单位，将创建工作作为全年工作的重中之重，全员上阵、全力以赴，充分发挥参谋、协调、指导作用，保证了创建工作的圆满完成。8月30日至9月2日，以原天津市委书记、林业部部长高德占为团长的创建“全国绿化模范城市”检查团，对郑州市创建“全国绿化模范城市”工作进行了检查验收，并给予了高度评价。检查团一致认为：郑州市在开展创建“全国绿化模范城市”活动中，做了大量卓有成效的工作，在思想认识上有高度，在宣传发动上有广度，在工作措施上有力度，创建工作成果显著，各项绿化指标均达到或超过了“全国绿化模范城市”规定的标准。通过创建“全国绿化模范城市”活动的开展，促进了经济社会协调发展，改善了市民生活质量，提升了城市形象和品位。11月30日，郑州市被全国绿化委员会授予“全国绿化模范城市”的荣誉称号。

（四）黄河湿地保护工作快速推进

郑州黄河湿地省级自然保护区全长158.5公里，总面积57万亩。为加快自然保护区的建设，郑州市林业局组织编制了《自然保护区总体规划》和《郑州黄河湿地恢复与保护工程可行性研究报告》，并通过专家评审。黄河湿地恢复与保护工程已经市发展和改革委员会立项，目前实地勘测、定界立标等前期工作已经展开。组织起草了《郑州黄河湿地自然保护区管理办法》（草稿），加强湿地保护和管理，已列入2007年度市政府立法计划和市人大立法调研计划。

（五）森林生态城建设生态效益日益凸显

为科学指导森林生态城建设，在加快生态建设的同时，我们通过建立定位、半定位观测站及季节性流动观测站，超前性地对整个森林生态城建设综合效益进行长期系统监测，委托河南省林业科学研究院生态林业工程技术研究中心编制完成了2007年《郑州森林生态城建设生态效益监测评价报告》。8月19日，市政府邀请以国家工程院院士、北京林业大学校长尹伟伦为组长的11名国家、省、市专家对报告进行了论证。专家们认为：监测评价结果科学可信，此成果在生态效益监测指标体系的建立、城市森林绿量测算和生态效益货币化计量体系的建立等方面处于国内领先地位，对于科学指导森林生态城建设具有重要意义。

报告显示：郑州森林生态城年度生态服务功能总货币值达122.394亿元，其中城市森林（绿地）生态服务功能的年货币总值为110.419 7亿元，湿地生态系统生态服务功能年货币总值为11.974 3亿元。年净固定二氧化碳量为1 231 531.04吨，年释放氧气461 824.14吨。郑州森林生态城建设的生态效应已经初步显现。广大市民普遍感觉到，近年来郑州市区沙尘天气明显减少。环保部门监测结果显示，2006年城区环境空气质量达到优良以上天数为306天，达标率83.8%，比2004年提高2.4个百分点。

（六）森林资源保护与管理取得新成效

根据省林业厅的统一安排，在全市开展了森林资源规划设计调查工作（简称二类森清）。组织开展了集体林权制度改革试点工作，由于工作扎实认真，成效明显，新密市被确定为省林改试点县（市）。为准确掌握2002~2006年工程造林保存情况，尤其是2007年度各地工程造林任务的完成情况，7~9月份，郑州市林业局和市政府督察室、市发展和改革委员会、市财政局一道，实施了造林工程核查验收。对各类涉林违法犯罪活动进行了严厉打击，共查处各类案件1 093起，打击处理违法犯罪分子1 100余人。加强森林防火基础设施和队伍建设，启动实施了西南山区森林防火监控系统建设，新成立了15支专业突击消防队。为确保尖岗水源涵养林防火安全，专门成立了2支专业消防队。由于森林防火工作和森林公安工作成绩突出，全省森林防火和森林公安工作现场会先后在郑州市召开。6月底至7月初，组织飞机喷洒药物对杨树食叶害虫进行了防治，共飞行56架次，防治面积达14万亩。

（七）林业产业稳步发展

2007年，林业产业注重发展以森林资源培育为主的第一产业，及时为林业企业提供信息服务，培育新的经济增长点，大力倡导发展以森林旅游为主的第三产业，以科技为先导，坚持需求导向，生态和产业相互促进，努力培育生态经济“双赢”的新型林业产业，特别是大力发展特色林业，培育名、特、优、新经济林，发展林业特色经济，培育龙头企业，延长产业链，增加附加值，初步建立基础林业产业体系，经济林产品加工业快速发展，林产加工业品种、质量都有较大提升，实现了郑州市林业的跨越式发展。全市完成林业总产值12.65亿元，较2006年增长16.23%。完成了木材经营加工制造业调查。全市累计发放经营加工许可证602份，具有一定规模的林产品加工企业约110个，固定资产9 017.6万元，流动资金8 674.5万元，年产值52 340万元，其中加工大枣产品实现产值29 000万元，年木材生产能力117 021.9立方米。

二、纪实

中国共产党郑州市林业局委员会成立　1月6日，中国共产党郑州市林业局党员大会在黄河饭店胜利召开，大会选举产生了中共郑州市林业局第一届委员会和纪律检查委员会。史广敏当选为党委书记，刘跃峰当选为纪委书记。

全国、省、市三级人大代表视察生态林业工程　1月10~11日，市人大常委会副主任刘春年带领部分驻郑全国、省、市三级人大代表视察了郑州市跨越式发展生态林业工程进展情况。代表们对郑州市造林绿化和森林生态城建设取得的成绩给予了充分肯定，并表示将积极建议有关部门尽快出台《郑州市城市防护林管理条例》，建立健全管护队伍和管理机制，切实加强城市森林的保护，使全市生态环境进一步得到改善。

举办“亲近地球之肾——保护湿地行动”活动　1月12日，郑州市林业局、黄河湿地自然保护区管理中心与淮河东路小学联合举办了“亲近地球之肾——保护湿地行动”。此次活动的成功开展，为郑州林业局举办的“保护湿地资源，共建绿色文明”系列活动拉开了序幕。

召开森林病虫害防治与检疫站站长会议　1月19日，郑州市林业工作总站召开了各县（市）区

森林病虫害防治与检疫站站长会议，会议对郑州市2006年的森防检疫工作进行了全面总结，对2007年度的森林病虫害防治与检疫工作进行了安排和部署。

启动郑州黄河湿地观鸟摄鸟活动 2月2日，为纪念世界湿地日，郑州市林业局、黄河湿地管理中心在郑州市科技馆举行了观鸟摄鸟启动仪式暨郑州黄河湿地图片展。

召开全市森林防火工作会议 2月7日上午，全市森林防火工作会议在黄河饭店召开。郑州市森林防火指挥部指挥长、市人民政府副市长王林贺对当前和2007年森林防火工作作了周密部署。

召开尖岗常庄水库水源涵养林护林防火工作会议 2月9日，郑州市林业局在漓江饭店召开尖岗常庄水库水源涵养林护林防火工作会议，对该区域森林防火工作进行了安排部署。会上，二七区侯寨乡政府与重点护林防火区域内的10个村民委员会签订了林区护林防火责任书。

召开2007年省会郑州全民义务植树暨创建全国绿化模范城市动员大会 2月12日，2007年省会郑州全民义务植树暨创建全国绿化模范城市动员大会在市青少年宫召开。会议总结了2006年工作，对2007年全民义务植树和创建全国绿化模范城市工作进行了全面部署，对43个花园式单位和34个园林式居住区进行了表彰。

省市领导参加春季义务植树活动 2月28日，省市党政军领导和上千名机关干部、部队官兵一起来到中牟林场，参加春季义务植树活动。省委书记、省人大常委会主任徐光春殷切寄语：作为省会，郑州不仅要成为全省经济、政治、文化、社会的首善之区，还要成为全省生态环境的首善之区。

春季植树造林现场会在新密召开 3月1日，郑州市人民政府在新密市召开了郑州市春季植树造林现场会。

召开创建全国绿化模范城市暨春季植树造林工作促进会议 3月8日，郑州市政府召开了全市创建全国绿化模范城市暨春季植树造林工作促进会。会议传达了全省省辖市林业局长会议和全省植树造林现场会两个会议精神，并对下一步创建全国绿化模范城市和造林绿化工作提出了明确要求。

启动“争创全国绿化模范城市，构建和谐郑州”系列活动 3月10日，郑州市人民政府、郑州市绿化委员会、郑州市创建全国绿化模范城市领导小组在绿城广场举办了郑州市“争创全国绿化模范城市，构建和谐郑州”系列活动启动仪式。副市长王林贺出席了启动仪式并宣布活动正式启动。妇女代表、学生代表、共青团员代表分别宣读了倡议书。活动中，共向市民发放创建全国绿化模范城市知识手册3 000多套，展出宣传板面20余块。市绿化委员会成员单位、广大市民和中小学生及市林业、园林系统干部职工共2 000余人参加了仪式。

社会主义新农村省会青年林建设启动仪式在金水区柳林镇马头岗村举行 3月12日，全国第28个植树节，社会主义新农村省会青年林建设启动仪式在金水区柳林镇马头岗村举行。

栗培青到市林业局调研指导工作 3月14日，郑州市人大常委会副主任栗培青带领市人大农工委有关负责同志来到市林业局，考察调研郑州市林业工作。

郑州市巾帼示范林揭碑 3月16日上午，市创建全国绿化模范城市领导小组、市绿化委员会、市妇联联合举行“郑州市巾帼示范林”揭碑仪式，来自市内5区及省会部分院校的500多名妇女干部群众冒雨参加了植树活动。

康定军视察我市春季造林工作 3月23日，省辖市正市长级领导、市跨越式发展生态建设工程指挥部副指挥长康定军视察郑州市春季造林工作。

青春点靓郑州携手创建绿化模范城市 3月24日，“郑州市青年林”纪念碑在郑州市尖岗水库水源涵养林区揭碑。

王文超视察林业工作 3月24日，省委常委、市委书记王文超视察了郑州市的林业工作，王文超要求各地各部门要筹措资金，落实政策，加强领导，突出重点，打造亮点，全面推进森林生态城建设，力争早日实现创建全国绿化模范城市目标。

“讲正气、树新风”主题教育活动正式启动 3月26日，市林业局党委召开局系统党风廉政建设暨“讲正气、树新风”主题教育活动动员大会。局机关全体党员及直属各单位班子成员参加了会议。

郝建生和部分人大代表视察郑州市森林生态城建设工作 3月27日，市人大常委会主任郝建生和部分人大代表视察了郑州市森林生态城建设工作。

黄河湿地发现迁徙白天鹅 3月29日，黄河湿地管理中心在郑州黄河湿地发现8只国家二级保护动物白天鹅以及大种群分布的赤麻鸭、苍鹭、大白鹭等珍稀鸟类。

王璋视察郑州市创建全国绿化模范城市工作 3月30日，市委常委、纪委书记、跨越式发展生态建设工程指挥部指挥长王璋，市人大常委会副主任栗培青，副市长王林贺视察了市内5区创建全国绿化模范城市工作。

召开创建全国绿化模范城市通道绿化及林业生态村建设现场促进会 4月4日，市林业局组织召开了创建全国绿化模范城市通道绿化及林业生态村建设现场促进会。

国家林业局到荥阳市刘沟村送科技下乡 4月8日，中国林业科学研究院副院长宋闯带领十余名国家林业局、河南省林业厅的林业专家，到荥阳市刘沟村开展送科技下乡活动。专家们就石榴、柿子、苹果等果树的栽植与管理进行了授课，并到实地为林农进行现场指导。

召开森林资源规划设计调查培训工作会 4月13日，郑州市森林资源规划设计调查培训工作会在新密市召开。

举办“爱鸟周”活动 4月21日，在花园口黄河游览区举行了“爱鸟周”活动启动仪式。本届“爱鸟周”活动的主题是“和谐社会，共享自然——纪念‘爱鸟周’活动在全国开展25周年”。

召开创建全国绿化模范城市推进会 4月24日，郑州市召开创建全国绿化模范城市推进会，对创建全国绿化模范城市工作进行再督促。

市政协领导到郑州黄河湿地自然保护区调研 5月11日，市政协党组书记李秀奇，副主席田涛、岳喜忠带领部分市政协委员到郑州黄河湿地自然保护区进行调研。

召开集体林权制度改革工作督促督导 5月15日，郑州市召开集体林权制度改革工作督促督导会。

举行防控演练，提高综合控灾能力 5月18日，郑州市12个县（市）、区的150多名森林病虫害防治人员带着各种防治车辆和防治器械在登封市展开了一场别开生面的森林病虫害防治演练，拉开了2007年大规模防治林业有害生物的序幕。

召开市人大议案办理座谈会　5月29日，市林业局邀请市人大副主任岳德常、市法制局和河务局负责人召开议案办理座谈会。与会领导针对滩区开发的管理权、黄河流域防洪规划与黄河湿地保护总体规划是否冲突、树标定界、滩区执法等问题进行了讨论、协商，并提出了很好的建议。

召开主题教育活动检查验收会　5月29日，郑州市林业局召开由局机关全体党员和二级单位党员领导干部参加的“讲正气、树新风”主题教育活动检查验收会，全面迎接市委主题办督导组的验收。

国家林业局领导视察郑州黄河湿地自然保护区　6月2日，国家林业局原副局长赵学敏带领国家林业局野生动物保护司刘永范司长、湿地中心严承高副主任、野生动物保护司自然保护区处安丽丹副处长视察郑州黄河湿地自然保护区。赵学敏提出，郑州黄河湿地资源非常丰富，区位优越，文化底蕴深厚，可以建设成为国家级湿地公园，国家林业局将给予大力支持，应尽快申报。

召开集体林权制度改革暨林业系统纠风工作会议　6月6日，郑州市林业局召开全市集体林权制度改革暨林业系统纠风工作会议，认真贯彻全省集体林权制度改革试点经验交流会和全市纠风工作会议精神，推动全市林改试点工作，安排全市林业系统政风行风评议工作。

矿区植被保护与生态恢复工程本底调查工作全面铺开　6月6日，郑州市林业局召开了由各县(市)、区林业主管部门主要负责同志和分管负责同志参加的工作会议，对全市矿区植被保护与生态恢复工程本底调查工作进行了动员部署。

召开创建“全国绿化模范城市”第一阶段工作总结会　6月18日，郑州市在嵩山饭店召开创建“全国绿化模范城市”第一阶段工作总结会。会议对市内5区人民政府及各有关单位第一阶段目标任务完成情况进行了考核，并对下一阶段工作提出了明确要求。

郑州市进行飞播造林　6月24日，郑州市林业工作总站根据气象条件，抓住夏季降雨量大、墒情好的有利时机，进行飞播造林，全年飞播造林工作由此全面开始。

生态文化建设获国家林业局宣传办好评　6月23~24日，国家林业局宣传办副主任叶智一行3人莅郑，调研郑州市生态文化建设情况，并对郑州市生态文化建设所取得的成绩给予了高度评价。

省市领导视察郑州黄河湿地自然保护区　6月25日，省辖市正市长级领导、郑州市跨越式发展生态建设工程指挥部副指挥长康定军，郑州市警备区政委、郑州市跨越式发展生态建设工程指挥部副指挥长饶金有，在市林业局局长史广敏的陪同下视察了郑州黄河湿地自然保护区。

市人大领导视察黄河湿地自然保护区　6月28日，市人大常委会副主任栗培青、农工委主任王新义带领市人大农村工作委员会有关人员到黄河湿地自然保护区进行视察调研。

开展纪念建党86周年重温入党誓词活动　6月29日，局机关党委组织机关全体党员同志开展了以“重温入党誓词”为主题的党日活动。

召开郑州黄河湿地自然保护区管理工作会议　7月6日，郑州黄河湿地自然保护区管理中心召开了保护区管理工作会议。会议通报了黄河湿地自然保护区前期工作进展情况，安排部署了下半年自然保护区建设管理任务。

飞机治虫保护生态　6月27日至7月9日，郑州市林业工作总站组织“运五”型飞机对郑州市辖区内的连霍高速、京珠高速、机场高速、贾鲁河、黄河大堤南侧、国有中牟林场等片林以及部分农田林网的杨树进行超低容量喷雾防治，共飞行56架次，防治面积达14万亩。

召开郑州市工程造林2007年度核查验收工作会议 7月12日，郑州市召开了2007年度工程造林核查验收工作会议。会议对郑州市工程造林2007年度核查验收工作作了详细部署，并要求核查验收人员要按照《郑州市市级造林工程检查验收办法》，实事求是、认真细致地搞好本次核查验收工作。

市委常务副书记马懿调研林业工作 7月19日，市委常务副书记马懿调研郑州市林业工作，指出，要坚决兑现优惠政策，加强林木的科学管护；要加大舆论宣传，要营造把郑州建设成为现代化森林生态城市的浓厚氛围。

召开杨树病害防治现场会 7月19日，郑州市召开了杨树病害防治现场会。会议分析了当前杨树病害发生的严峻形势，安排部署了全年的杨树病害防治工作。

市纪委书记王璋调研林业工作 7月23日，市纪委书记、市生态建设工程指挥部指挥长王璋一行4人到市林业局进行调研。王璋书记先后听取了市林业局局长史广敏关于郑州市近几年森林生态城建设和郑州市创建全国绿化模范城市工作的情况汇报，市林业局纪委书记刘跃峰关于“讲正气、树新风”主题教育活动巩固情况和市林业局开展的行风纪律整顿情况汇报。

启动郑州黄河国家湿地公园规划编制工作 7月26~30日，国家林业局调查规划设计院刘国强副院长带领国家林业局调查规划设计院、北京林业大学专家组一行5人对郑州黄河湿地自然保护区进行了为期5天的实地考察，并对郑州市拟建郑州黄河国家湿地公园提出了框架性规划建设意见。

郑州创建全国绿化模范城市通过省级验收 8月11日，受省绿化委员会委托，河南省“全国绿化模范城市”专家考评组对郑州市的创建工作进行了考评初验。经过检查评审，全票通过省级验收，这标志着郑州市创建全国绿化模范城市工作迈出了坚实一步。

召开创建全国绿化模范城市迎检动员会 8月19日，郑州市召开创建全国绿化模范城市迎检动员会，部署相关工作。市长赵建才号召全市各级广大干部群众，迅速行动起来，围绕既定目标，明确各项任务，查找薄弱环节，突破工作难点，认真做好各项准备，确保创模取得成功。

召开郑州市森林生态城建设生态效益监测评审论证会 8月20日，郑州市森林生态城建设生态效益监测评审论证会召开，专家们论证认为：连续五年的森林生态城建设，平均每年为郑州产生社会综合效益122.39亿元。中国工程院院士、北京林业大学校长尹伟伦教授在书面意见中指出：郑州市委、市政府认真贯彻、落实党中央、国务院关于加快林业发展的决定精神，率先提出了建设森林生态城市及开展森林生态效益监测与评价的战略决策，取得了成效，起到了示范作用，值得肯定和推广。

“全国绿化模范城市”迎检成员单位召开第一次会议 8月20日，王林贺副市长受市长赵建才委托，在市政府常务会议室召开了市迎接“全国绿化模范城市”检查工作领导小组成员单位第一次会议。

王文超书记等市领导检查创模迎检工作 8月21日，市领导王文超、康定军、王璋、杨丽萍、王林贺、王瑞桐等到二七区尖岗水库水源涵养林基地、管城区南曹乡张华楼村等实地检查了郑州市创模迎检工作情况，对迎检工作提出了明确要求。

市领导王璋督察创模迎检工作 8月23日，市委常委、市纪委书记、市生态建设工程指挥部指挥长王璋带领创模第一督导组成员深入金水区、郑东新区，对创模迎检工作进行了督察。

市委常委、宣传部部长丁世显督察郑州市创模迎检工作 8月24日，市委常委、宣传部部长丁世显在市林业局、市园林局、市市政局、市交通局、市行政执法局和市爱卫办有关领导的陪同下，对郑州市创模迎检的重要道路和重点区域进行了详细察看。

市林业局召开局系统创模迎检工作通报会 8月25日，市林业局在六楼会议室召开了由局系统全体工作人员参加的创模迎检工作通报会，对有关工作进行了再部署。

市领导岳喜忠督察二七区创模迎检工作 8月28日上午，市政协副主席、市创模领导小组副组长岳喜忠带领市林业局、市园林局、市交通局、市爱国卫生委员会办公室、市市政局等第六督导组成员单位的有关负责同志，对二七区创模迎检工作进行了督察。

郑州市召开创建全国绿化模范城市促进会 8月28日，郑州市在嵩山饭店召开创建全国绿化模范城市促进会，进一步明确了任务和责任，要求各级各部门鼓足干劲，坚定信心，迅速解决突出问题，以良好的创建成绩迎接国家检查团的验收。

绿化创模成果展开幕 8月29日，郑州市创建全国绿化模范城市成果展在市博物馆开幕。展览分规划篇、实施篇、宣传篇、成果篇4个部分。来自社会各界的摄影、书法、美术家们，从不同的视角为我们展现了园林绿化、森林生态城建设等方面所取得的成绩，将和谐秀美的“生态靓城”郑州呈现在市民面前，给人较强的视觉冲击力。

“全国绿化模范城市”检查团莅郑检查 8月30日，以原天津市委书记、林业部部长高德占为团长的“全国绿化模范城市”检查团抵达郑州，对郑州市的创建工作进行为期4天的检查和考核。

“全国绿化模范城市”检查团听取郑州市绿化工作情况汇报 8月31日，由原天津市委书记、林业部部长高德占为团长的“全国绿化模范城市”检查团听取了郑州市“创绿”工作情况汇报。省委常委、市委书记王文超简要介绍了郑州市市情，市委副书记、市长赵建才全面汇报了我市创建全国绿化模范城市工作情况。

“全国绿化模范城市”检查团检查验收“创绿”工作 9月1日，以原天津市委书记、林业部部长高德占为团长的“全国绿化模范城市”检查团一行，在省委常委、市委书记王文超的陪同下，到郑州市部分公园、游园、学校、机关单位、社区等地，检查验收“创绿”工作。

“全国绿化模范城市”检查团向郑州市反馈检查验收意见 在结束了4天的认真检查、验收后，以原天津市委书记、林业部部长高德占为团长的“全国绿化模范城市”检查团对郑州市“创绿”工作给予高度评价。检查团认为：“郑州市创建全国绿化模范城市工作卓越、成效显著，各项绿化指标均达到或超过了‘全国绿化模范城市’标准。”

召开创建全国绿化模范城市阶段总结暨工作推进会 9月4日，市政府召开创建全国绿化模范城市阶段总结暨工作推进会，总结了郑州市创建“全国绿化模范城市”工作取得的阶段性成果，并对照检查团指出的不足之处，对下步工作进行了安排部署。

开展林业有害生物防控技术培训 9月11~12日，市林业工作总站在新密市青屏宾馆举办了林业有害生物防控技术培训班，对各县（市）、区森林病虫害防治与检疫站站长及业务骨干30余人进行了培训。

农大专家考察郑州市黄河湿地动植物资源保护状况 9月18日，河南农业大学生命科学学院书记李鸿孟，副院长吴建宇带领学院教授一行7人对郑州黄河湿地自然保护区进行实地踏查。专家们先后对黄河二桥附近的鸟类资源和惠济区南裹头的植物资源进行了考察，并对郑州市的黄河湿地保护提出了建设性意见。

人大代表视察生态林业建设 10月11日，市人大常委会主任王平和部分人大代表视察了郑州市生态林业建设。

召开全市林业宣传工作会议 10月12日，郑州市林业宣传工作会议在市林业局召开。会议总结了2007年以来郑州市在各项林业宣传工作中取得的经验和做法，并对下一步林业宣传工作进行了安排部署。会议还宣读了《关于表彰“绿色郑州”书法美术摄影大赛先进单位和获奖个人的通报》和《关于表彰“绿色郑州”征文活动先进单位和获奖个人的通报》，并现场颁发了优秀组织奖。

省林业厅对郑州市2007年森林病虫害防治目标管理工作进行考核 10月10~16日，省林业厅林业有害生物防治目标管理考核组，对郑州市2007年森林病虫害防治“四率”完成情况、森林病虫害防治经费使用情况、中心测报点运作情况以及申报验收的林业生态县森林病虫害防治工作进行了全面考核。

国家林业局驻武汉专员办事处监督检查郑州市黄河湿地省级自然保护区建设管理工作 10月21日，国家林业局驻武汉森林资源监督专员办事处对郑州市黄河湿地自然保护区建设管理情况进行监督检查。

召开学习贯彻十七大精神动员大会 11月2日，郑州市林业局召开学习贯彻十七大精神动员大会，就局系统学习贯彻落实十七大精神进行了动员部署。

召开森林防火电视电话工作会议 11月4日，郑州市召开了全市森林防火电视电话会议。

河南省人大法制委视察郑州市森林生态城建设 11月9日，省人大常委会法制委员会主任委员徐国红带队专题视察了郑州市生态林建设情况。

市领导康定军、王璋调研生态林业工程建设 11月12日，省辖市正市长级干部康定军，市委常委、纪委书记、生态建设工程指挥部指挥长王璋一行来到市林业局进行调研。

大天鹅再现郑州黄河湿地 11月17~18日，郑州黄河湿地保护区工作人员在保护区内再次进行鸟情观察，共发现国家二级保护动物大天鹅93只和灰鹤2只，以及大种群分布的豆雁1 300余只，绿头鸭530只，大白鹭322只。

市人大、市政协委员视察“完成森林生态城工程造林10万亩” 11月22日，市政协副主席岳喜忠带领部分政协委员视察了“完成森林生态城工程造林10万亩”落实情况。11月22日下午，市人大副主任栗培青带领部分人大代表视察了尖岗水库水源涵养林和林业生态村建设情况。

黑天鹅惊现郑州黄河湿地 11月22日，郑州黄河湿地保护区工作人员在保护区内进行日常鸟情观察时首次发现了7只罕见的黑天鹅。黑天鹅（Cygnus atratus）是世界著名观赏珍禽，主要分布于澳大利亚南部、塔斯马尼亚岛和新西兰及其邻近岛屿，在国内非常罕见。黑天鹅被发现在郑州黄河湿地栖息还是第一次。

召开2008年度造林工作动员会 11月25日，市林业局召开了系统全体人员会议。会议回顾总结了2007年全市林业工作取得的成绩，分析了郑州市林业工作面临的新形势，安排部署了2008年工作。

召开生态建设工作会议　11月26日，市委、市政府、市生态建设工程指挥部在市青少年宫召开郑州市生态建设工作会议，安排部署2007年冬2008年春及2008年度造林绿化和水利建设工作。市政府与各县(市)、区政府签订了2008年度造林绿化目标责任书。

赵建才市长听取黄河湿地保护工作汇报　11月26日，市长赵建才在市政府常务会议室召开跨越式发展生态建设工程指挥部专题会议，研究黄河湿地保护及郑州黄河国家湿地公园规划工作。

召开林业生态市建设电视电话会议　11月27日，郑州市召开了林业生态省建设电视电话会议，部署林业生态省建设工作。省委常委、市委书记王文超要求，要高标准、高质量地完成省下达的生态建设任务，确保郑州在全省率先建成林业生态市，成为全省生态环境的首善之区。

荣获“全国绿化模范城市”称号　11月30日，全国绿化委员会授予郑州市“全国绿化模范城市”荣誉称号。

查获大量国家和省级保护野生动物　12月7日，郑州市森林公安分局在郑州火车站一列火车上，查获国家二级保护动物雕鸮17只，省级保护动物赤麻鸭6只、豹猫5只、斑鸠2 000只。

林业生态市建设规划通过专家论证　12月9日，市政府邀请省、市知名专家论证通过了《郑州林业生态市建设规划》。

开展打击侵害野生鸟类专项行动　12月16日，郑州市林业局组织森林公安分局、野生动植物保护处、黄河湿地自然保护区管理中心三部门联合执法，突击检查了黄河湿地自然保护区惠济至金水段的各大小“渔家乐”饭店，严厉打击了侵害野生动物的违法犯罪行为。

召开2008年度市级工程管理人员工作暨培训会　12月23日，市林业局在郑州市尖岗水库水源涵养林工程项目部召开了2008年度市级工程管理人员工作暨培训会。

市领导康定军、王璋要求迅速掀起冬季造林高潮　12月26日，省辖市正市长级干部、市生态建设工程指挥部副指挥长康定军，市委常委、市纪委书记、市生态建设工程指挥部指挥长王璋，到市林业局督导2008年度森林生态城建设工作。

开封市

一、概述

2007年，开封市认真贯彻落实全省林业生态建设会议和植树造林现场会议精神，坚持森林资源的培育、保护和利用协调发展，全市的林业工作呈现出了又好又快发展的局面。

（一）造林绿化工作成效显著

全市共完成造林面积9.64万亩，是任务9.6万亩的101%。完成以防沙治沙工程为主体的林业重点工程2万亩，是任务2万亩的100%。新建、完善农田林网56万亩，是任务40万亩的140%。义务植树862万株，是任务848万株的102%。圆满完成了省下达的造林目标任务，平原绿化水平得到提高。

（二）严格执法，依法治林

认真贯彻执行林业法律、法规，强化林地、林木采伐、木材运输、木材经营加工管理，采伐证、运输证发证合格率99%，全市共查处林业行政案件500起，结案率达98%，其中滥伐林木案248起，盗伐案件9起，破坏林木苗木案20起，违法运输案185起，违法收购、经营加工木材案35起，行政处罚608人，为国家挽回损失80余万元，有效地巩固了林业建设成果。

（三）环城防护林建设持续推进

开封市环城5区和开封县认真实施《开封市环城防护林建设规划》，以路河沟渠为骨架，以防护林带建设和完善农田林网为重点，继续推进环城防护林工程。2007年春共营造和完善农田林网12万亩，绿化路河沟渠80多公里，完成了规划任务。杞县、开封县、通许县、尉氏县也都按照县委、政府要求积极实施环绕县城的防护林建设，营造了日南高速防护林带、圈张河防护林带等大型防护林带5条，长100多公里。

（四）典型引路，整体推进面上的造林工作

通许县县委、政府要求每个乡镇新建或完善农田林网2 000亩以上。乡自筹资金和苗木，县林业局统一规划。冯庄、朱砂等乡（镇）新建农田林网5 000亩以上，集中连片，造林质量高。兰考县委、县政府要求每个乡（镇）的党委书记、乡（镇）长、主管林业的副乡（镇）长每人必须完成500亩的造林精品工程，为群众树立样板，他们采取捐资，拍卖荒地、河渠等手段，完成自己的任

务而且造林标准较高，发挥了很好的示范作用。

（五）依托优势产业，发展特色林业

兰考县委、县政府立足于兰考泡桐产业的可持续发展，作出了“大力种植泡桐”的决策，要求各乡（镇）从讲政治和讲大局的高度来认识种植泡桐的重要意义，采取切实措施完成任务。县委、县政府挤出资金对验收合格的新栽泡桐每棵补助1元钱，推动了泡桐树的种植，2007年春全县栽植泡桐30万株。杞县裴村店等乡（镇）杨树加工业发展迅速，激发了群众栽植速丰林的积极性。近几年，在杞县东部北部裴村店、西寨、阳固等沙区乡（镇）杨树速丰林面积已达到3万多亩，集中连片，十分壮观。一些村形成了“田里种杨树，村里搞加工”的局面。

（六）落实政策，激活造林机制

通许县2007年春出动60辆宣传车，散发宣传单2万多份，广泛宣传植树造林的现实意义，在此基础上，与自愿造林的农户签订造林合同9 000余份，明确了双方的责权利，经县林业局验收合格后，每棵补1元钱，树木产权归农户所有，农户负责管护，林业局及时发林权证。通过这种形式落实造林面积1.1万亩，占全县造林任务的70%。杞县对圈张河绿化采取“树随地走，谁栽谁有”的措施，2007年春造林绿化20公里，每侧绿化宽度50米，植树15万株，林业局每棵补助1元，产权归群众，群众精心栽植，精心管护，成活率达98%以上。

（七）加强管理，提高义务植树成效

各县（区）按照《河南省义务植树条例》的规定，狠抓了义务植树基地建设，推行了义务植树登记卡制度和下达任务通知书制度，依法管理、定期督察、定期通报。兰考县在张君墓镇设定县直义务植树基地，县委、政府、纪委、林业局率先垂范，高标准完成自己的义务植树任务，为全县树立了榜样，县直各单位积极行动共营造农桐间作近2万亩。杞县在葛岗、阳固等地设立了4个义务植树基地，县绿化办统一规划，明确了县直各单位、各乡（镇）义务植树任务，统一标准，统一验收。各级共青团、妇联、教育局组织团员青年、妇女栽植富有意义的“共青林”、“三八林”等纪念林。有的单位采取缴纳绿化费、认养绿地的形式，履行法定义务，义务植树的形式日趋多样化，尽责率逐步提高，成为推动造林绿化的强大动力。据统计，全市2007年春共有188万人次参加义务植树，植树862万株。

（八）完成了森林资源规划设计调查（二类调查）工作

根据省林业厅统一部署，4月份，开封市统一培训二类调查技术骨干180多名，掌握了二类调查的要求和任务。之后，各县（区）多方筹集资金，制订调查方案，克服天气炎热等困难展开了外业调查。8月份，在省林业规划设计院有关专家的指导下，完成了输表和电子地图输入等内业工作。9月份，全市二类调查成果通过了省林业厅的验收。

（九）全面推进集体林权制度改革试点工作

开封市认真贯彻落实省林改会议精神，调查摸清了全市集体林现状，成立了市林改工作领导小组及办公室，安排部署林改试点工作。广泛发动群众，召开座谈会141次，村民代表会72次。印发宣传资料3 600份，审阅林地承包合同1 520份。尉氏县庄头乡被定为省平原区试点乡。在省市林改办的督导下，尉氏县林业局抽调12名骨干人员，专职进行林改试点工作。全部完善了该乡孙庄村集体林地承包合同，公示后颁发了林权证，完成了集体林权制度改革试点工作。

（十）做好种苗工作，夯实造林基础

2007年，开封市完成育苗9 343.05亩，超额省分任务55.7%。其中新育苗木面积7 171.95亩，占总面积的77%。出圃面积8 869.95亩，出圃株数1 887万株，良种苗木1 767万株，四旁大苗935万株。按树种分，泡桐育苗面积277.95亩、中林46杨育苗面积1 945.35亩、107杨育苗面积3 006亩、108杨育苗面积2 221.2亩、2025杨育苗面积431.55亩、合欢育苗面积123亩、栾树育苗面积73.95亩、白腊育苗面积19.5亩、柳树育苗面积45亩、经济林育苗面积198.75亩、花卉育苗面积527.7亩，为林业生态建设工程储备了足够的优良苗木。

（十一）经济林工作稳步推进

2007年，全市新发展经济林13 117亩，其中兰考县1 500亩、杞县7 450亩、通许县185亩、尉氏县1 260亩、开封县1 980亩、市郊各区742亩。已挂果经济林面积14.86万亩，其中，兰考县4.53万亩、杞县3.59万亩、通许县2.95万亩、尉氏县2.11万亩、开封县0.96万亩、市郊各区0.73万亩；果品总产量2.17亿公斤，总产值3亿元。

（十二）完成林业技术推广项目

完成了《中林2041杨树良种推广》项目，引进繁育“中林2041”杨30亩，示范推广100亩；完成了《开封市柳树种质资源收集繁育圃建设》项目，建立收集区20亩，示范林40亩。

（十三）认真开展林业病虫害防治工作

2007年，开封市农林局积极采取生物防治、化学防治、人工防治及营林措施等一系列手段，认真开展林业病虫害防治工作，圆满完成了省下达的各项目标管理任务。全市共发生各种病虫害104 138亩（含经济林病虫害34 645亩），成灾面积为5 660亩，林木病虫害成灾率为4.6‰，防治面积10.07万亩，无公害防治率为74%；设立固定测报标准地98个，临时标准地200个，测报准确率为83%；实施产地检疫0.87万亩，种苗产地检疫率为89%。全市共发布预测预报87期、3 100余份，印发防治技术资料3 000份，为搞好全市病虫害防治工作提供了翔实准确的依据。

（十四）开展杨树黄叶病调查工作

按省通知要求，组织各县（区）积极开展野外调查、及时上报统计数据。对在尉氏县大营乡、鼓楼区浅河发现的几株疑似杨树黄叶病，一方面及时上报情况，另一方面拔除重度发生的病株，严密观察剩余病株，控制了病情发展。

（十五）编制《开封市林业生态建设规划》

根据省委、省政府的要求，2007年下半年集中力量、精心编制了开封林业生态市建设规划，经过部门协调、专家论证和全省平衡，开封市政府批准并印发了《开封市林业生态建设规划》（2008~2012年）。《规划》的主要内容包括两个方面：

（1）总体布局：以“两区”（平原沙区和一般农区）、“两点”（城市含县城和村镇）、“一网络”（包括全市所有路河沟渠等生态廊道）为支撑，构建点线面相结合的结构合理、功能完备的生态体系；

（2）目标任务：以建设林业生态县（区）为载体，经过5年（2008~2012年）、力争3年时间（2008~2010年）的努力，全市完成造林72万亩，林木覆盖率达到22%，整体实现林业生态市。

二、纪实

四大班子领导参加义务植树劳动　3月9日，市长周以忠、政协主席程广安、副市长李留心等市四大班子领导来到金明区水稻乡落堤村，和金明区1 000多名干部一道，参加义务植树活动。共植树12 000余株，绿化路、沟、渠22条，完善农田林网1 500亩，拉开了全市春季义务植树的序幕。

国家林业局局长贾治邦考察开封林业　3月21日，国家林业局局长贾治邦在省长助理孙泉砀、市委副书记顾俊、副市长李留心的陪同下来开封市考察。贾治邦一行考察了金明区杏花营农田林网建设，听取了市领导关于开封市林业工作的汇报，详细询问了开展沙区综合治理工程、黄河防护林工程、退耕还林工程、通道绿化工程、大环境绿化工程及黄河滩区固沙造林工程建设的有关情况。贾治邦对开封市开展农田林网建设和林业工作取得的成绩予以充分肯定。

重庆市林业考察团来开封参观考察　4月10日，重庆市林业局局长周克勤率队赴开封市尉氏县考察平原绿化和杨木加工。考察团一行参观了庄头、大马、大营等乡的治沙造林、农田林网和杨树加工，对该县的林业建设成果给予高度评价。

湖南省林业考察团来开封参观考察　7月10日，湖南省林业厅厅长葛汉栋一行来开封市兰考县考察平原绿化。考察团一行参观了闫楼、固阳乡的农桐间作和桐木加工，拜谒了焦陵和焦桐，对该县的林业建设成果给予高度评价。

市政府常务会议听取关于林业生态市建设规划编制有关情况的汇报　8月17日，市政府第五十次常务会议听取市农林局关于林业生态市建设规划编制有关情况的汇报，市长周以忠、副市长李留心、市政府有关部门负责人参加。关于开封林业生态市建设规划编制工作，周以忠强调，开封林业生态市建设任务重，要下大力气提高绿化水平，同步实现发展经济和保护环境的目标。要加大编制工作的领导力度，高度重视，保证经费支持，摸清开封绿化底数和潜力，城市规划中要充分考虑林业生态建设需要，努力建设林业生态市。

召开林业生态市建设规划编制工作动员会　8月21日，市政府召开林业生态市建设规划编制工作动员会。李留心副市长，王秋杰副秘书长，市农林局、财政局、交通局、发展和改革委员会、城建局、水利局等市直有关部门负责人参加了会议。会议介绍了生态市建设的背景，明确了规划编制的任务。李留心副市长要求各有关部门分工负责，密切配合，高质量完成全市林业生态市建设规划编制工作。

《开封市重大林业有害生物灾害应急预案》印发实施　9月20日，依据国家林业局《国家重大外来有害生物灾害应急预案》和《河南省重大外来林业有害生物灾害应急预案》的要求，经调研论证，开封市政府常务会议通过了《开封市重大林业有害生物灾害应急预案》并印发实施。

市政府专题研究林业生态市建设规划编制工作　11月30日，周以忠市长主持召开市长办公会，专题研究林业生态市建设规划编制工作。会议听取了市农林局关于林业生态市建设规划编制工作的汇报，研究了资金落实、奖惩等问题。

洛阳市

一、概述

2007年，洛阳市深入开展森林资源培育和保护等工作，取得了较好成绩，全年完成造林21.6万亩，是年度任务的106%。完成义务植树1 586万株，占年度任务的106%；完成林业育苗3.1万亩，占目标任务2.5万亩的125%；环市区苗木产业带建设完成春季育苗5 528.6亩，占年度任务的104.3%；完成林业产值23.5亿元，占年度任务22.2亿元的106%；森林火灾林木受害率0.01‰，低于省控制指标；森林病虫害防治成效良好，防治率达到85.52%。2007年，洛阳市林业局获得“全国林业系统先进集体”荣誉称号，洛阳森林公安局获得全国“绿盾二号行动”先进集体荣誉称号，林业执法、信访稳定、招商引资、政务督察等工作分别受到省林业厅和洛阳市委、市政府表彰。

（一）野生动植物资源保护

2007年，洛阳市积极开展《河南省野生植物保护条例》学习宣传月、“爱鸟周”、“野生动物保护宣传月”等活动，通过电视、广播、报纸等媒体的宣传，全社会保护野生植物资源的意识得到进一步提高。依法规范野生动植物资源管理，严厉查处破坏野生动植物资源违法行为。一是认真做好野生动物高致病性禽流感疫情的监测工作，特别是加强了对迁徙候鸟等野生动物的疫源疫病监测防控工作。二是在野生动物驯养繁殖、经营利用、运输签证管理等方面严格依法管理，规范发放有关许可证件，办证率达90%以上。三是切实履行救护职责，积极进行受困野生动物的救助活动。四是动员全社会力量，做好野生动植物保护管理工作。

（二）森林防火

2007年，洛阳市各级政府和主管部门主要领导认真履行森林防火行政领导负责制所赋予的职责。省委常委、市委书记连维良在防火关键时期亲自过问森林防火情况，多次听取林业局工作汇报，帮助解决实际问题。洛阳市市委常委、市委秘书长尚朝阳亲自率有关部门负责人深入林区开展督察。嵩县、栾川、汝阳等防火重点县的主要领导也都能够亲自安排部署、亲自检查指导森林防火工作。各县（市）区采取多种形式筹措资金，普遍增加了对森林防火的投入。据不完全统计，洛阳市2007年度新购置二号灭火工具11 000多把，购置风力灭火机等扑火机具100余台。森林防火责任制更加

丰富完善。县（市、区）、乡（镇）、村三级自上而下层层签订森林防火责任状，逐级、逐部门、逐人下达森林防火责任书，真正把森林防火的责任落实到了山头、地块和责任人。深入开展了森林火灾隐患大排查活动。各县（市、区）均成立了以主要领导为组长的森林火灾隐患大排查行动领导小组，组织有关部门和人员对重点火险区进行拉网过筛式排查，及时消除了各类火险隐患。在防火紧要期，各地结合实际，及时发布森林火险预警信号和森林防火戒严令，对国有林场、森林公园、飞播林区、风景名胜区等重点林区实行全面的清山、搜山和封山戒严，有效控制了森林火灾的发生。全年共发生森林火灾火警50起，过火面积5 781亩，林木受害面积978亩，林木受害率0.01‰，低于省控制指标。同时国家林业局在洛阳建立了河南省航空护林基地，标志着河南林业森林火灾预警和处置工作进入一个新的阶段。

（三）林业执法

2007年，洛阳市林业执法队伍不断加强，执法能力不断提高，始终坚持防范和打击并重，严厉打击各类破坏森林和野生动植物资源犯罪。2007年5月至9月，洛阳市森林公安局在全市范围内组织开展了“绿盾二号”行动、林业执法和治理整顿专项行动，2007年11月20日至2008年1月20日，组织开展以打击破坏野生动物资源为主的“猎鹰二号”行动，有力地打击了涉林犯罪行为，促进了洛阳生态建设和林业经济的健康发展。2007年，洛阳市共处理各类林业案件2 000起，其中刑事案件85起，刑拘108人，逮捕32人，起诉59人，查处行政案件1 915起，处罚4 163人次，清查国家林场17个、森林公园12处、自然保护区10处、木材经营加工场点485处、林地项目318个，查处野生动物青蛙万余只、麻雀千余只，救助国家Ⅱ级以上保护动物猫头鹰、孔雀、大鲵等48只（条），捣毁炭窑18孔，收缴成品炭3吨和原料43吨，收缴各类木材千余立方米，为国家挽回经济损失数百万元。

（四）林业有害生物防治

2007年，洛阳市林业局多次组织技术人员对全市主要林业有害生物越冬前、后的情况进行了详细调查，在进行认真的汇总分析后及时对全市林业病虫害发生情况作出科学的预测，及早发布了林木病虫害情报，下发了《洛阳市人民政府关于做好杨树食叶害虫防治工作的通知》。据统计，全年洛阳各类林业有害生物发生面积为21.17万亩，发生率为2.23%，其中成灾面积为2.63万亩，成灾率2.77‰。无公害防治率达80.6%。全年调运检疫苗木2.4万株，木材3万方。开展了松材线虫病普查、杨树黄叶病调查等工作。

（五）退耕还林

2007年，洛阳市共完成退耕还林荒山造林6.6万亩；落实《国务院关于完善退耕还林政策的通知》精神，完成对退耕还林补植补造、生态移民需求、25度以上陡坡耕地和现行补助期期满退耕地等有关情况调查，为编制巩固成果专项规划和退耕还林规划提供了依据；开展了退耕还林现行补助期满退耕地的验收。根据《关于完善退耕还林政策的通知》（国发［2007］25号）规定，洛阳市退耕地面积56.5万亩，在本周期国家将对全市退耕还林补助资金增加投入6.8亿元。

（六）天然林资源保护及公益林建设

2007年，洛阳市完成9.7万亩封山育林，共投资543.2万元。建造固定标牌314个、机械围栏66 830米，完成补植侧柏10 542亩、栎类3 374亩、杨类590亩、皂角500亩、刺槐260亩、臭椿

100亩、火炬树40亩；对2000年以来公益林建设封山育林、飞播造林进行普查，对存在的问题进行了全面整改；建立了护林员修枝考核制度和毁林案件举报制度，对护林员管理进行了进一步规范；建立和完善了天保工程电子档案。

2007年，洛阳市重点公益林建设项目共完成公共支出项目资金10万元，营造生物防火林带8 820米。其中新建型3 750米，折合营造林面积169亩；改建型5 070米，抚育面积228亩。

（七）林木种苗生产及技术推广

2007年，洛阳市超额完成省定2.4万亩育苗任务，育苗面积达3.14万亩，容器育苗完成1 260万袋。全年洛阳市换发林木种子生产许可证289份，林木种子经营许可证212份，发放产地标签1 000余份，种苗质检证928份。全年洛阳市举办林业技术培训班和讲座148期，培训林业职工和林农2.8万余人次，发放技术资料23 400份。

（八）环市区苗木花卉产业带建设

2006年8月，洛阳市政府制定下发了《洛阳市环市区苗木花卉产业带规划方案》。在北邙绿色生态屏障区主要公路沿线和二广、西南环城高速公路两侧规划种植苗木花卉，环市区苗木花卉产业带建设，共涉及8个县（市）区16个乡（镇），规划总面积9 900亩，计划用两年时间完成。2007年，环市区苗木花卉产业带建设规划任务5 300亩，核实完成建设任务5 528.6亩。其中，宜阳县建设任务1 000亩，核实完成面积1 019.4亩，主要培育大叶女贞、紫罗兰、郁金香、非洲香草、山联花、牡丹等10多个品种。偃师市建设任务900亩，核实完成面积1 045.9亩，主要培育杨树、光皮褚、刺槐苗等树种。伊川县建设任务700亩，核实完成面积757.1亩，主要种植胡桑、楸树、侧柏苗等。孟津县建设任务1 600亩，核实完成面积1 649.5亩，洛龙区建设任务600亩，核实完成面积663.4亩，主要种植大叶女贞、牡丹等。西工区建设任务200亩，核实完成面积204.7亩。瀍河区建设任务100亩，核实完成面积102.3亩。高新区建设任务200亩，核实完成面积86.3亩。

（九）飞播造林

2007年，省下达洛阳市飞播造林任务37 000亩，核实完成了37 927.5亩，涉及栾川、汝阳、新安县的4个播区。洛阳市飞播规划设计于5月18日在三门峡市召开的省飞播站审查会上通过验收。6月13日飞行作业开始实施，7月2日结束，分别在卢氏和济源机场实施。飞播总面积45 418.5亩，宜播面积37 927.5亩，有效比为83.5%。其中栾川县八里沟1个播区，面积10 552.5亩，宜播面积8 434.5亩，有效比79.9%，设计飞行6架次42个播带，飞行时间7.2个小时，飞播树种为黄连、臭椿；汝阳县大马山口1个播区，播区面积10 296亩，宜播面积8 265亩，有效比80.3%，设计飞行6架次24个播带，飞行时间10.8个小时，飞播树种为黄连、臭椿；新安县2个播区，面积24 570亩，宜播面积21 228亩，有效比86.4%，设计飞行14架次66个播带，飞行时间15.5个小时，设计飞播树种为黄连、臭椿。

（十）林业宣传

2007年，洛阳林业紧紧围绕阶段性林业重点工作，组织开展了一系列宣传活动。植树节前后，与洛阳日报社、洛阳电视台、洛阳人民广播电台合作，对春季造林进行连续报导；牡丹花会期间（4月）集中开展洛阳牡丹宣传活动，使洛阳国家牡丹园的知名度不断提高。开展了“爱鸟周”、河南省

野生动物保护宣传月、森林防火宣传月、森林风光摄影比赛等大型集中宣传活动。在《人民日报》、《光明日报》、中央电视台、《中国绿色时报》、人民网、新华网、《河南日报》、《洛阳日报》、《洛阳晚报》等媒体发表宣传稿件120余篇，其中，中央电视台3篇、《光明日报》3篇、《人民日报》4篇、《中国绿色时报》12篇。制作各类林业专题片10余部。通过宣传，进一步提高了全社会对林业的关注和支持，为洛阳林业发展创造了良好氛围。

二、纪实

洛阳市伊川荆山森林公园获省批准 1月，经省林业厅审批，同意洛阳市伊川县建立河南省伊川荆山省级森林公园，此公园规划建设面积7 995亩。至此，洛阳市省级以上森林公园已经达到14个，其中国家级森林公园7个，省级森林公园7个。

日本小渊基金组织到洛阳市孟津县查看洛阳冈山中日友好林项目 3月11日，日本小渊基金组织代表到孟津县小浪底镇协议中日友好林2007年度造林项目。日方代表国忠征美、松井三平，首先到项目区查看了2006年嫁接的桃树生长情况，并现场嫁接新品种桃树20余株，然后协议确定了2007年中日友好林项目。项目确定2007年要完成造林任务400亩，种植女贞、五角枫、刺槐、桃共17 260株，播种橡子140公斤。该项目于2007年3月12日开始实施，4月底结束，8月份经日方代表检查验收合格。

省林业厅对洛阳市黄河湿地自然保护区基础设施一期建设项目进行竣工验收 3月30~31日，省林业厅计财处组织项目验收专家组对洛阳市黄河湿地基础设施一期建设项目进行了竣工验收。专家组通过对有关档案资料的审查、审计和现场查看，顺利通过对洛阳黄河湿地自然保护区一期建设项目的竣工验收。

国家牡丹园开园迎宾 4月1日，洛阳第25届牡丹花会花情新闻发布暨国家牡丹园开园仪式在国家牡丹园隆重举行。市领导常振义、高凌芝、李少敏、万功民、郭丛斌、尚朝阳、李柳生、杨玉龙、王立林、杜勇杰、张素环、张亚忠、陈登庭，洛阳军分区副司令员刘三威，市委党校常务副校长、党委书记任海航和市林业局局长王长忠、国家牡丹园主任张西方等出席仪式。副市长、牡丹花会组委会副主任王立林主持仪式，市政协副主席杜勇杰对2007年全市各主要牡丹观赏园的牡丹花情作了新闻发布。市委常委、政法委书记、牡丹花会组委会副主任郭丛斌作了讲话。

国家林业局专家送科技到孟津 4月10日，国家林业局专家组到洛阳市孟津县开展“送科技下乡活动”，通过举办大型技术讲座、现场回答林农提出的问题等方式，解决基层林业生产中存在的难题，深受广大基层林业技术人员和广大林农、果农的欢迎。国家林业局专家宋闯、智信、陈军华、于海燕、杜红岩等参加此次活动。

中国国民党荣誉主席连战到洛阳国家牡丹园参观 4月17日，中国国民党荣誉主席连战及夫人连方瑀一行27人到国家牡丹园参观。海协常务副会长李炳才，省委常委、省委秘书长曹维新，省委常委、洛阳市委书记连维良等陪同参观。

洛阳市召开国有林场场长座谈会 4月18日，洛阳市组织召开了全市国有林场场长座谈会。会上，16个国有林场场长分别介绍了各自林场的基本情况、经营管理状况、合法权益维护等情况，畅谈了改革发展思路，提出了存在的问题及建议。

洛阳市绿化委员会安排部署全市义务植树工作 4月28日，洛阳市绿化委员会召开成员单位负责人和各城市区副区长参加的绿委扩大会议，安排部署2007年义务植树工作。洛阳市绿化委员会办公室主任、林业局局长王长忠同志宣读了《洛阳市2007年义务植树工作方案》，市政府副秘书长焦焕朝作重要讲话。

开展主要燃料油植物种质资源调查 4月，洛阳市开展主要生物质液体燃料木本植物种质资源调查。经调查，洛阳市黄连木总面积5.6万亩，总量280万株，种子年产量1.874万吨，主要分布于栾川县、嵩县、洛宁县、汝阳县、伊川县；花椒总面积4.5万亩，总量240.2万株，种子年产量0.143 5万吨，主要分布于嵩县、孟津县、汝阳县、宜阳县；栎类总面积93.975万亩，总量9 450万株，种子年产量315万吨，主要分布于汝阳县、宜阳县；油桐总面积11.33万亩，总量433万株，种子年产量1.562万吨，主要分布于嵩县、汝阳县。

嵩县发现一级特大古树黄连木 4月，洛阳市开展主要生物质液体燃料木本植物种质资源调查时，在嵩县何村乡吕玲村北岭组发现一株特大雄性黄连木，树高25.7米，地围8.8米，专家推测树龄约2 200年，为特大型一级古树。

洛阳市林业局组织人员到许昌学习森林城市创建经验 5月22日，洛阳市林业局董清河副局长带领造林科、办公室的有关人员到已获得森林城市称号的许昌市考察学习森林城市创建工作。

世界银行财务专家考察团到洛阳市考察世界银行贷款三期项目林建设 6月14日，来自蒙古、越南、澳大利亚、菲律宾、泰国、印度尼西亚等亚太地区世界银行办公室的银行专家考察团一行18人，在省林业厅、省财政厅项目办领导的陪同下对洛阳市世界银行贷款三期项目林建设进行考察。考察团实地查看了宜阳县柳泉镇五树村世界银行贷款项目核桃林、张午乡程子村世界银行贷款项目杨树林现场，分别听取了河南省、洛阳市、宜阳县政府及林业部门的汇报，并与省、市、县林业部门有关人员进行了座谈。通过实地考察和座谈，世界银行专家一致认为，宜阳县在世界银行项目造林中措施得力，效果明显，带动了当地经济发展，加快了当地农民脱贫致富的步伐。同时，世界银行专家也希望洛阳市在今后继续实施好世界银行贷款项目造林，使世界银行贷款项目造林达到最初设计的目标。

洛阳市天保封山育林年度作业设计通过评审 6月30日至7月1日，全省2007年度天然林保护工程封山育林年度作业设计集中在洛阳市嵩县进行评审。洛阳市栾川、嵩县、洛宁、新安、宜阳、孟津6个县9万亩封山育林作业设计顺利通过专家评审。

制作完成远程教育林业教学课件《杨树丰产栽培技术》 6月，洛阳市制作完成《杨树丰产栽培技术》教学课件，主要用于远程教育，内容包括杨树品种的选择、育苗、栽植、幼林抚育管理、病虫害防治等，此课件已推荐给河南省远程教育办公室。

组织开展《河南省野生植物保护条例》宣传月活动 7月1日，《河南省野生植物保护条例》(以下简称《条例》）开始施行。为使公众广泛了解《条例》内容，普及野生植物保护知识，提高公众保护野生植物的意识，洛阳市决定将2007年7月定为《条例》宣传月，并向各县（市、区）下发了通知。

洛阳林业首次使用飞机工具防治林业有害生物 7月3~7日，洛阳市在郑州上街机场首次使用“运五”型飞机对连霍高速公路偃师、孟津、新安路段通道绿化的杨树食叶类害虫进行飞机喷洒药剂防治。此次共飞行5个架次，作业时间8小时，防治面积达1.5万亩，有效控制了杨树食叶类害虫的蔓延及危害，保护了造林绿化成果。

国家林业局副局长李育材来洛调研退耕还林 7月11日，国家林业局党组副书记、副局长李育材一行6人在省林业厅领导陪同下到洛阳市调研退耕还林工作。李育材一行实地察看了小浪底森林公园、洛浦公园的建设情况，了解国家退耕还林政策的落实情况，征求群众对退耕还林工作的意见和建议。洛阳市委副书记、市长郭洪昌，市委常委、秘书长尚朝阳等陪同调研。

洛阳市开展林业中药材生物产业调研 7月中旬，洛阳市组织各县（区）技术人员对全市林业中药资源现状、发展现状、存在的问题等方面开展了调研。调研结果显示，洛阳市已发现可供药用的植物有1 481种，隶属188科，总蕴藏量3 500万公斤，常年畅销全国的10种药材植物是：连翘、柴胡、丹参、桔梗、酸枣核、冬花、山茱萸、远志、防风、猪苓。其中种植面积较大的有：山茱萸9.7万亩，年产量6 140吨；杜仲10.9万亩，年产量10 000吨；连翘2.6万亩，年产量达1 488吨。

洛阳牡丹病虫害监测预警体系建设项目可研报告获国家林业局批复 7月，洛阳牡丹病虫害监测预警体系建设项目可行性研究报告获国家林业局批复，项目批复总投资313万元，其中中央预算内投资188万元，地方配套125万元，项目监测区覆盖洛阳市的孟津、宜阳、西工、老城等县（区）。

洛阳市森林旅游工作会议在栾川县召开 7月18~19日，洛阳市森林旅游工作会议在栾川县召开，有关县（市、区）林业局局长、各国有林场场长、局机关全体同志和局属单位负责人参加了会议。

洛阳市政府在西安交通大学捐建“洛阳牡丹园” 7月23日，在西安举行的2007年洛阳市—西安交大科技合作年会上，洛阳市政府与西安交通大学签订了在西安交通大学捐建“洛阳牡丹园”项目协议。根据协议，洛阳市政府提供5 112株牡丹在西安交通大学建设“洛阳牡丹园”，5 000株牡丹代表洛阳5 000年的历史，112株牡丹象征西安交通大学112年建校史，寓意着洛阳市与西安交通大学的科技合作事业将蓬勃发展。

洛阳市人大举办森林法知识讲座 7月25日，洛阳市十二届人大常委会举行第十五次法制讲座，集中学习《中华人民共和国森林法》。省林业厅法规处李辉从立法宗旨、林权确认、森林经营、森林采伐、林地管理、法律责任等方面进行了详细讲解，并就林权证的法律效力、托管造林、城乡林木采伐许可证发放管理等大家关心的问题作了深入剖析。市人大常委会组成人员、市林业局科级以上干部、各县（市）林业局局长参加了学习。

湖北省林业项目考察团对洛阳市世界银行贷款三期造林项目进行考察 7月29日，湖北省林业项目考察团一行9人对洛阳市宜阳县世界银行贷款三期造林项目进行了为期一天的考察。考察团成员分别由湖北林业厅，黄岗市、麻城市、团凤县、红安县林业局项目管理人员组成。

洛阳市林业生态建设规划编制工作 8月至12月，洛阳市组织专业技术人员编制《洛阳市林业生态建设规划》（以下简称《规划》）。12月2日，省林业专家对《规划》进行评审；12月7日，洛阳市政府常务会议审议通过《规划》；12月12日，洛阳市政府下发通知（洛政［2007］142号），印发《洛阳市林业生态建设规划》。

洛阳市组织召开全市雨季造林现场会 8月2日，洛阳市雨季造林现场会在新安县召开，各县(市) 的林业局局长、营林股股长参加了会议。与会人员参观了新安县北冶乡关址村、石井乡五顷村两个雨季造林现场，新安县在现场作了典型发言，市林业局董清河副局长对全市雨季造林工作进行了安排部署，林业局局长王长忠发表重要讲话。

洛阳市及时防治天保工程封育区内木橑尺蠖危害 8月19日，洛阳市森林防病虫害防治与检疫站组织专业技术人员对嵩县、宜阳天然林保护工程封山育林区内受木橑尺蠖危害的栎类、刺槐、黄楝等混交林分别进行敌马烟剂防治，防治面积达150余亩，被害株率80%、虫口密度4头/50厘米标准枝的受害林得到了有效防治。

洛阳市政府召开常务会议听取林业生态规划编制情况汇报 9月7日，洛阳市政府召开常务会议，听取了市林业局局长王长忠关于全市林业生态规划编制进展情况的汇报。市委常委、市委秘书长尚朝阳强调下一阶段要注意做好的几项重点工作和解决规划编制经费的意见，郭洪昌市长对规划编制工作提出具体要求和意见。会议决定，市政府成立规划编制领导小组，郭洪昌市长任组长，尚朝阳秘书长任副组长，相关部门一把手任成员，并从农口出30万元作为规划编制经费，以保证规划编制工作顺利进行。

国家林业局、财政部领导对洛阳世界银行贷款造林项目进行调研 9月10~11日，国家林业局世界银行贷款项目中心高申奇处长、财政部国际合作司李东向处长对洛阳市世界银行贷款项目造林进行了为期两天的调研，省林业厅项目办公室卓卫华主任、财政厅债务处范晓处长陪同调研。

洛阳市林业局与洛阳日报社联合举办湿地摄影比赛 9月至11月，洛阳市林业局与洛阳日报社、洛阳《摄影在线》联合面向社会举办湿地摄影比赛。作品重点展示各类湿地原始景观、湿地优美风光与野生动物的趣闻、人与自然和谐相处的场景、湿地被破坏的情景和造成的灾难及危机。活动结束，评选出了一、二、三等奖，同时向国家林业局报送30多幅优秀作品参加国家湿地摄影展预选活动。

5万株洛阳牡丹出口日本 9月，洛阳国家牡丹园的5万株二年生和三年、四年生牡丹壮苗经冲洗、修剪、消毒、检疫和包装后，发往日本。这是继2006年出口日本3 000株牡丹苗后再次大批量出口日本，也是中日合作共同研发培植的牡丹新品种。

洛阳市林业局获“全省林业执法和治理整顿专项行动”优秀组织单位称号 5月25日至9月17日，省林业厅在全省范围内组织开展了“全省林业执法和治理整顿专项行动”。洛阳市林业局按照省林业厅的统一部署，精心组织，周密安排，攻坚克难，破获和查处了一批涉林案件，有力地打击了犯罪分子的嚣张气焰，保护了森林资源安全，取得了较好的成绩，洛阳市森林公安局、林业局动植物保护科分别被省林业厅（豫林公［2007］272号）授予全省林业执法和治理整顿专项行动优秀组织单位、先进集体荣誉称号，并通报表彰。

洛阳市森林公安局被授予全国“绿盾二号”行动先进集体称号 5月21日至9月17日，国家林业局在全国组织开展了以打击破坏林地资源违法犯罪为主要内容的“绿盾二号”行动。洛阳市森林公安局高度重视，精心组织，周密部署，全市各级森林公安机关协同作战，重拳出击，严厉打击了破坏森林资源和林地资源违法犯罪活动，专项治理了林区的治安热点、难点问题，切实提高了广大群

众的生态保护意识，保护了造林绿化的成果，对此，国家林业局（林安发［2007］260号）授予洛阳市森林公安局为“绿盾二号”行动先进集体称号，并通报表彰。

安排2007年冬2008年春森林防火工作 10月初，洛阳市以市政府明传电报形式印发了《关于做好今冬明春森林防火工作的通知》，市护林防火指挥部印发了《洛阳市人民政府护林防火指挥部关于调整指挥部成员单位分包责任区的通知》、《洛阳市人民政府护林防火指挥部关于组织开展森林防火督察工作的通知》，转发了《国家森林防火指挥部关于进一步做好当前全国森林防火工作的通知》，对2007年冬2008年春森林防火工作进行了安排部署。10月19日，市林业局召开了全市森林防火工作会议，对冬季森林防火工作作进一步的安排部署。11月5日又组织召开了全市森林防火电视电话会议，市护林防火指挥部指挥长、市委常委、市委秘书长尚朝阳在会议上作了重要讲话，对2007年冬2008年春的森林防火工作作了全面细致的安排部署。

绿化苗木赴京装扮奥运场馆 10月8日，即日起，洛阳偃师数万株绿化苗木陆续运抵北京奥运场馆。在北京奥运会场馆建设绿化工程招标中，偃师市李村镇在竞争中占到了一席之地，中标的苗木中除常见的塔松、梧桐、女贞等树种外，还有桦树、桂花树、法青树等名贵树种。

尚朝阳秘书长视察小浪底森林公园 10月24日，洛阳市市委常委、市委秘书长尚朝阳带领市农工委、市林业局的有关人员实地查看小浪底森林公园，尚朝阳详细了解了森林公园建设中存在的具体问题，与市林业局、孟津县政府、县林业局、小浪底镇等有关单位负责人共同探讨森林公园下步的发展思路。

国家护林防火指挥部在洛阳建立河南省航空护林基地 10月，为加强森林火灾监控和扑救能力，经国家护林防火指挥部批准，河南省列入全国航空护林消防计划，把洛阳机场作为2007年秋冬季航空护林基地，对全省森林进行飞行航护。国家林业局西南航空护林总站专家、航空公司机组人员、省政府护林防火指挥部航护工作组工作人员以及机降消防队员等30人进驻洛阳基地，本次开展航空护林的飞机机型为M-8直升机，可载机组人员和机降灭火队员20余人，航护主要业务包括空中巡护、吊桶灭火、机降灭火和火场勘查等。航空护林飞行及地面保障经费等由国家和省统筹解决。此次，国家在地处中原地区的河南省开展航空护林尚属首次。

森林资源规划设计调查 11月，洛阳市全市森林资源规划设计调查（简称二类调查）工作全面完成。此次调查是新中国成立以来洛阳市规模最大的一次调查，自4月份开始，历时8个月，期间组织了上千人的调查队伍，进行了5次较大规模的技术培训，购置了上百台高配置电脑，并首次运用了“3S”技术和SPOT5卫星遥感图像等先进技术手段，进行了长达8个月的外业调查和汇总，耗资383万元，调查了数百万个基础数据。共区划小班84 399个，其中林地小班76 542个，调查统计了林地的权属、面积、类别、地形、土壤、林木等64项因子。

洛阳市召开冬季植树造林现场会 11月18日，洛阳市政府在洛宁县组织召开“全市冬季植树造林现场会”。市委常委、市委秘书长尚朝阳，市政府副秘书长邢社军出席会议，与会人员参观了洛宁县的义务植树基地以及罗岭、上戈、故县三个乡的冬季造林整地现场。洛宁、嵩县分别作了典型发言，市委秘书长尚朝阳作重要讲话，并提出明确的要求。

洛阳市召开全市林业生态建设动员大会 12月25日，洛阳市召开全市林业生态建设动员大会。

市长郭洪昌、副市长高凌芝、市人大常委会副主任吴喜照、市政协副主席张素环、市长助理李雪峰等领导出席动员大会，市直70多个单位负责人，各县（市、区）委书记、县（市、区）长，主管县（市、区）长、林业局局长等230多人参加了动员大会。动员大会由市长助理李雪峰主持，宜阳、新安、洛宁、嵩县作了典型发言，副市长高凌芝作动员报告，市长郭洪昌作重要讲话。

《洛阳市森林公园管理条例》出台 12月3日，经河南省第十届人民代表大会常务委员会第三十四次会议批准，《洛阳市森林公园管理条例》（以下简称《条例》）自2008年3月1日起施行。《条例》的出台，为洛阳森林生态旅游管理工作提供了法律依据，并使其进一步走向制度化、规范化，对加强森林资源保护和合理开发利用森林风景资源、促进洛阳市社会经济的协调发展，具有重要的意义。

洛阳市林业局获国家林业局表彰 12月10日，人事部、国家林业局联合发布《关于表彰全国林业系统先进集体和劳动模范、先进工作者的决定》（国人部发［2007］149号），授予全国99个单位“全国林业系统先进集体”荣誉称号，河南省受到表彰的先进集体仅有三家，即濮阳市林业局、洛阳市林业局和西峡县林业局。

洛阳黄河湿地国家一级保护鸟类数量逐年增多 12月13日，湿地保护区管护人员在孟津扣马河滩发现黑鹳群体，黑鹳数量多达24只。随着保护区生态环境的日益改善，保护区内的鸟类数量明显增多，国家一级保护动物东方白鹤、黑鹳等时有出现，数量不断增多。

安阳市

一、概况

2007年，安阳市林业工作紧紧围绕建设豫北区域性中心强市的奋斗目标，大力实施重点林业生态工程，积极推进四大林业产业链条开发，不断深化“四荒”造林体制改革，切实加强森林资源保护工作，全市共完成造林58 597.5亩，是全年任务的100%。完成通道绿化769公里，其中高速公路绿化61公里，省道绿化100公里，县乡道路绿化608公里；参加义务植树的人数达到237.3万人次，尽责率87.9%，植树960.8万株。共完成“四荒”拍卖承包造林66 700亩，是任务的111%。各县（市、区）申报500亩以上造林大户72户，经核查验收，符合奖励条件的500亩以上的造林大户51户，其中1 000亩以上造林大户18户。市政府拿出100万元对“四荒”拍卖承包造林大户进行奖补。通过拍卖承包“四荒”造林，共拉动社会投入造林资金4 360万元（含基础设施建设投资），回收拍卖资金1 064万元。

（一）林业产业

围绕林木、林果生产加工、花卉苗木生产经营、森林生态旅游四大产业，在继续抓好基地建设的同时，大力培育林州建泰木业和安阳尚品木业有限公司、龙祥花卉园林工程有限责任公司等一批龙头企业，努力打造林业四大产业链条。一是林木产业快速发展，链条已基本形成。速生用材林生产基地已达400多万亩，初级林木产品加工企业已达1 000多家。省建设投资公司已全盘收购内黄鹤壁林场，为加快林场改造奠定了雄厚的资金基础。二是花卉苗木产业快速推进。花卉苗木生产基地已达33 000亩，具有国家二级资质的绿化企业已达24家。三是林果产业链条正在快速形成。全年林果产量达40万吨。四是森林生态旅游产业稳步推进。全市省级以上森林公园和自然保护区达6处，森林生态旅游年游客已达121万人次，综合收入1.82亿元。加大了高效示范园建设，新发展15个百、千、万林业精品示范园，其中百亩园13个、千亩方1个、万亩区1个。完成了15万亩果实套袋和6.9万亩高效林果花木开发。全年完成林业总产值19.52亿元，其中第一产业（种植业）完成产值11.53亿元，占总产值的59%；第二产业（加工业）完成产值7.42亿元，占总产值的38%；第三产业（服务业）完成产值0.57亿元，占总值的2.9%。

（二）“四荒”造林

通过拍卖承包“四荒”造林，共筹措社会资金4 360多万元投入林业和农田水利基本建设，有力地加快了“四荒”造林步伐，为改善农业生产基础条件增添了新的筹资渠道。2007年的“四荒”拍卖，有关县（市、区）都出台了奖补文件，规范了合同，极大地调动了群众的积极性。拉动社会、个体大户对林业直接投资2 075多万元，超出了国家和集体多年向林业的直接投入资金；回收拍卖资金1 064万元。“四荒”造林地块成活率平均在85%以上，很多地块达到了100%。为表彰在“四荒”造林工作中作出突出成绩的大户，市政府对18个千亩以上造林大户每户奖励2.5万元，对33个500亩以上造林大户每户奖励1.5万元。

（三）资源保护管理

完成了国家太行山重点火险区综合治理工程，已通过省林业厅初验。切实抓好森林防火工作，全市森林火灾受害率控制在0.53‰，低于省定1‰的目标。及时组织了飞机喷洒林药防治杨树食叶害虫工作，飞防面积82 000亩，全市森林病虫害成灾率控制在2‰，低于省定8‰的目标。加大了林业案件查处力度，共查处涉林刑事、行政案件580起，查处各类违法涉案人员395人，其中刑事拘留9人，批捕7人，移送法院起诉17人，全市没有发生重大破坏林地、湿地、沙地和森林资源的案件。

2007年全市共发生森林火灾19起，森林火灾受害率为0.53‰，均在省政府下达的1‰和75亩/次的控制指标之内。各级领导高度重视森林防火工作，亲自检查督导。市护林防火办公室组织各级防火部门，充分利用广播电视、报纸、标语、宣传车等方式，在全市范围内开展重点乡镇森林防火工作规范化建设活动，对森林防火重点乡镇工作要求做到森林防火行政领导负责制落实到位、森林防火资金落实到位、防火宣传落实到位、火源管理工作落实到位、火灾扑救处置工作落实到位、值班调度和火灾报告制度落实到位。年终按照百分制进行综合排名，前三名分别给予4万、3万、2万元奖励。在火源管理上，加大巡逻检查力度，分片包段，加强基础设施建设，新建防火墙20公里，防火林带10公里；新建森林防火宣传标牌150余块；新建森林防火检查站2座，瞭望台2座。各级严格执行24小时值班制度，保证了火情信息和政令上下畅通。专业与非专业扑火队严阵以待，扑火工具全面检修，一旦发生大火，确保“打早、打小、打了”。

全市现有林地面积179.4万亩，2007年共发生各种林业有害生物面积47.55万亩，成灾面积3 900亩，成灾率为2‰，远远低于省下达的8‰。防治各类林业有害生物面积32.78万亩，其中无公害防治面积25.02万亩（其中飞防8.2万亩），无公害防治率达到76.4%，高于省下达的73%的目标。发布了《安阳市重大林业有害生物灾害应急预案》，开展“安阳市林业有害生物防治规范管理年”活动。

全市共有集体林地115.56万亩，涉及4县1市1区57个乡（镇）。2007年在全市开展了集体林权制度改革试点工作，分别确定了安阳县磊口乡上庄村、林州市东姚镇白井村等两个市级试点村。在调查摸底的基础上，广泛进行群众动员，科学制订试点方案，完善有关合同档案等，扎实推进了试点工作的顺利完成，并通过了省林业厅验收。通过试点，对如何进一步解放林业生产力，保证林地所有权、稳定林木经营权、确保林地处置权、确保农民受益权等有了初步探索，为下一步在安阳市全面推进集体林权制度改革打下了基础。在严格执行“十一五”采伐限额的基础上，安阳市下达了全年木材生产计划，确保林木的消耗量低于增长量。据统计，安阳市全年采伐林木3.38万立方米，没有超过14.2万立方米的限额。6月份在林州市、安阳县、龙安区开展了“全国矿区植被保护和生态恢复工程本底调查”，在此基础上又制定了生态恢复规划，为今后全市开展林地保护工作打下了基础。

森林公安机关继续贯彻“打基础、抓基层、苦练基本功”的工作思路，以林业执法和治理整顿专项行动、“绿盾二号”行动和“猎鹰二号”行动为龙头，严厉打击各类破坏森林和野生动物资源的违法犯罪活动；以严肃政治纪律，强化队伍教育管理为着力点，狠抓森林公安队伍正规化建设；以强化装备管理为思路，狠抓了装备规范化建设，从而较好地完成了各项工作任务，为全市林业生产和改革的顺利进行起到了保驾护航的作用。

（四）林业宣传

在春季造林中，安阳市林业局充分发挥电视、广播电台、报刊、互联网等新闻媒体宣传鼓动作用，多渠道、多层次、全方位、大张旗鼓地宣传和报道造林绿化工作。《安阳日报》、安阳电视台、安阳广播电台几乎每天都播报林业新闻，特别是《安阳日报》3月12日、3月13日在第一版安排大半个版面的篇幅宣传报道林业。开通以全市各级党委、政府主要领导为对象的林业短信平台，把林业的最新动态在第一时间报道给各级领导，林业越来越受到社会各界的关注。植树节前后，全市机关部门、企业工厂、社会团体等就积极参与到全民义务植树活动中来。特别是搜狐安阳车友会，在3月8日组织50个家庭120余人，到龙安区金驹绿色生态园参加义务植树活动，共挖树坑500多个，栽植速生杨树苗，为生态安阳建设添下一片新绿。

（五）队伍建设

认真学习十七大报告和党章，把贯彻落实十七大精神这一首要政治任务切实放到了首要位置上。严格落实“一岗双责”制，切实加强党风廉政建设，做到有布置、有检查、有总结，全年无违纪现象发生。认真开展“讲正气、树新风”和“落实科学发展观大讨论”两次主题教育活动，出台了具体的实施意见，制订了翔实的活动方案，加强了干部职工队伍建设，促进了各项工作的开展，实现了两手抓、两促进。加强对基层林业技术服务机构的业务指导，积极发挥其在林业建设及新农村建设中的作用。市林业局在安阳市纠正行业不正之风领导小组的综合考核中成绩名列前茅，被评为全市政风行风建设先进单位。

（六）编制林业生态市建设规划

按照2007年8月15日全省林业生态省建设规划编制工作电视电话会议精神，安阳市林业局抽调专门技术人员组成《安阳林业生态市建设规划》编制组，在市委、市政府统一领导下，在市国土资源局、建委、水利局、交通局、规划局、农业局等部门大力配合下，结合安阳市生态建设的特点，充分利用现有资源条件，进行安阳林业生态市建设规划编制。经过规划编制人员的共同努力，历时5个月，完成了《安阳林业生态市建设规划》（征求意见稿）。本规划包括规划文本、附表和附图三部分。规划的建设目标是：经过5年（2008~2012年）奋斗，总投资约18亿元，全面建成高标准的农田防护林体系，基本建成秀美宜居的城乡生态环境体系，初步建成比较稳定的国土生态安全体系，使全市生态状况显著改善，经济社会发展的生态承载能力明显提高，基本建成林业生态市。规划完成后，全市将新增有林地50.05万亩，全市有林地面积达到219万亩；林木覆盖率增长5.22个百分点，达到30.62%，森林覆盖率达到20.02%以上，其中：山区森林覆盖率达到40%以上，丘陵区森林覆盖率达到25%以上，平原风沙区林木覆盖率达到30%以上，一般平原农区林木覆盖率达到18%以上。全市林业年产值达到36亿元，产业结构趋于合理。林业资源综合效益达到206.93亿元。所有县（市、区）建成林业生态县（市、区），80%的乡（镇）建成林业生态乡（镇）。

（七）林业科研

大容器袋移植育苗造林技术、铺底盖天、压石保墒三项新技术被列入国家林业局太行山造林绿化重点推广的十大造林技术。大力推广以大容器袋移植育苗造林，铺底盖天，压石保墒，山桃、山杏点播，截干造林等为主的抗旱造林技术，使造林成活率达到95%以上，保存率达到90%以上，推广面积达3万亩，大大提高了造林成效。为适应黄连木能源林发展的需要，与河南省林业技术推广站协作进行的黄连木丰产栽培技术研究已完成前期试验、示范、推广及总结工作，取得了基础试验数据；黄连木育苗技术研究经专家鉴定为安阳市科技成果；黄连木育苗技术标准已经市质量技术监督局发布实施，定为市级标准，较好地指导了林业生产。组织进行了优树选择和采种、育苗工作，培育黄连木大田苗600万株；同时，为提高干旱石质地区等立地条件差的地区造林成活率、延长造林时间等，研究推广了黄连木容器育苗，并取得了育苗造林的成功；为改善黄连木成龄树雌雄比例结构，提高其结实产量和质量，2007年在林州市东岗镇武家水村采用成龄树高接换头技术成功嫁接黄连木2 000多株。为大力选育推广本地乡土树种和优势树种，对全市10余种有发展潜力的乡土树种进行筛选，配合中国林业科学研究院、省林业技术推广站、省经济林和林木种苗工作站开展了栓皮栎、内黄大枣、花椒等种质资源保护利用研究工作。继续推广欧美杨107、108号等用材林优良品种，杨树良种率达95%，造林良种率达90%。引进、试验、筛选出一批适合本地发展的经济林新品种10余个。全市实现果品产量4亿公斤，发展温棚果树4 000亩，完成2 300亩枣树的高接换头品种改良，完成15.2万亩苹果套塑膜袋新技术，制定了安阳市经济林果树管理标准化生产技术操作规程。

二、纪实

香港公司与林州市政府共同投资开发生物柴油项目　1月10日，香港环球再生资源系统有限公司与林州市人民政府，就共同开发和利用黄连木种子制造生物柴油项目进行了签约。港方将负责分期投资建设年产10万吨的生物柴油生产线，林州方负责黄连木基地建设和原材料供应。

市领导参加义务植树活动　3月12日，市委副书记、市长董永安及市委、市政府、市人大、市政协的20多名领导与300余名干部职工一起，到龙安区马投涧乡参加了义务植树活动，共栽植2 000余株杨树苗。

举办3·12植树晚会　3月12日，由内黄县绿化委员会主办，县林业局、县广播电视局承办，河南省白条河园林场、鹤煤集团内黄林场、濮阳市白条河农场三个驻内黄单位协办的3·12植树晚会

在县林业局举行。晚会以“纪念3·12植树节，宏扬生态文化，提高生态意识，促进人与自然和谐发展”为主题，宣传生态建设、生态文明。

国家林业局局长贾治邦莅临视察指导林业工作 3月21日，国家林业局局长贾治邦、国家林业局办公室主任封加平，河南省省长助理孙泉砀，省林业厅厅长王照平、副厅长刘有富、张胜炎等领导一行十多人在安阳市市委书记靳绥东，市委副书记、市长董永安，副市长葛爱美等领导陪同下视察了内黄县林业工作。视察期间，市领导向贾治邦局长汇报了安阳市林业建设情况，贾治邦局长对安阳市林业工作取得的成绩给予了充分肯定。

马志铭荣获“全国防沙治沙先进个人”称号 3月26~27日，全国绿化委员会、人事部、国家林业局联合表彰全国防沙治沙工作先进单位、防沙治沙标兵和防沙治沙先进个人。安阳市内黄县林业局局长马志铭由于在防沙治沙工作中的突出成绩，被表彰为“全国防沙治沙先进个人”，是河南省唯一获此殊荣的人。

王涛到安阳市考察黄连木生物质能源林基地建设工作 4月13~14日，全国人大常委、中国工程院院士、国家林科院首席科学家王涛在省林业厅常务副厅长刘有富、市政府副市长葛爱美陪同下，深入林州东岗、任村、东姚等乡镇实地察看了黄连木生物质能源林建设情况，对安阳市黄连木生物质能源林建设工作给予充分肯定，并提出了立体种植、树种选育、企业和基地合作共建等科学意见。期间，王涛院士还主持召开了国家科技部、国家林业局生物质能源项目河南协作组会议，省林业厅领导和有关地市的领导、专家出席了会议。

召开林州市黄连木生物质能源林基地建设推进会 7月20日，黄连木生物质能源林基地建设推进会在林州市召开，市委书记靳绥东主持会议并作了重要讲话。市委副书记、市长董永安，市委副书记林宪斋，市政府常务副市长张笑东，副市长陈明今、葛爱美，市政协副主席胡文录，市林业局、发展和改革委员会、财政局、国土局、环保局负责人，林州市四大班子领导、各有关局委、各乡（镇）负责人参加了会议。

林州建泰公司斥资2 300万元开发荒山 7月，以生产木制建材为主的林州建泰公司，为进一步延伸产业链条，做大做强“建泰”品牌，经过多方考察论证，决定斥资2 300万元建设八寨沟生态经济林基地，综合开发以东岗镇八寨沟为中心的万亩荒山。该项目分三期进行，首期工程从2007年7月至12月，开发1 500亩荒山；二期工程从2008年1月至2009年12月，开发5 500亩荒山；三期工程从2010年1月至12月，开发3 000亩荒山。

安阳县善应镇发现珍稀树种——青檀群落 9月17日，市林业局专家在安阳县善应镇长春观考察时发现了近6 000平方米的青檀群落。这是在安阳市发现的分布面积最大、数量最多、分布最集中的青檀群落。该群落中分布有30多株青檀，最大一株高达16米，冠幅达100多平方米。该群落的伴生树种有国槐、白榆、构树、黄连木、柿树、刺槐等，灌木层主要有山梅花、美丽胡枝子、荆条、小叶鼠李、杠柳等。

召开全国林业有害生物防治培训会 9月3~7日，全国林业有害生物防治培训会在安阳市召开，国家林业局总工程师吴坚、河南省林业厅副厅长张胜炎和来自全国所有省（自治区、直辖市）及三大森工集团的森林病虫害防治与检疫站的防治负责人、森林病虫害防治与检疫专家参加了会议，安阳市委副书记、市长董永安到会祝贺并作重要讲话。

召开全市森林防火专题会议 11月9日，市政府副市长葛爱美与各主要县（市、区）签订了森林防火工作责任状并作了重要讲话。各县（市、区）也都层层签订责任状。

编制林业生态市建设规划 12月，《安阳市林业生态市建设规划》（征求意见稿）编制完成。该规划编制工作从8月份开始，历时5个月，在市委、市政府统一领导下，由市国土资源局、建委、水利局、交通局、规划局、农业局等部门配合，安阳市林业局编制完成。

鹤壁市

一、概况

2007年，鹤壁市的林业工作在省林业厅的指导下，在鹤壁市委、市政府的正确领导下，全面落实科学发展观，紧紧围绕建设“富裕、文明、和谐、生态”新鹤壁的奋斗目标，以创建国家森林城市、建设林业生态市为契机，解放思想、开拓创新、齐心协力、扎实工作，全市的林业生态建设和林业工作得到较快发展，圆满和超额完成了年度责任目标任务，各项工作均取得了显著成绩。2007年，全市共完成造林绿化8.11万亩（其中新发展经济林2.25万亩）；完成通道绿化199公里；“四旁”植树221万株；义务植树82.5万人次，植树304万株；补植补造1.73万亩；中幼林抚育5.2万亩。圆满完成全市15个重点林业生态村的造林绿化任务。完成新建和完善平原林网45万亩。没有发生重大毁林、乱占林地和破坏野生动物资源案件；森林、林木采伐量均未突破省定采伐限额。林木凭证采伐率、办证合格率为98%；征占用林地审核率达到100%；没有发生重大森林病虫害、森林火灾和公路“三乱”案件，完成了国家和省重点公益林管护任务。全市林业系统组织技术人员编制出了《鹤壁市森林城市建设规划》和《鹤壁市林业生态建设规划（2008~2012年）》，规划经市政府第二十一次常务会议研究通过并印发。

（一）造林绿化工作

2007年，全市各级按照造林绿化总体规划要求，以2007年春全国春季农业生产现场会召开为契机，突出重点、创新机制、严格标准、真抓实干，大打造林绿化攻坚战，全面掀起了造林绿化高潮，高标准、高质量按时完成了绿化任务，全市共完成造林绿化8.11万亩。

快速通道和新老区连接带绿化工作已圆满完成。2007年春季，通道两侧全线开始绿化施工，共动用土方10 000立方米，栽植栾树、垂柳等4 200余株，花灌木6万余株。新老区连接带绿化主要涉及淇滨区和山城区。淇滨区全区上下广泛动员，大规模开展植树造林活动，在金山办事处菜庄至东柴厂以及上峪乡后沟村至西柴厂等地共造林1 830亩；山城区在大白线和西环线之间以及桐家庄南岭等地造林2 371亩，以荒地、荒沟和农地造林为主。主要栽植了速丰杨和核桃、梨、枣等经济林及花卉、苗圃。

在淇河生态绿化中，完成了对淇河铁路桥至天然太极图段补植补造和完善提高工作，对重点景点进行了绿化、完善，共栽植各类树木8.24万株，其中新增景观片林650亩，植树1.2万株，补植补造7.04万株，种植荷化水面667平方米。在工作中，严格按照规划进行实施，并且严把整地关、苗木关、栽植关、浇水关，确保林木成活。同时，根据季节、天气和树木长势情况，组织人员对沿淇树木进行浇水、修枝除草和病虫害防治，确保了树木健康生长。

在云梦山绿化升级改造工程中，采取市、县政府统筹，部门分工负责，专业队造林绿化的模式，按照“丰富树种、增加层次、强化生态、突出特色”的原则，对云梦山原有林地进行了改造。共组织专业造林队3支，完成改造任务2 000亩，采取直播和植苗造林等形式，以五角枫、火炬树、椿树、楝树、山桃、山杏等阔叶树为主，进一步改善了云梦山地区树种单一的状况，提高了景区的绿化水平和档次。

在平原绿化工作中，全市重点对个别空档区域进行了补植补造和完善提高，巩固和提高了全市平原绿化整体高级达标成果。共完成新建和完善平原林网45万亩。

在太行山绿化工作中，各级林业部门科学规划，将任务分解到县、乡、村，在实施中采取招标造林、专业队造林、义务植树等多种形式，坚持防护林、用材林、经济林相结合，造林和管护相结合，共完成太行山绿化任务1.8万亩（其中：人工造林1.5万亩，封山育林0.3万亩）。雨季造林以春季太行山绿化工程的补植完善、飞播以及点播造林等为主，共完成雨季补植完善造林1.2万亩，植苗造林主要树种为：五角枫、黄楝、火炬树等，并组织实施了飞播造林，对柏尖山和南山2个播区实施飞播造林作业，飞播树种为黄楝和臭椿，共完成飞播面积1.92万亩。

（二）林业生态县建设工作

2007年，鹤壁市创建全省林业生态县单位是鹤山区。鹤山区高度重视林业生态县创建工作，以“加强林业建设，打造生态鹤山”为目标，开拓创新，扎实工作，为鹤山区创建林业生态县打下了坚实基础。全区共完成太行山绿化国债项目3 125亩；完成日元贷款河南造林项目8 792亩，高标准完成义务植树基地1 000亩，使义务植树尽责率达到85%以上。在城乡一体化和新农村绿化中，完成东头、王荒、大吕寨、中马河、寺弯村、张陆沟村、姬家山村等新农村示范村的街内小块空闲地和围村林绿化2 000亩。为切实保护森林资源，巩固造林成果，采取了多项措施加大护林防火和治虫力度，取得了显著成绩。12月，鹤山区顺利通过省林业厅检查组验收，成功创建成为全省林业生态县。

（三）全民义务植树活动

为创建国家森林城市和林业生态市，全市大力开展了全民义务植树活动。植树节当天，由市林业局和市文明委联合发起的全市义务植树活动在山城区凉水井村扁担岭拉开了序幕。共有50多家单位1 000多名人员到植树现场参加义务植树。市领导曹章贵、黄怀杰，鹤壁军分区副政委郭赞参加了义务植树活动。据统计，全市参加义务植树82.5万人次，植树299万株。

（四）森林资源保护管理工作

认真开展了林业产权制度改革，全市5个试点村完成了宣传发动、摸底调查等工作，有2个试点村已完成林改试点任务，为全市林改工作的顺利开展奠定了基础。全市森林资源二类调查工作全面完成，并通过省林业厅验收。完成了“矿区植被保护与生态恢复工程规划本地调查”工作任务，全市需林业生态恢复矿区损毁面积6.57万亩。为了确保造林绿化成果，市政府办公室下发了《关于加强林木管护确保绿化成果的意见》，要求各县（区）建立管护台账，抓好林木管护工作。积极开展了野生动物疫源疫病疫情监测工作，监测实行了每日“零报告”制度，全年全市未发生野生动物疫病、疫情。

（五）森林防火工作

全市的森林防火工作重点抓了以行政领导责任制为核心的各项责任制落实，严格了火源管理，加大了森林防火宣传教育力度，加强了专业扑火队建设，完善了各项森林防火制度，狠抓了基础设施和队伍建设。下发了《关于加强森林防火工作的紧急通知》，对各县（区）森林防火工作开展情况进行了全面检查，全年全市没有发生一起大的森林火灾。

（六）森林公安工作

全市各级林业公安坚持“抓队伍，促工作，保稳定”和从严治警的方针，积极响应关于开展“基层基础建设关键年”的号召，深入开展了多项教育活动，狠抓了森林公安“十二项重点工作”，广大民警的思想素质、身体素质和精神面貌有了很大转变。同时结合本市实际，及时开展多项林业严打斗争，有力地震慑了犯罪分子的嚣张气焰，取得了显著战果。2007年，全市共发生各类林业案件263起，其中刑事案件12起，刑拘12人，逮捕犯罪分子9人，移送起诉9人，林业行政案件251起，查结林业行政案件250起，林业行政处罚253人，收缴木材250立方米，整顿木材经营点61个，收缴各类野生动物1 823只（头），均已进行了妥善处理。

（七）森林病虫害防治

2007年，全市的森林病虫害防治工作强化目标管理，继续推行了森林病虫害限期除治制度，完善了防治、测报、检疫三个网络，进行了松材线虫、杨树黄叶病等的普查工作，开展了杨树食叶害虫、杨树蛀干害虫、槐树害虫、泡桐病虫害、红枣病虫害、苹果病虫害等的防治工作。全市共发生林木有害生物17.362万亩，防治林木有害生物14.14万亩，防治率为81.44%。为有效控制虫害，自2006年第一次实施飞机防治后，市林业部门于2007年6月，再次对危害较重的107国道、京珠高速、新区北部防护林等绿化树木进行了飞机喷药防治林木病虫害，防治2万余亩，防治效果达95%以上。

（八）林业产业工作

2007年，全市共完成林业总产值3.9万元。全市各级按照林业结构调整的要求，积极加快林业产业化步伐，通过调整林业产业结构，积极探索林业产业化的路子，帮助农民走林工贸一体化，产供销一条龙和公司、基地加农户的道路。在林业产业建设上，一是加强领导；二是大力实施“林业高效开发园区”计划，进一步放宽林业政策，调动农民发展林业产业的积极性；三是创“精品工程”，提高经济效益。在创办精品工程项目过程中，还积极支持兴办“龙头”企业，如裕丰果业发展有限公司是集高效林业示范基地和果品于一身的企业，不仅积极引进各种林果名优特稀新品种进行示范，而且在基地建设中，采用“公司+农户”的模式，不仅扩大了基地规模，而且给周边农民带来了显著的经济效益，为全市林业产业的发展起到了积极的作用。

（九）林木种苗管理和林业科研、推广工作

2007年，全市林业育苗实际完成5 439亩。各级开展了林木种苗质量抽查、执法检查和非公有制林木种苗发展情况调查等项工作。在工程造林和经济林建设中，重点推广了截干造林、抗旱保水剂应用、抗蒸腾剂应用、点播造林技术、果树密植早丰产技术等5项新技术，推广面积达3万余亩，造林成活率达90%以上，精品林成活率达95%以上。积极开展了林业科研推广和科技培训工作，引进芦竹、芦荻、红叶石楠、美国红枫等林果新品种，新品种造林面积达5 000亩，市、县两级均建立了林业科技示范基地。组织各级林业技术人员积极开展服务三农、送科技下乡等活动，全年组织科技下乡活动15次，印发技术资料8 000余份，书籍200本。对重点乡（镇）、村林业技术员进行了培训，受训人员达500人次，为林农解决了生产中的实际问题。

（十）、新农村绿化建设

2007年，全市林业部门结合全市城乡一体化及林业工作实际，并依照省林业厅的要求，积极开展了林业生态示范村建设，努力建设了一批高标准林业生态示范村，达到了“村村树木环绕，村内绿树成荫”的效果。在2006年已绿化11个重点新农村示范村的基础上，2007年又绿化完善4个重点村、公司。积极组织县（区）对重点村进行了绿化规划设计，同时负责苗木调剂、技术指导和检查验收等项工作，完成了4个行政村和绿佳公司的绿化工作，共栽植树木1 814余株。为进一步强化对新农村建设的服务职能，市、县林业部门都建立了科技示范基地，积极开展技术攻关，使之成为引导农民致富的示范基地。以培养建设社会主义新农村的新型农民为目标，组织各级林业技术人员积极开展服务三农、送科技下乡等多项服务活动，全市共培训林果农6 000多人次，切实提高了林果农素质。

二、纪实

召开全市林业生态建设工作会议　2月15日上午，鹤壁市召开了由市县（区）林业局局长、各县（区）副县（区）长、重点乡（镇）乡（镇）长、造林股股长等60余人参加的全市林业生态建设工作会议，副市长徐合民参加会议并作了重要讲话。会议对2006年度林业工作进行了总结和表彰，对2007年全市林业工作进行了安排部署。市林业局副局长王学德宣读了表彰决定，淇滨区林业局、浚县林业局被评为林业目标管理优秀单位；有32名同志被评为林业先进工作者。

市林业局被评为2006年度综合考评优秀单位和争取资金先进单位　2月26日，在全市召开的综合考评总结表彰大会上，市林业局作为2006年度综合考评优秀单位和争取资金先进单位，受到市政府的通报表彰并被颁发奖金2万元。

国家林业局局长贾治邦视察鹤壁林业工作　3月中旬，全国春季农业生产现场会在鹤壁召开期间，国家林业局局长贾治邦视察了林业工作。市林业局牛安濮局长汇报了工作，鹤壁近几年林业生态建设的成效得到贾局长的充分肯定。

省林业厅副厅长刘有富到淇滨区考察林业工作　3月22日，省林业厅副厅长刘有富一行到鹤壁市淇滨区蔡庄村，对1 500亩速生杨绿化建设基地和300亩核桃经济林基地进行调研指导；随后，考察了新老区快速通道两侧荒山荒坡认养绿化现场，对认养荒山荒坡进行绿化的做法给予了充分肯定。

召开豫北四市飞播造林审定会　5月15~16日，河南省豫北四市飞播造林审定会在鹤壁市淇滨区召开，参加会议的有河南省林业调查规划院和太行山西部山区鹤壁、新乡、焦作、济源四市林业局的有关领导，会议主要内容是对飞播造林设计工作进行审议。

鹤壁市积极创建国家森林城市　6月20日，鹤壁市召开“四城联创”动员大会，对“四城联创”工作作出部署：争取用两年时间把鹤壁市创建成国家森林城市，用三年时间创建成国家卫生城市和国家环境保护模范城市，用四年时间创建成全国文明城市。市委书记王训智作重要讲话，市长李培育对创建工作进行具体部署。

善堂镇被河南省绿化委员会授予“河南省国土绿化模范乡镇”称号　7月，善堂镇被河南省绿化委员会授予“河南省国土绿化模范乡镇”称号。被授予此项殊荣的全省有34家，鹤壁市仅此一家。

淇滨区金山办事处蔡庄村被评为全国“绿色小康村”　7月，淇滨区金山办事处蔡庄村在由中宣部、中央文明办、全国绿化委员会和国家林业局组织开展的全国“绿色小康村”的评选中，荣获全国“绿色小康村”称号。近两年来，该区林业局依托蔡庄村原有林业资源，在蔡庄村大力开展林业生态村示范建设，先后为该村投资百余万元，新发展杨树速生林1 800亩，新发展核桃、桃树经济林300亩。同时，还积极搞好村内道路、庭院绿化，对全村16条道路全部进行了绿化，使全村林木覆盖率达到90%以上，初步形成了以杨树用材林为主、以各种经济林为辅的林业产业经济模式，被誉为“鹤壁市林业生态第一村”。

顺利完成2007年度雨季飞播造林工作　7月12~18日，淇滨区林业局与新乡飞机场协同作业，出动飞机11架次，对柏尖山和南山2个播区实施飞播造林作业，共完成飞播面积19 140亩。

编制《创建国家森林城市规划》和《林业生态市建设规划》　9月，全市各级林业部门不断加大工作力度，扎实推进林业生态市建设规划编制工作，圆满编制完成了《创建国家森林城市规划》和《林业生态市建设规划》。

召开全市林业生态建设动员会　11月15日，全市林业生态建设动员会召开。市长李培育主持会议，省林业厅副厅长张胜炎，市领导张锦同、郭润营、李福州、徐合民出席会议。市委书记王训智强调，要明确任务，突出重点，迅速掀起冬春造林绿化高潮，把全市的林业生态建设提高到一个新的更高的水平，确保生态市建设取得阶段性成果。

在森林防火工作中首次采用森林火险等级和天气预报信息平台　11月，市护林防火指挥部和市气象局联合，在进入森林防火期前，正式启动了鹤壁市森林火险等级和天气预报信息平台。防火期内，全市近200名市县（区）护林防火指挥部成员、乡（镇）长和专业扑火队长，都能及时在手机上收到森林火险等级和天气预报信息，为有效防止森林火灾，做好了各项应急准备工作，提供了可靠的气象信息安全保证。

省林业厅领导检查鹤壁市冬季植树造林工作　12月26日，省林业厅副厅长刘有富、弋振立到鹤壁市淇滨区和淇县检查冬季植树造林工作，市委副书记张锦同和有关部门负责人陪同。

濮阳市

一、概述

2007年，是濮阳市林业工作取得显著成效的一年。濮阳市坚持用科学发展观统领林业工作全局，以全面推进现代林业建设为主题，以国家、省林业工程和市速生丰产林基地建设为重点，以科技兴林和依法治林为支撑，加快林业生态、产业和执法保护三大体系建设，圆满完成各项林业工作责任目标。据核查统计，2007年，全市共完成工程造林19万亩，其中杨树速生丰产林面积10万亩，治沙造林面积2.4万亩，日元贷款造林面积3万亩；完成退耕还林3.6万亩；新建和完善农田林网30万亩；完成通道绿化706.7公里；建绿色家园示范村50个；“四旁”植树117.97万株，全民义务植树1 490.8万株，参加义务植树186.61万人次。2007年，市林业局被人事部、国家林业局评为全国林业系统先进集体，被省委、省政府命名为省级文明单位，被省林业厅授予“2006年度目标管理优秀单位”等荣誉称号。3月，国家林业局局长贾治邦来濮考察，称赞濮阳市治沙造林、推进生态产业化经验值得全国平原地区学习借鉴。7月，中央及省级20余家新闻媒体齐聚濮阳，就“治沙造林、和谐发展”进行了专题集中采访，《光明日报》、《经济日报》、《科技日报》、《中国绿色时报》、中央人民广播电台、新华网、中新网、《河南日报》等陆续进行了报道，对宣传濮阳市林业、树立濮阳形象产生了重要而积极的影响。

（一）重点工程建设

市林业局出台了《濮阳市林业重点工程造林管理办法》，制定了精品工程标准。各县（区）严格按照精品标准施工，严格把关，工程造林从苗木质量到栽植质量都明显好于往年。全市突出抓好绿色通道建设，把各类工程项目与绿色通道建设紧密结合起来。在项目布局上，最大限度地向通道绿化倾斜，凡有通道绿化任务的县（区），其林业项目首先安排建设通道防护林带。全年全市通道绿化完成700余公里，较往年有大幅度增加。106国道、阳子公路、S209线、安济公路、吴潢公路、濮台公路及北环路等重点路段建成了一条条绿色长廊，成为本市一道道亮丽的风景。平原绿化工程建设力度大。濮阳县结合农业综合开发项目和县定的131个社会主义新农村示范村建设，加大平原绿化工程建设力度。完善提高农田林网建设水平。清丰县结合防沙治沙，营造了多处上千亩片林，得到国家林业局贾治邦局长的充分肯定。市绿化委员会、市林业局印发了《关于印发濮阳市绿色家园行动计划的通知》，全市确定50个绿色家园示范村，提高村庄绿化水平。按照市新农村建设办公室部署，市林业局成立了新农村建设重点村庄绿化领导小组，确定13个村为重点帮扶示范村，抽调13名技术人员分赴各村搞好绿化规划和技术指导，为新农村建设作出了积极贡献。

（二）义务植树

市政府出台了《关于深入开展全民义务植树活动的意见》，全市确定了10个全民义务植树重点乡（镇），市林业局成立了由县级干部任组长的督导组，对重点乡（镇）的义务植树组织、规划和任务完成情况进行全程督导。植树节期间，市四大班子领导分别到义务植树点参加义务植树，各县（区）四大班子领导也带头参加了义务植树，同时，全市110多个市直单位分赴濮阳县、清丰县、南乐县、高新区和华龙区进行义务植树。植树节当天，全市参加义务植树人数120万，义务植树488万株，是历年来参加人数、植树株数最多的一年。

（三）林业生态规划编制

根据省林业生态规划编制工作有关会议精神，濮阳市高度重视，扎实做好市、县（区）林业生态建设规划编制工作。市政府多次听取生态规划编制工作汇报，提出了具体要求。市林业局组织各县（区）技术人员认真开展实地调查，做好各类表格的填报汇总。在规划编制过程中，严格按照上级要求，注重与河务、环保、水利、国土、城建等部门的规划相衔接，合理确定规划编制的指导思想、建设目标、重点和工作任务，并以市绿化委员会名义下发了《关于编制河南林业生态省建设规划濮阳市规划的通知》。经过3个多月的努力，确定了全市林业生态省建设规划各项工程规模。在争取全省林业生态建设规划重点工程投资安排上，濮阳市投资标准列平原地市之首（按国土面积计算，濮阳市为69元/亩，开封为44元/亩，商丘为35元/亩，周口为33元/亩，漯河为40元/亩）。

（四）科技兴林

全市各级林业部门把科技兴林作为建设现代林业的重要支撑和基础性工作，大力引进推广先进适用的林果新品种、新技术、新模式，努力提高林业建设的科技含量和综合效益。一是积极探索发展林下经济。市政府成立了林下经济发展领导小组，副市长阮金泉任组长。领导小组办公室设在市林业局，具体负责日常工作，并协调成立各级林下经济专家服务组。与市农村信用联社联合出台了《做好发展林下经济农村信贷工作的意见》，对发展林下经济的农户加大信贷扶持。通过责任目标推进、技术服务、资金扶持、培育典型等，全市发展林下种植、林下养殖为主导模式的各类林下经济7.2万亩，实现产值5.7亿元，超额完成了年度目标。二是加强林木种苗繁育，推行订单育苗，夯实造林基础。全市共有国营、集体、个体育苗209处，实际育苗面积达1.15万亩，总产苗量3 674.7万株，可出圃苗木2 700万株。为解决以往重点工程造林苗木来源渠道混杂，影响造林质量的突出问题，市林业局探索推行了订单育苗制度。具体由市营林公司与育苗单位（个人）签订育苗协议，生产的苗木用于工程造林项目。全市共完成订单育苗1 946.5亩，可提供合格苗木260多万株。三是狠抓林业新品种、新技术、新成果引进推广。共引进林果新良种10个，推广林业新成果、新技术8项，建经济林基地1.2万亩，建科技示范基地2 300亩，制定林业技术标准2项。四是健全科技服务网络，解决科技棚架问题。发挥濮阳林业信息网优势，发布林业相关信息300余条，群众查询信息500余条，月均点击率约为5 000人次。

（五）依法治林

全市各级森林公安机关始终坚持“严打”方针不动摇，切实加大案件侦破力度，各类案件查处数量较上一年大幅上升。全市森林公安机关先后组织开展了“林区禁毒专项行动”、“全省林业执法和治理整顿专项行动”、“猎鹰二号行动”、“追逃专项行动”和“绿盾二号行动”。与此同时，切实加强新植幼树管护，制定下发了《濮阳市森林公安局关于加强幼树管护的考核奖惩办法》。在春季造林、“三夏”和“收秋种麦”期间，各级森林公安机关均成立了巡逻队，出动了护林宣传车，加强巡逻，严厉查处毁坏幼树的违法行为。据统计，全市森林公安机关共受理各类破坏森林资源和野生动物案件522起，与上年相比增长72.8%；查结421起，与上年相比增长82.3%。其中：受理森林刑事案件32起，查结13起；受理林业行政案件466起，查结385起；受理野生动物刑事与行政处罚案件24起，查结23起。打击处理违法犯罪人员568人，其中逮捕8人，刑事拘留18人，起诉19人，治安拘留8人，警告5人，林业行政处罚513人。收缴木材500余立方米，野生动物2 000余只（头），野生动物死体约15公斤，为国家和集体挽回大量经济损失。

（六）资源林政管理

一是严格落实凭证采伐的各项管理制度，切实提高凭证采伐率和办证合格率。普遍实行“伐前踏查、伐中监督、伐后验收”的工作方法，规范发证程序，林木凭证采伐率、办证合格率达到98%以上。年内林木采伐量1.360 7万立方米，其中商品林采伐量为1.326 3万立方米，非商品林采伐量为0.034 4万立方米，没有发生超限额采伐。二是强化林地林权管理，严防林地资源非法流失。全市共办理征占用林地手续10起，面积501.3亩，征收森林植被恢复费228.008 7万元，审核率达到100%。全市共完成林权证发放13.8万亩。三是加强木材流通管理，强化木材经营加工运输监督检查。进一步完善各种监督管理措施，稳定木材流通秩序。全年共开具木材运输证7 400份，材积12.16万立方米，其中出省木材运输证5 715份，材积10.077 6万立方米；省内木材运输证1 685份，材积2.082 4万立方米，发证合格率达到98%以上。据上报统计，全市3个木材检查站共检查木材运输车辆6 539车次，其中查处违法运输车辆35车次。同时组织开展了木材经营（加工）单位的清理整顿，进一步健全木材经营加工单位档案，强化规范化管理，维护木材流通秩序。四是加强野生动物保护管理。组织开展了第26届“爱鸟周”活动、“绿色文明志愿者”行动启动仪式，10月份开展了“野生动物保护宣传月”活动，全年共办理野生动物运输许可证3件，有关驯养繁殖、野生动物运输审核上报手续9件。五是搞好资源核查，提高监测水平。根据省厅部署，本市二类调查微机输入计算工作从8月上旬展开，在省林业调查规划院技术人员的现场指导下，各县（区）集中单位业务骨干和电脑资源，经40多天的努力奋战，圆满完成了二类调查工作任务。六是提高服务效率，优化林业环境。继续建立和完善林业行政主动服务工作机制，将审批项目名称、依据、申请条件、数量、审批程序、审批时限、收费标准等全部予以公示，林政管理人员坚持做到服务“一口清”，严格按服务流程办事。市行政服务中心林业局窗口全年共办理审批、审核手续42件，1次被评为红旗窗口，1人被授予服务标兵，树立了良好林业服务形象。

（七）森林病虫害测报、防治和检疫工作

一是领导重视，加大投入。在年初召开的全市林业工作会议上，市政府投入20万元购置防控器具和车辆，采取以奖代投的方式对先进县（区）和乡（镇）给予奖励；9月，市政府又投入36万元，为濮阳等县购置大型车载式喷药设备3部。二是加大测报工作力度，准确预测主要林业有害生物发生危害趋势。先后进行了主要林业有害生物的越冬前、后期病虫情调查，并对全年本市主要森林病虫害的发生趋势进行了预测。在病虫害发生期，各级防治机构及时调查主要林业有害生物发生情况，准确掌握发生动态，及时发布防治信息指导防治。三是组建防治专业队伍，积极参与防治，为群众开展防治提供示范。针对杨树溃疡病、黑斑病在本市部分地区发生较为严重的情况，市森林病虫害防治与检疫站在各县（区）抽查样地100个，对杨树病虫害的发生情况进行了调查，并据此采取防治措施，及时有效控制了杨树病虫害的发生蔓延。全市共防治春尺蠖12.56万亩。四是加强宣传，提高群众防治意识和技术水平。清丰、南乐县通过出动宣传车，制发“治虫明白卡”、彩图，制作电视专题节目、在集市设咨询台等方式进行宣传。据统计，全市全年森林病虫害成灾面积为3 900亩，成灾率为6.35‰；无公害防治面积39.14万亩，无公害防治率72%；年初预测病虫发生面积63.89万亩，实际发生66.03万亩，测报准确率达96.8%。2007年全市共育苗11 505亩，产地检疫10 400亩，产地检疫率达90%，圆满完成了各项工作目标。

（八）林业产业

一是积极服务于林纸林板业发展。市委、市政府高度重视林纸林板业发展，将其列为全市八大支柱产业之一，并成立了市政协主席范修芳任组长的林纸林板业发展领导小组，明确市林业局为牵头单位。市林业局组织相关人员对全市林纸林板加工企业进行了为期15天的集中调研。根据调研结果，制定了《濮阳市林纸、林板加工业“十一五”发展规划设想》。二是积极争取项目资金。全市争取国家级项目3个，省级项目4个，争取林业各类生产建设资金2 195.22万元，其中国家级资金1 429.36万元，省级资金265.86万元，市级资金500万元，为林业建设提供了资金支持。三是外资项目顺利实施。世界银行贷款项目造林和苗圃土建工程全部竣工，并顺利通过省林业厅和世界银行组织的验收。日元贷款项目进展顺利，全年完成日元贷款造林任务3万亩，总投资1 090.1万元。四是林业产业发展态势良好。据统计，2007年全市林业总产值18.02亿元，其中第一产业7.47亿元，第二产业10.13亿元，第三产业0.42亿元，比上年增长39%。

二、纪实

市首次二类调查外业工作通过省林业厅检查验收　2月7日，市首次二类调查外业工作顺利通过省林业厅组织的质量检查验收，宣告本市二类调查外业工作圆满结束。全市自2006年10月11日启动二类调查工作，按计划于2006年12月底全面完成外业调查任务。此次调查工作共涉及全市79个乡（镇、办）、2 998个行政村，调查小班数量58 277个。

全市林业工作暨春季植树造林动员大会召开　2月26日，全市林业工作暨春季植树造林动员大会在濮阳宾馆召开。市委副书记、市长梁铁虎，市委副书记李朝聘，省辖市正市长级干部马怀保，市委组织部长雷凌霄，市人大副主任何广博，副市长阮金泉，市政协副主席杨广勤出席了大会。参加会议的有市直农口各单位、市绿化委员会成员单位、市护林防火指挥部成员单位的主要负责同志，各县（区）县（区）长，分管林业的副书记、副县（区）长，高新区管委会主任、分管林业的副主任，林业局局长，各乡（镇）乡（镇）长、办事处主任。大会由市委副书记李朝聘主持，市长梁铁虎、副市长阮金泉分别在会上作了重要讲话。

团省委书记陶明伦到清丰县参加义务植树　3月9日，团省委书记陶明伦在市委副秘书长邵培西，清丰县委书记闫西良、县长郭岩松的陪同下，到清丰县大屯乡农业综合开发项目区参加义务植树活动。该县其他领导和县直党群、政府、宣教、农业、发改委、政法、建委等系统的90多个单位以及县技工学校的青年志愿者共计2 100余人同时同地参加了义务植树活动，共同植下了青年树、友谊树，营建了青年林、三八林，共计植树13 000余棵。

召开绿化委员会第二十四次全体（扩大）会议　3月10日，市绿化委员会召开第二十四次全体扩大会议，总结2006年造林绿化工作，部署2007年各项绿化任务，并对植树节期间的义务植树活动作出精心安排。

市委书记吴灵臣等领导到高新区参加义务植树活动　3月11日，市委书记吴灵臣、市委副书记李朝聘、副市长阮金泉等市领导来到北环路高新区胡村乡植树现场进行义务植树，高新区党工委、管委会领导，市林业局领导班子及胡村乡机关干部群众等200多人参加了这次义务植树活动。

阮金泉副市长调研春季造林工作　3月20日，副市长阮金泉在市林业局等有关部门人员的陪同下，对清丰县和大广高速公路两侧的植树造林情况进行了调研。

国家林业局局长贾治邦来濮视察林业工作　3月21日，国家林业局局长贾治邦一行5人，在省长助理孙泉砀，省林业厅厅长王照平及副厅长刘有富、张胜炎，市领导吴灵臣、李朝聘、王海鹰、阮金泉等陪同下，先后视察了市龙丰纸业有限公司、濮上园、绿色庄园及清丰县治沙造林现场。贾局长对濮阳市林业工作给予了充分的肯定。

召开全市春季植树造林现场督导会　3月23日，濮阳市召开全市春季植树造林现场督导会，副市长阮金泉、市政府副秘书长李建国，市造林督导组所有成员以及林业部门主要负责人参加了此次会议。

市林业局组织林业系统负责人赴鹤壁市参观学习造林绿化　3月31日，市林业局领导班子成员、机关各科室（局）、局属事业单位负责人，5县2区林业局（中心）局长（主任）等20多人，赴鹤壁市参观学习浚县农业综合开发农田林网建设、通道绿化方面的做法和先进经验。

市林业局召开文明机关建设动员会　4月2日，市林业局召开了由局机关全体干部和局属事业单位负责人参加的文明机关建设动员会。会议由党组成员、副局长李金明主持。会上，党组成员、纪检组长程进普首先传达了市林业局机关建设实施意见，明确了市林业局机关建设的指导思想。局党组书记、局长张百昂在会上作了动员讲话。

市林业局召开“讲正气、树新风”主题教育活动动员会　4月6日，市林业局召开“讲正气、树新风”主题教育活动动员会。会上，党组成员、纪检组长程进普传达了省委、市委关于开展“讲正气、树新风”主题教育活动有关精神，认真组织大家学习了胡锦涛总书记在中央纪律检查委员会第七次全体会议上发表的重要讲话。市林业局党组书记、局长张百昂在会上作了动员讲话。

召开全市春季植树造林检查总结会 4月16~17日，副市长阮金泉带领各县（区）主管副县（区）长、林业局局长和市春季植树造林督导组组长，深入到高新区、清丰县、南乐县、台前县、范县、华龙区、濮阳县，对2007年春全市植树造林工作进行全面认真的实地检查，并在实地调查的基础上召开了总结讲评会，组织与会人员对各县（区）2007年春造林工作进行了量化打分。

举行2007年“爱鸟周”暨“绿色文明志愿者”行动启动仪式 4月22日，共青团濮阳市委、濮阳市林业局、濮上生态园区管理局、濮阳市野生动物保护协会、濮阳人民广播电台在中原绿色庄园共同举办了濮阳市2007年“爱鸟周”暨“绿色文明志愿者”行动启动仪式，来自濮阳职业技术学院及城区部分学校600余名师生参加了活动。

濮阳市首次推行工程造林定单育苗制度 5月，市政府明确要求，今后工程造林项目所用苗木实行订单培育制度。由市营林公司与育苗单位（个人）签订育苗协议，生产的苗木统一安排用于工程造林。凡实行订单育苗的地块，经市林业部门核实面积，成活率达到80%以上的，按核实面积每亩预付种条款50元给育苗户，待苗木结算时扣除。

市人大常委会领导视察林业工作 6月20日，市人大常委会主任徐教科，副主任何广博、郑大文、谷红，秘书长戴东梓等一行18人，在市林业局局长张百昂、调研员田平稳、副局长李金明、森林公安局长卓山成的陪同下，先后到濮阳县庆祖镇冬枣基地、郎中乡支寨村林下养殖基地，范县辛庄乡杨树速丰林基地和范县光明密度板厂进行了视察。

市林业局局长张百昂在人大常委会上作专项汇报 6月28日，在市五届人大常委会第三十一次会议上，市林业局局长张百昂对全市林业生产情况作了专题汇报。

“科学发展、共建和谐”采访团专题采访濮阳治沙造林成就和经验 7月16~17日，由中央主要新闻媒体和省会各新闻媒体的20余名记者组成的“科学发展、共建和谐”采访团，围绕“治沙造林和谐发展”这一主题，对濮阳市治沙造林的成就和经验进行了深入采访。市领导吴灵臣、梁铁虎、李朝聘等接见了采访团成员，市委书记吴灵臣向采访团介绍了本市治沙造林的有关情况，并回答了记者的提问。市领导李萍、阮金泉陪同采访团采访。

中国林业科学研究院专家来濮考察调研 7月19~21日，以北京市海淀区政协副主任、农工党北京市海淀区委主委、中国林业科学研究院首席专家杨忠岐为组长的专家组，在副市长阮金泉，市政协副主席、农工党濮阳市主委高尚社等领导的陪同下，分别深入到市林纸一体化龙头企业——龙丰公司、治沙造林示范点——绿色庄园、濮上园以及台前县、范县、濮阳县等地，对林木抚育管理、林业育苗、林木病虫害防治、木材加工利用以及林下经济发展等林业生产情况进行了系统考察调研。考察结束后，召开了中国林业科学研究院专家组莅濮考察座谈会。各县（区）分管林业的副县（区）长、林业局（中心）长（主任）、业务骨干，市发展和改革委员会、科技局、林业局、林科所等有关人员共120余人参加了座谈会。会议由市政协副主席高尚社主持。

国家开发银行考察团来濮考察林业工作 7月27日，国家开发银行考察团在市政协主席范修芳、濮阳县县长董跃进及市、县有关部门负责人的陪同下，到濮阳县考察林业建设。

国家林业局华东规划设计院检查组到范县检查森林资源管理工作 8月3~7日，在省林业厅林政处、市林业局领导的陪同下，国家林业局华东规划设计院检查组一行12人，在院长付宾领的带领下到范县检查森林资源林政管理工作。

市政协主席范修芳调研林纸林板业 8月15日，市政协主席范修芳、市人大常委会副主任郑大文、副市长王相玲在市林业局、发展和改革委员会、企业服务局等领导的陪同下，到范县调研林纸、林板加工业。

中国杨树委员会专家来濮阳市考察 9月6日，第二十三届国际杨树大会专家考察团抵达濮阳市。由北京林业大学校长、中国工程院院士、中国杨树委员会主任尹伟伦，中国林业科学研究院教授、中国杨树委员会副主任兼秘书长张绮纹等组成的6人考察团在市长梁铁虎的陪同下，先后深入到台前县侯庙镇红庙村杨树育苗基地、清水河乡仝庄林下养鸡示范点，范县张庄乡速丰林基地、林下养鹅养貂基地、光明密度板厂，濮阳县庆祖镇西辛庄速丰林基地，龙丰纸业以及濮上园、绿色庄园进行了实地考察。

濮阳市林业局成功创建为省级文明单位 10月23日，市林业局被省委、省政府授予“省级文明单位”称号（豫文［2007］114号）。

世界银行林业持续发展项目检查团对南乐县进行检查验收 10月26日，以世界银行东亚乡村发展局默罕默德·本拉里先生为团长的世界银行林业持续发展项目检查团一行3人，在国家林业局世界银行项目管理中心副主任姜喜山、河南省林业厅副厅长张胜炎等有关领导的陪同下，就项目实施情况进行检查验收。

召开县（区）林业局长会议 11月13日，市林业局组织召开了全市县（区）林业局长会议，市林业局领导班子成员和分包县（区）督导组全体成员及5县2区林业局局长（主任）、分管造林和计划财务的副局长（副主任）参加了此次会议。会议简要回顾了2007年的林业工作，安排部署了2007年冬天和2008年春天植树造林等有关工作。会议由市林业局调研员田平稳主持。

濮阳市林业局被评为全国林业系统先进集体 11月19日，由人事部、国家林业局组织开展评选的全国林业系统先进集体、劳动模范和先进工作者名单，在《中国绿色时报》予以公示，12月10日，人事部、国家林业局以国人部发［2007］149号文予以公布，濮阳市林业局作为99个被表彰的“全国林业系统先进集体”之一，荣膺该局有史以来全国林业系统表彰的最高综合奖项。

新乡市

一、概述

2007年，新乡市林业工作按照市委九次党代会和省、市植树造林工作会议精神，以科学发展观为指导，牢固树立现代林业发展理念，以创建国家森林城市和林业生态县为载体，大力开展林业生态建设活动，进一步深化集体林权制度改革，强化森林资源培育和保护，圆满完成了各项林业生态建设任务，得到了市委、市政府和省林业厅的充分肯定。

（一）目标完成情况

全市共完成造林26.12万亩，占年度造林任务25.05万亩的104.3%，其中日本政府贷款造林11.07万亩，新建速生丰产林基地5.08万亩，防沙治沙1.45万亩，太行山绿化1.01万亩，一般造林4.71万亩，飞播造林2.8万亩；新建和完善农田林网61.03万亩，完成率153%；黄河护堤林40公里，完成率100%；通道绿化618公里，完成率108%；义务植树1 181万株，完成率108%；中幼林抚育11.76万亩，完成率117.6%；大田育苗1.34万亩，完成率134%，各项工程均超额完成任务。

（二）凤凰山森林公园建设

2007年是凤凰山森林公园建设“提速年”，市委、市政府更加重视、关注森林公园建设工作。全年共完成植树582.08万株，完成率102.7%。其中市级义务植树基地植树64万株，完成造林整地2 144亩，完成率142.9%。架设用水管网3 000米，完成山前小溪试验段400米，建成试验段水塘1个、山顶水池1座、人工瀑布1处、小型人工湖面7个，初步完成水系景观。新打机井3眼。架设高压电线1 000米、高压电缆600米，安装100千伏安变压器3台。新修上山步道3 170米，完成龙潭、山前、回音壁、石门4个小游园。拆除废旧变压器36台、违章供电线路3 000余米、线杆60余根；拆除各类灰窑50座，在很大程度上降低了凤凰山森林公园的污染程度。以资代劳绿化费共收缴1 621.218万元。

（三）创建“国家森林城市”工作

为改善生态环境，弘扬城市绿色文明，促进人与自然和谐，新乡市委、市政府审时度势、高度重视，果断提出创建“国家森林城市”目标。制定了《新乡市创建国家森林城市实施意见》；聘请中国林业科学研究院专家编制《新乡市创建国家森林城市总体规划》；邀请中国林业科学研究院研究员于4月9日实地考察新乡森林城市创建工作；认真学习外地创建经验，参加了国家林业局于6月30日在许昌召开的“生态文化建设研讨会”、“第四届全国森林城市年会”，得到了与会专家对新乡市“创森”工作和生态文化建设工作的充分肯定和高度评价，为新乡市“创森”工作积累了宝贵的经验，赢得了国家局的充分肯定和大力支持，国家林业局宣传办以林宣函［2007］62号文件向新乡市发出了《关于对新乡市人民政府申请创建国家森林城市的复函》，同意新乡市开展创建国家森林城市活动。

（四）林业生态县建设

获嘉县创建林业生态县是省定责任目标，县委、县政府高度重视。一是成立了创建林业生态县工作领导小组，为创建工作提供强有力的组织保障；二是先后两次召开县四大班子领导参加的创建专题会议，明确目标任务，进一步强化责任；三是狠抓督导检查，成立6个督导组由四大班子领导带队，对创建工作开展全面督察，发现问题，现场解决；四是加大投入，县财政一次性拿出200万元补助造林，充分调动了群众造林绿化的积极性。全县共完成造林1.6万亩，完成率198%，植树110万株。在2007年12月3~7日的验收中，获嘉林业生态县已顺利通过省政府林业生态县验收组的验收。

（五）项目资金争取工作

2007年共争取和利用各项林业资金14 707.56万元，无偿资金4 396.26万元（其中中央投资3 167.56万元，省级投资1 228.7万元）；实际落实林业贴息贷款8 680万元，申请利用外资1 731.3万元（日本政府贷款）。

（六）集体林权制度改革

市政府和各县（市、区）都分别成立了集体林权制度改革工作领导小组，市政府出台了《林权制度改革实施意见》。辉县市作为全省三个集体林权制度改革试点之一，着力培育典型，探索路子，积累经验，为全省集体林权制度改革树立了成功的典范。为此，省政府曾两次在辉县市召开全省集体林权制度改革现场会，其他县（市）、区积极学习推广辉县市集体林权制度改革的成功经验，大力开展“四荒”拍卖活动，努力实现林木和林地使用权合理流转，调动了各类社会主体参与造林绿化的积极性。全市完成林改面积5.4万亩，回笼资金457.9万元。

（七）退耕还林后续产业

为了巩固退耕还林成果，尽快实现社会增效，农民增收，新乡市全面启动了退耕还林后续产业，市政府专门出台了《新乡市发展林下经济的意见》，各县（市、区）本着宜草则草、宜菌则菌、宜畜则畜的原则，大力发展退耕还林后续产业，积极开展林下种植、养殖，实现林地的循环利用。以原阳县、长垣县为代表的林下经济发展势头强劲，成效显著，也带动了全市退耕还林后续产业的快速健康发展，得到了省林业厅和兄弟地市的充分肯定，郑州市、平顶山市先后3次组团到新乡市考察学习经验。全市发展林下经济3.4万亩，年创经济效益4 274万元。

（八）全民义务植树活动

全市广大干部群众认真贯彻《河南省义务植树条例》，通过开展“造纪念林”、“栽纪念树”、

“绿地冠名”、“树木认养”等活动，创新义务植树活动形式，拓宽义务植树尽责方式，调动广大干群参与造林绿化的积极性，有力地促进了全民义务植树活动的健康开展。植树节期间，市四大班子及军分区领导带头参加义务植树劳动，工青妇等社会团体积极组织社会各界集中参加义务植树劳动，各县（市）、区都通过多种方式开展了全民义务植树活动。据统计，全市参加义务植树人数达到231.36万人次，义务植树1 181万株，义务植树尽责率达到97.6%，高于省定义务植树尽责率90%的标准。

（九）森林资源保护工作

(1) 林政管理工作。已完成林木林地确权发证2 313份，涉及面积12.11万亩；审批7起征占用林地项目，征占用林地面积1 885亩，征收植被恢复费699.05万元。全市林业系统未发生公路“三乱”案件。

(2) 森林公安工作。全市森林公安机关始终保持着对毁林违法犯罪的高压和主动进攻态势，先后在全市范围内组织开展了“绿盾二号”行动、“林业执法和治理专项行动”和“林区禁毒专项行动”等一系列严打行动。共受理各类林业案件554起，处理违法人员510人。

(3) 森林病虫害防治工作。完成了杨树黄叶病、松材线虫病和春尺蠖的专项普查；开展了杨树黄叶病和红脂大小蠹专项调查。完成防治杨树溃疡病、腐烂病等有害生物有效面积6万亩；完成飞机防治森林病虫害有效防治面积15.2万亩；森林病虫害成灾率、无公害防治率、测报准确率、种苗产地检疫率分别达到7.6‰、77%、90.6%、90%。

(4) 森林防火工作。全市森林防火工作紧紧围绕“抓落实、保安全、促发展”的主题，认真落实森林防火行政领导负责制，狠抓森林消防队伍、基础设施建设，严格火源管理，切实做到了火患早排除、火险早预报、火情早发现、火灾早处理，有效遏制了森林火灾的发生，森林火灾受害率低于1‰。

（十）林业科技推广工作

加大林业新品种引进力度，引进巨玫瑰、无核甜柿等名优经济林新品种8个。搞好科技服务，举办科技培训班50期，培训林果农4万人次，开展送科技下乡服务62场次，出动宣传车120辆次，发放林业科普宣传资料44 310份，发放林业科普图书2 200册，制作挂图350幅，发布林业科技信息51条，受教育人数达38 140人次。制定了新乡市林业地方标准《红脂大小蠹预测预报技术规程》、《杨树的分类》、《速生欧美杨育苗技术规程》、《速生欧美杨苗木分级规程》、《杨树苗木病虫害防治技术规程》、《杨树枝干病虫害防治技术规程》等。建成市级林业科技示范园1个。油桃保护地栽培和欧美杨新品种引种分别荣获河南省职工技术创新成果奖和新乡市十大技术创新成果奖。

（十一）林业宣传工作

紧紧围绕“创森”、凤凰山森林公园建设、林业生态市建设、集体林权制度改革等重点工作进行广泛宣传，采取媒体报道、摄影展、制作专题片、宣传一条街等多种形式，使林业建设深入人心。

（十二）林业生态省建设规划编制工作

按照省政府要求，市政府成立了以李庆贵市长为组长的新乡市生态建设规划编制工作领导小组，抽调业务骨干30多人，经过3个多月的努力，按时完成了规划编制任务。

（十三）新乡市林业局2007年度所获荣誉

由于突出的工作表现，新乡市林业局2007年获得了全国、省、市的众多荣誉，分别为“全国林业产业突出贡献奖·先进单位”、“全国第三届‘关注森林组织奖’”、“河南省林业目标管理优胜单位”、“河南省绿盾行动先进集体”、“河南省森林防火目标考核先进单位”、“河南省飞机防治森林病虫害先进单位”、“新乡市完成责任目标优胜单位”、“新乡市平安建设先进单位”、“新乡市计划生育先进单位”、“新乡市党风廉政建设先进单位”、“新乡市市直机关科室（机构）季评工作先进单位”、“新乡市信访工作先进单位”、“新乡市先进基层党组织”、“新乡市食品药品安全工作先进单位”、“卫滨区企事业重点单位治安管理先进单位”等。

二、纪实

召开创建国家森林城市、林业生态市暨凤凰山森林公园建设动员大会 2月13日，新乡市召开创建国家森林城市、林业生态市暨凤凰山森林公园建设动员大会。市四大班子及新乡军分区领导出席会议，市委书记吴天君主持会议。会议对2007年凤凰山省级森林公园建设先进单位、先进个人进行了表彰。各责任单位分别向市长李庆贵、副市长贾全明递交了2008~2010年林业生态建设目标责任书和2008年林业生态建设目标责任书、创建国家森林城市目标责任书、凤凰山森林公园建设目标责任书。

新乡市春季植树造林现场会 3月14日，新乡市春季植树造林现场会在延津县召开。会议传达了《新乡市人民政府关于2007年林业工作的意见》、《新乡市绿化委员会关于表彰2006年度义务植树先进单位的决定》、《新乡市林业局关于表彰2006年度林业工作先进单位和先进个人的决定》，并与各县（市、区）签订了2007年林业工作目标责任书，延津县、获嘉县分别作了典型发言。

副市长贾全明对林业有害生物防治工作作重要批示 3月29日，贾全明副市长在《新乡林业有害生物防治动态》上作出重要批示：“这几年我市林业生产快速发展的同时，由于树种单一，特别是速生杨树病虫害应引起高度重视。一定要做到早预测、早准备、早动手；飞防、人防相结合；加大宣传力度，打一场以杨树为主的病虫害防治歼灭战。进展情况及时汇报。”

中国林业科学研究院专家考察组莅新指导森林城市创建工作 4月10日，中国林业科学研究院专家王成、贾宝全、郄光发率队对新乡市创建国家森林城市工作进行了考察指导，指出：创建国家森林城市作为一种政府行为，是一项全新的系统工程，需要多部门的通力协作和密切的配合，新乡市委、市政府提出创建国家森林城市目标，树立了现代林业和大林业的发展理念，是落实科学发展观，创建新乡和谐生态社会的又一重大举措。

市委书记吴天君、副市长贾全明参加第四届“城市森林论坛” 5月9~10日，市委书记吴天君、副市长贾全明带领市林业局局长赵秀志及有关人员参加了在四川省成都市举办的第四届城市森林论坛并认真听取全国人大常委会副委员长许嘉璐、全国政协副主席张思卿的讲话。“城市森林论坛”由关注森林活动组织委员会举办，国家林业局、四川省人民政府、经济日报社主办，成都市人民政府承办。

市委书记吴天君、市长李庆贵对“创森”工作提出新要求 5月23日，在参加第四届城市森林论坛之后，市委书记吴天君、市长李庆贵对新乡市创建国家森林城市工作提出了新的要求。吴天君书记强调："要进一步加大创森工作力度，做实、做细城市森林建设。在加大政府投入的同时，积极实施招商引资，并鼓励和引导单位、团体、个人以各种形式参与森林城市创建，建立政府主导、市场运作、社会参与的多元化资金投入机制，在全市形成'栽上几棵树，绿化我家园'的创森工作的良好局面，推动创森工作顺利进行。"李庆贵市长指出："目前新乡市的创森工作取得了较大成绩，但与已获得'国家森林城市'称号的市相比，还存在一些差距，一是城市建成区绿化需进一步加强，二是城乡接合部绿化需进一步充实，三是城市远郊绿化需进一步完善。"

举办创建国家森林城市培训班 6月18日，为落实市委九次党代会关于建设生态新乡的精神和市委、市政府关于开展创建国家森林城市的要求，市林业局在辉县市举办了为期三天的创建国家森林城市和林业法律、法规培训班。各县（市）、区林业（农林）局局长、市林业局中层以上领导干部和辉县市林业局中层以上领导干部参加了培训。

市长李庆贵率队赴豫西、豫南考察城乡绿化一体化 6月24~26日，为推动和加快新乡市创建国家森林城市步伐，市长李庆贵率队赴豫西、豫南考察城乡绿化一体化建设。并对新乡市的城乡绿化一体化建设和创建国家森林城市提出要求："认真学习好的经验和做法，谋划好新乡市的创建国家森林城市工作；紧紧围绕创建国家森林城市工作，抓好林业生态建设工作；突出重点抓好城乡绿化一体化工程；加强城乡绿化一体化的督导检查。"

副市长贾全明指出要做好南水北调中线绿化工程 6月29日，副市长贾全明指出要抓住南水北调中线工程新乡段开工的有利时机，进一步推动新乡市创建国家森林城市工作，打造一条新乡特色的南水北调中线清水走廊、绿色走廊、生态景观走廊。

国家林业局领导莅临新乡考察调研创建森林城市及生态文化建设工作 6月25~26日，国家林业局宣传办公室副主任叶智一行三人莅临新乡考察调研"创森"和生态文化体系建设工作。考察组一行对新乡市"创森"和生态文化建设工作予以了充分肯定。指出："新乡市委、市政府决策创建国家森林城市，体现了高超的政治智慧和科学的发展思路，体现了科学发展观和构建和谐社会的要求，体现了广大人民群众对生态环境建设的迫切要求。"

新乡市成立创建国家森林城市指挥部 7月18日，为全面加强新乡市创森工作，经市委、市政府研究决定，成立新乡市创建国家森林城市指挥部，负责领导、组织和指导创建国家森林城市工作。

国家林业局领导对新乡市创建国家森林城市工作提出新要求 7月23日，新乡市人民政府副市长贾全明带领市林业局局长赵秀志等有关人员专程赴国家林业局汇报新乡市创建国家森林城市工作。国家林业局宣传办公室主任曹清尧、副主任叶智听取汇报，并指出："创建国家森林城市是我国森林生态建设上的又一重大举措。国家森林城市的创建重点不是在农村，而是在城市。要正确理解贾庆林同志提出的'让森林走进城市、让城市拥抱森林'的重大意义，要用建设城市森林生态新的理念来满足城市居民日益增长的生产、生活需求。"

省林业厅检查组莅新检查林业重点工程造林 7月18~23日，省林业厅植树造林处组织的工程造林检查组对新乡市2007年的10 050亩太行山绿化工程和14 500亩防沙治沙工程所抽中的造林小班逐一进行核查。认为在自然条件极其恶劣的太行山石灰岩山地进行造林是一项艰苦的工程，对改善新乡市的生态环境具有重要的意义。

全市林业专业技术培训班在辉县市举办 8月2~4日，市林业局在辉县举办林业专业技术培训班，邀请河南省林业厅科技处副处长、高级工程师菅根柱，河南省森林病虫害防治与检疫站检疫科科长、教授级高工黄维正，河南省经济林和林木种苗工作站种苗科科长、教授级高工唐秀军，分别就《林业标准化生产及技术标准的制（修）订》、《防控外来林业有害生物入侵保护林业生态安全》、《林业有害生物发生与杨树黄叶病识别》、《河南省林木种苗生产发展趋势暨林木种苗执法》等4个专题，对各县（市、区）林业局主管局长，林业技术推广站、森防站、种苗站站长进行林业专业技术培训。

中国林业科学研究院专家莅新编制创建国家森林城市规划 8月7~10日，由中国林业科学研究院王成研究员、省林业科学研究院樊巍研究员一行6人组成的考察组到新乡实地考察森林城市建设现状，编制新乡创建国家森林城市总体规划。

新乡市快速启动林业生态省建设规划编制工作 8月18日，为认真落实李成玉省长关于加强全省林业生态建设的指示，按照省林业厅“生态河南规划”编制工作会议要求，新乡市政府立即启动新乡市林业生态省建设规划编制工作。

省政府督察组莅临新乡督察林业生态规划编制工作 9月4日，由省林业厅党组成员、省森林公安局局长宋全胜，省林业科学研究院院长朱延林等领导组成的省政府督察组对新乡市生态河南（县、市）规划编制工作进行督察。省政府督察组对新乡的规划编制工作给予了充分肯定。

晋豫边界森林防火第二十届联防会议在辉县市召开 10月16日，晋豫边界森林防火第二十届联防会议在辉县市百泉国际大酒店召开。参加会议的有河南、山西两省7个省辖市和12个县（市）林业局的分管局长、防火办公室主任，山西省林业厅、平顺县政府，河南省林业厅、辉县市人民政府领导共65人。河南省林业厅副厅长弋振立出席会议并讲话。

市四大班子领导召开会议安排部署秋冬季林业生态建设工作 10月25日，市四大班子领导对秋冬季林业生态建设工作进行了部署。强调：“以坚持科学发展观，构建和谐社会为出发点，紧密结合新乡实际，围绕凤凰山森林公园建设，共产主义渠、北环、大外环、环城生态防护林建设，水网、路网、农田林网绿化，黄河护堤林、大广高速和济东高速绿化，建成‘一山’、‘一带’、‘三环’、‘三网’、‘三通道’处处充满绿意的绿色新乡，为实现创建国家森林城市目标奠定基础。”

原阳县举全县之力创建林业生态县 11月5日，原阳县召开全县干部大会，安排部署创建林业生态县工作。县领导分别就创建林业生态县工作发表讲话、作出部署，要求“举全县之力，创建林业生态县”。

河南省第一个县级林业要素市场在辉县市挂牌成立 11月9日，根据辉县市人民政府办公室《关于成立辉县市林业要素市场的通知》，全省第一个县级林业要素市场在辉县市林业局正式挂牌成立，省、市林业部门领导，辉县市的有关领导及林业经营单位的代表出席揭牌仪式。

国家林业局调查规划院矿区植被恢复与保护调研组莅临新乡调研指导工作 11月19~21日，国家林业局调查规划院副处长党永峰，工程师陈新云、赵新振，中国林业科学研究院华北林业试验中心高级工程师孔庆云，国家林业局经济研究中心助理研究员王亚明、陆研等一行6人，对新乡市凤凰山矿区植被恢复与保护情况进行调研，肯定新乡治理矿区所做的成绩，为下一步全国开展矿区植被恢复和保护工作起到模范带头作用。

初步制定创建国家森林城市实施意见　12月3日，为加快新乡创建国家森林城市步伐，确保创森工作顺利开展，按照市委、市政府和市创森指挥部的安排部署，结合新乡实际，初步制定了《新乡市创建国家森林城市实施意见》。“创森实施意见”结合国家创森评价指标和新乡城市森林建设现状，提出创森指导思想，明确创森工作目标，落实创森工作任务。

凤凰山森林公园“提速年”造林绿化任务圆满完成　12月11日，凤凰山森林公园共完成植树582.08万株，占全年任务566.51万株的102.75%。至此，凤凰山森林公园“提速年”造林绿化任务圆满超额完成。

贯彻落实省豫防指［2007］6号文件精神　12月12日，新乡市人民政府护林防火指挥部办公室召开紧急会议，贯彻落实省人民政府护林防火指挥部《关于加强野外火源管理切实遏制森林火灾频发态势的紧急通知》（豫防指［2007］6号）精神。参加会议的有新乡市森林防火重点县（市、区）主管森林防火工作的副局长、防火办公室主任，市防火办公室全体工作人员。

新乡市森林消防物资储备库暨森林消防队营房揭牌成立　12月14日，新乡市森林消防物资储备库暨森林消防队营房正式揭牌成立。省林业厅副厅长弋振立、省护林防火指挥部办公室主任汪万森出席揭牌仪式。

召开林木种苗工作会议　12月28日，全市林木种苗工作会议召开。会议传达了《河南省林业厅关于印发〈河南省林业生态建设优质林木种苗培育资金扶持办法（试行）〉的通知》、《河南省林业厅办公室关于申报2008年优质林木种苗培育扶持资金的通知》。各县（市、区）林业（农林）局主管局长、种苗（林技）站站长、国有林场场长、国有苗圃场长、非公有制育苗大户代表等参加会议。

焦作市

一、概述

2007年，焦作市林业局以改善生态环境、加快林业产业化进程、推动新农村建设、增加农民收入为目标，以工业原料林基地、通道绿化、太行山绿化等林业工程建设为重点，深化产权制度改革，落实科学发展观，突出“兴林富民”主旨，抢抓机遇，务实创新，较好地完成了年度各项目标任务。全市造林绿化工作取得显著成绩，森林资源保护得到全面加强，林业产业建设实现稳步推进，非公有制林业不断发展壮大，机关作风建设和党风廉政建设喜结硕果。先后荣获全国“绿盾行动”先进集体、全省省辖市林业局年度目标管理先进单位、全市落实党风廉政建设责任制工作先进单位、全市效能革命优化经济发展环境工作先进单位、全市政务信息工作先进单位等多项荣誉称号。

（一）植树造林

2007年，全市完成成片造林17.261 1万亩，其中：完成工业原料林基地造林5.248 6万亩，外资造林4.7万亩，太行山绿化3.562 5万亩，防沙治沙0.2万亩，水土保持0.2万亩，飞播造林3.35万亩；完成新建和完善农田林网28.51万亩；完成中幼林抚育29.97万亩；完成林业育苗1.152 26万亩；完成义务植树620.15万株；人工造林精品率达到50%以上。

（二）资源林政

全市全年共办理采伐证3 274份，审批采伐林木10.5万立方米，占采伐限额42.6万立方米的24.6%；征占用林地审核审批率达到了95%以上，高于90%的目标；林木凭证采伐率和办证合格率均达到了95%以上，高于90%的目标；签发木材运输证12 367份，发放林权证书2 231份；依法办理征占用林地审核、审批手续4宗，面积351亩，收缴森林植被恢复费16.22万元。

（三）森林公安

先后组织开展了“春季打击涉林违法犯罪”、破案攻坚战、林区禁种铲毒、集中打击非法猎捕和经营加工陆生野生动物、集中打击非法侵占林地、“绿盾二号”等一系列专项行动，严厉打击破坏森林资源的违法犯罪行为，取得良好成效。全市共查处各类林业案件41起，其中刑事案件4起、行政案件37起。依法处罚38人次，罚款38人次。

（四）森林防火

从抓宣传、堵火源、搞联防、明责任、强队伍入手，认真做好森林防火工作。尤其在防火特险期，各县（市）区、各成员单位及局党组成员分工负责，深入一线，分片包干，强化督察，严格火源管理，确保了全市森林资源安全。由于措施得力，全年无重特大森林火灾发生，确保了森林资源的安全。

（五）林业有害生物防治

从强化种苗检疫、加强预测预报、培育抗虫树种、彻底根除隐患等四方面入手，对林业有害生物进行了综合防治，使森林病虫害成灾率控制在2.4‰以下，远远低于8‰的省定目标。特别是针对全市突发杨树黄叶病害情况，及时制定和实施了焦作市杨树黄叶病害调查方案和突发杨树黄叶病害发生规律及危害性研究方案，有效地控制了虫情蔓延。据统计，全市共投入飞机防治和地面人工补防的资金达165万余元，防治面积26万余亩，有效地控制了林业有害生物的发生蔓延，最大限度地减少了损失。

（六）野生动植物保护

加大对野生动物的保护和管理力度，加强野生动植物保护与管理，做好野生动物疫源疫病监测防控工作。配合高致病性禽流感防控工作，进一步完善了焦作市野生动物重大疫病应急预案，建立健全各项制度和应急机制；加大自然保护区和森林公园管理力度，焦作市黄河湿地国家级自然保护区基础设施建设项目初步设计获河南省林业厅正式批复。

（七）林业生态市建设

8月份，根据河南林业生态省建设的总体规划要求，焦作市林业局开始编制焦作市林业生态市建设规划。11月底，规划编制完成。根据规划要求，到2012年，全市要完成造林培育面积146.35万亩，林木覆盖率由目前的28.2%提高到31.2%，沟、河、路、渠绿化率在95%以上，城镇建成区绿化覆盖率超过40%，新增森林年吸收二氧化碳能力321.4万吨，达到550万吨，社会林业年产值达到14亿元。到2012年，焦作市将巩固和完善多功能高效益的农业生产生态防护体系，基本建成城乡宜居的森林生态环境体系，初步建成国土生态安全体系，使全市的生态环境显著改善，经济社会发展的生态承载能力显著提高，县（市）全部实现林业生态县（市），初步建成林业生态市。

焦作市未来优化林业生态建设将按照“三区”（山地丘陵生态区、平原农业生态区、黄河滩区）、“两点”（城市、村镇）和“一网络”（生态廊道网络）的总体布局进行，构筑点线面相结合的综合林业生态体系。“三区”中的山地丘陵生态区将重点加强对天然林和公益林的保护，大力营造水源涵养林、水土保持林、名优特新经济林和生态能源林等；平原农业生态区将重点加强农田防护林改扩建工程建设，完善农田防护林体系，高标准绿化沟、河、路、渠，大力发展林粮间作，培育园林绿化苗木花卉基地；滩区、蓄洪区将大力营造防风固沙林，积极发展用材林和工业原料林，着力改善生态环境，促进滩区经济发展。“两点”中的城市绿化将以廊道绿化、环城林带、城郊森林等为主要内容，逐步完善城市森林生态防护体系，提高城市居民生活环境质量；村镇绿化将以农户为单元，重点抓好围村林、行道树、庭院绿化美化，推进城乡绿化一体化进程。“一网络”包括南水北调中线干渠和全市所有铁路、公路、河渠等，将以增加森林植被、构建森林景观为核心，高标准、高质量建成绿化景观与廊道级别相匹配，绿化布局与城乡人文环境相协调，集景观效应、生态效应、经济效应和社会效应于一体的生态廊道绿化体系。

（八）机关建设

以服务基层、执政为民、促进发展为出发点，以勤政廉政、提高效率为主要内容，改善机关运行机制，深入开展效能革命建设，实现了广大干部职工在履行职责和改革创新上有新的突破，在服务质量和办事效率上有新的改进。一是牢固树立“机关就是服务，服务就是效益，效益就是为民”的思想，开展深入农村、深入基层、深入农户、深入企业的服务活动。全市共引进推广林果新品种、新技术5个（项），举办各类培训班110余期，编发林业信息470余条，撰写调研报告4篇，印发各类林业技术信息资料21 000余份，为各级领导提供决策依据，为广大林农、涉林企业提供生产服务保障。二是积极做好行政服务中心林业窗口工作。把所有行政审批、审核事项统一纳入到市行政服务中心林业窗口，实行急事急办、特件特办、承诺件当做即急件办。三是坚持和完善政务公开的各项制度，对应公开的内容，按时间、按要求在焦作林业信息网、局政务公开栏中公开。四是以“讲正气、树新风”主题教育活动为契机，严格按照中纪委提出的“四大纪律，八项要求”和胡锦涛总书记关于“八个方面良好风气”的具体要求，加强自身建设，不断转变工作作风，杜绝了“门难进、脸难看、话难听、事难办”的现象发生。五是积极开展行政监察，寓监察于工作之中，有效地提高了工作质量和工作效率。六是严格执行月考核、周考核制度，每月月底编发当月工作目标、任务完成情况和下月工作安排，将目标任务分解到各县（市）区林业主管部门和市局各职能科室、直属单位，对每一项工作都明确了完成时间、标准、责任人等，增强责任意识，确保责任到位和工作落实，有效地促进了全市林业系统效能建设的开展。

（九）行政服务中心工作

2007年，焦作市林业局继续以“便民、高效、公开、公正”为服务宗旨，做好行政服务中心林业窗口工作。全年共办理植物检疫证书和木材运输证3 343份，审核征用林地2起。办件合格率100%，群众投诉率和差错率均为零。先后两次被市行政服务中心评为“红星”窗口，一次被评为“红旗”窗口。

二、纪实

副市长王荣新检查冬季造林和森林防火工作 1月25~26日，副市长王荣新在市林业局局长晋发展、副局长马恒雨的陪同下，检查冬季造林和森林防火工作，对造林和森林防火工作所取得的成绩给予充分肯定，对今后尤其是植树节前后全市植树造林工作和春节期间森林防火工作提出了明确要求。

全市集中开展严厉打击破坏林木和野生动物资源违法犯罪专项行动 1月27日至2月15日，焦作市林业局在全市范围内开展严厉打击破坏林木和野生动物资源违法犯罪专项行动，对盗伐、滥伐、毁坏林木及非法运输木材，非法收购盗伐、滥伐木材和非法猎捕、收购、运输、贩卖、经营野生动物及其制品等违法犯罪行为进行重点打击。全市先后出动警力523人次，立刑事案件10起，刑拘13人，逮捕5人；处理行政案件35起，行政处罚40人，挽回经济损失16.45万元，有效遏制了全市破坏林地和野生动物资源违法犯罪活动的高发势头，确保了林区社会治安大局的稳定。

开展纪念第十一个“世界湿地日”宣传活动 1月29日，焦作市林业局邀请和组织新闻媒体记者及社会上关爱湿地保护事业的有关人士对全市的河流湿地、水库湖泊湿地等进行了实地察看和近距离接触了解，并就全市湿地现状、湿地保护及建设前景接受了记者专访。市委副书记贾春明2月2日在《焦作日报》一版发表了题为《保护湿地资源　构建和谐社会》的署名文章。2月2日《焦作日报》二版刊发了题为《保护湿地　就是保护我们的家园》的庆祝“世界湿地日”的综述性文章。

市五大班子领导参加义务植树 3月9日上午，市委、市人大、市政府、市政协、军分区五大班子领导来到市森林公园，与1 000余名驻焦部队官兵、青年志愿者一起，参加义务植树活动。市委书记铁代生、市长路国贤等领导同志参加了义务植树活动。据统计，当天共种植各类苗木3 000余株。

开展“讲正气、树新风”活动 4月5日，焦作市林业局召开由机关全体和局属二级机构负责人参加的“讲正气、树新风”主题教育活动动员会。安排部署开展“讲正气，树新风”活动，局党组书记、局长晋发展主持会议并讲话。活动于6月底结束，全市林业系统干部作风得到切实改善。

开展打击乱捕滥猎和非法经营加工野生动物集中行动 4月25日，结合全国第二十五个“爱鸟周”活动的开展，宣传人与动物和谐相处的生态理念，焦作市林业局精心安排，周密部署，组织森林公安、野生动物保护等20余名执法人员对市区北部山区沿线饭店非法经营加工野生动物行为进行了严厉打击。在突击行动中，共查缴鹿肉2.5公斤，鹌鹑5公斤，野鸡活体1只、死体2只，斑鸠活体4只，刺猬1只，野猪头1个。

“五一”黄金周森林旅游再创新高 5月5日，“五一”黄金周期间，焦作、修武、博爱三个森林公园和沁阳白松岭自然保护区生态旅游区共接待游客79 200人次，总收入491.6万元，其中门票收入432.9万元，比去年同期增长15%，再创历史新高。

市人大常委会副主任白富海深入滩区调研速丰林建设工作 5月17日，市人大常委会副主任白富海在焦作市林业局负责同志的陪同下，深入温县黄河滩区，对杨树速丰林建设情况进行调研。白富海充分肯定了近几年全市速丰林建设取得的成绩，并就今后努力方向提出了明确要求。

开展森林资源二类调查工作 6月，根据省林业厅的安排，全市开展了森林资源二类调查工作。市委、市政府对二类调查工作高度重视，专门成立了焦作市森林资源规划设计调查工作领导小组。副市长王荣新任组长，市政府副秘书长赵卫国、市林业局局长晋发展任副组长，市财政、交通、水利、农业、河务和军分区等有关单位的领导任成员。市政府办公室下发了《焦作市人民政府办公室关于在全市开展森林资源规划设计调查工作的通知》，市林业局、修武县和五城区及国有焦作林场都成立了相应的工作机构。截至12月底，二类调查工作已基本完成。

开展矿区植被保护与生态恢复工程本底调查和规划工作 6月6日，焦作市启动了矿区植被保护与生态恢复本底调查和规划工作。此次调查规划的主要任务是：调查摸清区域内的矿产种类、企业数量和产量，以及矿产开采引起的挖损、堆放、占压及间接影响面积、破坏程度、需要治理的面积及其分布等。在本底调查的基础上，认真总结矿区生态治理的投资标准，分析、测算各类矿区治理的成本费用，提出治理的投资模式和生态补偿方式，明确各级政府、矿产企业等在矿区生态保护与治理方面的责任和义务，建立矿区生态治理的长效机制。

国家林业局专家组赴河南考察杨树病害座谈会在焦作市举行　6月8~9日，国家林业局专家组赴河南考察杨树病害座谈会在焦作市举行。会前，专家组实地考察了修武县城关镇秦厂村、高村乡北高村等4个点的杨树病害发生情况，会上，专家组听取了省森防站、市森防站关于杨树病害的发生、危害及防治研究情况汇报。专家组结合实地考察情况，对河南省的杨树病害的防治研究提出了建设性意见。

市委常委、统战部长杨娅辉对焦作林业进行调研　6月14日，市委常委、统战部长杨娅辉就服务焦作瑞丰纸业公司发展有关问题到市林业局进行调研。杨娅辉听取了局党组书记、局长晋发展对全市林业建设总体情况的汇报，详细询问了工业原料林基地建设、服务林业龙头企业发展等情况，对全市在林业重点工程建设、森林资源保护管理、林产工业发展等方面取得的成就给予了充分肯定。同时，针对当前林业执法队伍力量薄弱、国有林场经营困难、林产工业原料供应紧张等问题，提出了建设性意见。

飞播造林工作圆满结束　6月27日至7月21日，焦作市飞播造林共飞行22架次，飞行时间18个小时，飞播造林总作业面积3.35万亩，涉及沁阳市“煤窑庄”和修武县“西五叉”两个播区。本次飞播使用河南蓝翔航空公司两架运五飞机作业，沁阳市飞播租用济源市军用机场，修武县飞播租用新乡市军用机场，均采用GPS导航，穿梭式作业。树种为黄楝、臭椿、五角枫等阔叶树种混播，共用种子13 412公斤，其中黄楝8 259.5公斤，臭椿3 352.5公斤，五角枫1 800公斤。全部采用多效抗旱驱鼠剂拌种及播前过筛，经接种检验，质量全部达到了设计要求。

圆满完成飞机防治杨树食叶害虫工作　7月9~22日，开展了全面的飞机防治杨树食叶害虫工作。防治重点为杨树食叶害虫，飞机防治工作以黄河滩杨树片林、通道绿化、主要河流及部分林网为主。焦作市林业局租用了河南蓝翔航空公司两架运五飞机，喷洒阿维灭幼脲Ⅲ号农药，共飞防70架次，作业距离2 100余公里，作业面积20万亩。根据飞防后的地面成效调查，平均防治效果达85%以上，各县（市）对漏防区及时进行了地面补防，补防面积5万亩。

河南黄河湿地国家级自然保护区焦作管理分局基础设施建设项目初步设计获河南省林业厅正式批复　7月18日，焦作市黄河湿地国家级自然保护区基础设施建设项目初步设计获河南省林业厅正式批复。根据河南省林业厅豫林计批［2007］7号文件，河南黄河湿地国家级自然保护区焦作管理分局基础设施建设项目核定总投资493.22万元，其中，中央预算内专项投资256.17万元，地方配套237.05万元。

焦作市林学会正式成立　9月13日，焦作市召开了林学会理事会选举工作会议。会议选举产生了林学会领导班子，审议并通过了《焦作市林学会章程》和《焦作市林学会会费收支管理办法》，标志着焦作市林学会正式成立。

开展打击非法经营加工野生动物专项行动　8月15日，为严厉打击全市某些饭店非法经营加工野生动物违法行为，保护森林资源安全，优化经济发展环境，焦作市林业局组织野生动物保护、森林公安等20余名行政执法人员和公安干警，对市区、影视城周围11家饭店和经营场所进行了集中检查。其中有6家饭店存在违法经营行为，共查获国家保护的野生动物死体193只（麻雀120只，鹌鹑

60只，斑鸠9只，野兔4只，野猪肉6块）。同时还查获活体野鸡8只，斑鸠38只，其中有8只活体斑鸠当场进行了放生。

省委书记徐光春视察温县林业工作 9月3日，省委书记徐光春在市委书记铁代生、市长路国贤等市、县主要领导的陪同下，专程视察温县林业工作。在温县工业原料林基地南张羌镇造林示范点，徐光春听取了温县林业局主要负责人对近年来该县大力调整种植结构，发展工业原料林基地的情况汇报，同时指出，温县的林业发展，改善了一方生态环境，优化了一方产业结构，提高了一方群众投入，措施是对的，希望温县要继续沿着这条路子走下去，为推动林业生态省和新农村建设作出新的贡献。

全市林业执法和治理整顿专项行动成效显著 5月25日至9月17日，焦作市林业局在全市范围内开展了林业执法治理整顿专项行动。此次行动，全市共出动警力1 793人次，查处各类案件131起，处理违法犯罪分子135人，行政罚款14.31万元，有力地打击了涉林违法犯罪活动，维护了全市生态安全和林区稳定。

“十一”黄金周森林旅游总收入突破400万元 10月7日，“十一”黄金周期间，焦作市森林旅游景区共接待游客6万余人，门票收入383万元，比2006年同期增长20%，各项总收入达405.8万元。

开展治理打击侵害野生鸟类专项行动 12月13日至12月31日，焦作市在沿黄（沁）河五县市开展治理打击侵害野生鸟类专项行动。市林业局统一组织有关县、市森林公安、野生动植物保护和湿地管理等部门执法人员，对沿黄（沁）河两岸的滩地、湿地、餐馆等进行全面清理清查，对发现的违法犯罪行为依法进行严厉打击。全市先后出动警力313人次，立刑事案件2起，刑拘3人；处理行政案件17起，行政处罚26人，挽回经济损失10.27万元。

三门峡市

一、概况

2007年，全市林业工作坚持以科学发展观为指导，紧紧围绕构建和谐社会和建设社会主义新农村的总目标，周密部署、狠抓落实，全面推进现代林业建设步伐，各项目标任务均全面或超额完成。全市共完成人工新造林面积22.15万亩（包括外资造林），占目标任务17.4万亩的127.3%；完成大田育苗2.01万亩，占目标任务1.8万亩的112%；完成“四旁”及义务植树1 351.9万株，占目标任务1 128万株的119.9%；新栽通道绿化665.4公里，占目标任务120公里的554.5%；完成中幼林抚育18.67万亩，占目标任务11万亩的169.7%；森林病虫害发生率为5.9‰，低于目标任务的6.5‰；未发生重大毁林、乱占林地和破坏野生动植物案件。2007年底市林业局被省林业厅授予林业系统优秀单位。

（一）造林绿化

对连霍高速公路、310国道、209国道、陇海铁路等重要通道两侧可视范围内的荒山荒坡、农田林网和市区、县（市）政府所在地、乡（镇）政府所在地以及沿黄滩涂等进行了重点绿化。卢氏县在没有项目造林的情况下，一般造林经省核查精品率工程达49%。三门峡市还全面启动了生态县、生态乡、生态村“三级创建”活动，目前义马市、湖滨区已成功创建省级林业生态县，全市力争3年时间使6个县（市、区）全部达到林业生态县建设标准。退耕还林工程不断巩固提高，造林成活率达85%以上。水土保持林稳步实施，建设面积达5 000余亩。义务植树活动形成了多主体、多层次、多形式的造林绿化格局。及时完成了三门峡市生态建设规划编制工作，为全面实施林业生态建设奠定了良好的基础。

（二）依法治林

对天然林保护工程全面实施封山禁牧，进一步加大林地林木的管理工作，稳步推进集体林改试点工作，自然保护区和森林公园建设取得新的突破，河南黄河湿地自然保护区三门峡管理处已完成基础设施建设项目投资1 015.4万元，小秦岭自然保护区已完成计划投入的资金总额384.6万元。目前全市共有森林公园9处，其中国家级森林公园4处，省级森林公园4处，市级森林公园1处。全市森林公园共接待游客23.5万人次，旅游总收入3 918.5万元，其中门票收入324.5万元，收入总额与2006年1691.6万元同比增长132%。组织开展了“治理征占用林地专项行动”、“绿盾二号行动”等一系列打击破坏森林资源的专项斗争，侦破了非法收购、运输、出售珍贵、濒危野生动物白天鹅案件，4名主要犯罪嫌疑人被抓捕归案。全年共查处各类涉林案件1 718起，其中刑事案件立125起，林业行政案件受理1 593起，查结1 575起，有力打击了涉林犯罪分子的嚣张气焰。全市没有发生大的森林火灾，确保了森林资源安全。认真做好森林病虫害防治工作，两次调集飞机开展林业有害生物飞机防治，共完成飞防面积9.96万亩，飞机防治效果在85%以上。

(三)林业产业

按照“生态建设产业化、产业建设生态化”的要求，以林业产业基地化建设为着力点，大力发展木材加工业、经济林果品贮藏及加工业、种苗花卉业和森林旅游业。据统计，目前全市林业总产值达19.82亿元，先后建立退耕还林后续产业基地300亩以上50余处计1.5万余亩、千亩以上20余片计2万余亩。其中卢氏县文峪乡、东明镇、范里镇的核桃栽植精品工程，灵宝市沿黄乡镇大枣栽植精品工程，陕县的石榴、油桃和刺槐栽植精品工程，渑池县、湖滨区和义马市的仁用杏、柿子和花椒栽植基地都已初具规模，初步形成了一批享誉国内外的知名品牌产品。灵宝的苹果、大枣驰名中外；渑池仰韶杏全国独有，牛心柿饼为古代贡品；卢氏的木耳、蘑菇、猴头、核桃、板栗、山楂、猕猴桃等在全国享有盛誉；三门峡湖滨果汁出口美国、日本等20多个国家和地区。

（四）科技兴林

一是通过花甲协会引进日本林木新品种12个，建立了生物质能源林科技示范园，承担了中国林科院一个文冠果科技试验点的建设任务，完成全市2.14万亩黄连木资源调查工作。二是完成《三门峡市生物质能源林发展总体规划》、《三门峡市黄连木生物质能源示范林基地建设规划》等3个，申报《三门峡市杜仲优良品种与种质资源收集圃建设》等3个和省级种质资源建设项目3个，申报的省级地方标准《枣生产技术规程》、《核桃生产技术规程》已通过省级审定。组织林业专家和科技人员送科技下乡123人次，举办培训班和技术讲座25场次，其中培训林业职工320人次，培训林农4 485人次。在实施《三门峡市无公害仰韶黄杏生产技术地方标准》的基础上，在渑池县建立仰韶黄杏无公害生产基地5 000亩，加大无公害生产技术的示范推广，着力提高经济林生产技术与经营管理水平，把经济林产业做大做强。

（五）林业宣传

在《国家林业信息中心》刊登三门峡林业信息110条5万余字，编发《三门峡林业信息》30期180余条。在《中国绿色时报》、《中国林业》、《国土绿化》、《河南日报》刊登稿件近70余篇(条)。被市委办公室、市政府办公室分别评为信息先进单位。在《三门峡日报》刊登新闻等稿件30余篇，刊登市委书记、市长、主管副市长、局领导署名文章3篇，全面反映了三门峡市林业建设成就，对增强全市林业行业的影响力起到了积极作用。

二、纪实

燕子山成为国家级森林公园　1月8日，经国家林业局批准，燕子山森林公园成为国家级森林公园。至此，三门峡市国家级森林公园已达4处。燕子山国家森林公园位于灵宝市东南部的国有灵宝川口林场境内，距灵宝市区20公里，海拔1 497米，属伏牛山系北坡崤山脉。公园总经营面积15.72万亩，林业用地面积15.38万亩，其中国家重点公益林3.789 2万亩，省级公益林10.653 9万亩。

亚洲银行贷款造林项目考察组来三门峡市考察 1月15日，加拿大爱盟国际技援组专家考察团一行十余人受亚洲发展银行的委托到三门峡市进行考察。考察团初步确定了灵宝市阿姆斯果汁有限公司、灵宝市远村天然食品有限责任公司、灵宝市金源有限公司农林分公司、三门峡市湖滨果汁有限责任公司四家单位为亚洲银行贷款造林项目实施单位。该项目涉及主要内容为高酸苹果、大枣、沙棘、桃杏、速生杨等40万亩原料林基地建设。

国家林业局检查组到三门峡市黄河湿地检查指导工作 1月22~23日，国家林业局野生动物疫源疫病监测总站检查组对三门峡市黄河湿地野生动物疫源疫病监测工作进行了检查、指导。

省林业厅集体林权制度改革调研组莅临三门峡市开展调研 1月23~25日，以河南省林业学校副书记、纪委书记房国华为组长的省林业厅集体林权制度改革调研组莅临三门峡市开展调研工作。房国华一行先后深入到陕县张汴乡、菜园乡，召开座谈会，认真听取基层干部和群众对集体林权制度改革的认识和看法。与乡村干部、造林大户、农民群众等交谈，共同探讨既能管好林业资源、又能搞活林业经济的途径和措施。

中国科学院动物研究所专家到三门峡黄河湿地观测水鸟 1月27~28日，中国科学院动物研究所博士、副研究员丁长青，河南师大教育学院王文林教授等先后到三门峡风景区双龙湖、三水厂，湖滨区王官和灵宝冯佐等水鸟聚集区域，仔细观察和记录当地的水鸟种类、数量，并用GPS将调查地点进行定位。

张君贵副市长到三门峡黄河湿地视察指导工作 2月2日，张君贵副市长在郑禄学副秘书长和市林业局有关领导的陪同下，到市黄河湿地国家级自然保护区视察、指导工作。张君贵副市长听取了三门峡湿地管理处负责人、灵宝市政府相关领导和灵宝市林业局相关领导关于湿地保护和建设工作的情况汇报，了解了保护区目前存在的困难和问题，对保护区管理部门的工作给予了充分肯定，对今后的工作提出了意见。

李文慧市长慰问市林业局干部职工 2月13日，市长李文慧亲临市林业局看望慰问林业局干部职工，并就当前和今后林业工作提出了指导意见。随行领导有三门峡市副市长张君贵、秘书长张建峰等。

森林公安局召开特邀监督员座谈会 2月12日，市森林公安局组织召开森林公安特邀监督员座谈会，邀请省森林公安特邀监督员6人、市森林公安特邀监督员10人参加座谈，市局班子成员及中层干部参加会议。会上，李茂军局长向特邀监督员汇报了省、市森林公安工作基本情况以及2006年全市森林公安机关在三基建设、执法办案、队伍管理等方面取得的成绩、存在的问题和今后的工作打算。各位特邀监督员分别对森林公安工作进行了评议，并填写了特邀监督员评议问卷表。

市委书记连子恒要求切实做好植树造林工作 3月1日，在全市人口与计划生育工作会议上，市委书记连子恒在谈到林业工作时，要求各地各有关部门抓住当前春季植树造林的大好时机，加强领导，及时部署，精心组织，迅速掀起春季植树造林高潮。

市领导李建顺赴义马市检查植树造林工作 3月4日，正市级领导李建顺赴义马市检查植树造林工作。李建顺一行先后到常村镇和千秋镇政府，察看了林业工作站的办公设施，详细询问了造林绿化、全市林业生产服务等情况，同时认真听取了两地林业工作情况的汇报。

市林业局部署2007年全市林业产业工作 3月2日，市林业局召开全市林业产业工作会议。组织与会人员认真学习了国家、省厅林业局长会议关于建设发达的林业产业体系的有关要求，同时结合三门峡实际，学习贯彻李建顺、张君贵两位市领导的讲话。重点对2007年林业产业工作进行了安排部署。

召开全市森林公安工作会议 3月21日，三门峡市召开全市森林公安工作会议。会议传达学习了全省森林公安工作会议精神，对2006年森林公安工作先进单位和先进个人进行了表彰。市林业局党组成员、市森林公安局局长李茂军总结了2006年全市森林公安工作，安排部署了2007年工作。市林业局党组书记、局长张建友，市公安局党委委员王百敦出席了会议，并分别作了重要讲话。

日本果树专家来三门峡市进行技术交流 3月12~17日，中日友好协会会员、日本果树专家小林良次应邀第三次来三门峡市开展技术交流活动。小林良次先后深入到渑池县的果园乡、段村乡，陕县菜园乡、过村，湖滨区交口乡，分别就仰韶黄杏、柿树、桃树、苹果树的修剪及综合管理工作进行实地操作示范和技术讲座，受到了广大群众的欢迎。

市林业局部署林木种苗和林业有害生物防治工作 3月19日，市林业局召开林木种苗和林业有害生物防治工作会议，传达全省森林病虫害防治与检疫站站长会议精神，对2006年全市林木种苗和林业有害生物防治工作进行了总结，安排部署2007年的工作。各县（市、区）主管林业有害生物防治和林木种苗工作的副局长、森林病虫害防治与检疫站（林技）站长参加了会议。会议由市林业局副局长李春光主持，副局长刘汉良作了重要讲话。

开展森林资源规划设计调查工作 4月1日，市林业局全面开展森林资源规划设计调查工作。本次二类调查工作共分两个时段，第一时段计划从4月1日开始，通过外业调查和内业汇总，于8月底结束，完成湖滨区、渑池县、义马市以及曹家窑林场4个单位的森林资源二类调查工作。第二时段从7月1日开始，11月底结束，完成卢氏县、灵宝市、陕县及河西林场4个单位的森林资源二类调查工作。

积极开展“爱鸟周”科普宣传活动 4月21~27日，为纪念第二十五届“爱鸟周”，提高人们爱护野生动物的意识，三门峡市举行了以“和谐社会、共享自然——纪念‘爱鸟周’活动在全国开展25周年”为主题的纪念活动。这次活动以各县（市、区）的大型广场、火车站、集贸市场等人员密集区为主要宣传阵地，围绕野生动植物保护与疫源疫病监控防治、湿地保护、自然保护区建设和有关法律法规开展宣传活动。在这次“爱鸟周”中，全市共出动宣传车30余台次，设置宣传版面30块，悬挂横幅36条，散发宣传单、张贴图片5 000余张，举办鸟类知识培训班90余次，培训人数4 600余人。

召开集体林权制度改革试点工作座谈会 5月24日，三门峡市林业局召开集体林权制度改革试点工作座谈会，回顾总结前一阶段林改试点工作，安排部署下步工作。省林业厅副巡视员万运龙、省森林公安局副局长刘宗仁出席会议。

召开林业执法和治理整顿专项行动动员会 5月24日，三门峡市林业局召开了全市林业执法和治理整顿专项行动动员大会。会议印发了《三门峡市林业局关于成立林业执法和治理整顿专项行动领导小组的通知》和《三门峡市林业局关于组织开展林业执法和治理整顿专项行动的通知》，通报分析了1~4月份全市森林公安执法办案、信访工作等情况，对全市专项行动的开展进行了详细全面的安排部署。省森林公安局副局长刘宗仁作了重要讲话。

省林业厅领导来三门峡检查“林改”试点工作 5月18~19日，省森林公安分局副局长刘宗仁到卢氏县检查指导集体林权制度改革试点工作。

河南黄河湿地国家级自然保护区三门峡管理处基础设施建设项目顺利通过竣工验收 5月21日，河南省林业厅正式下发了《关于黄河湿地国家级自然保护区三门峡管理分局基础设施建设项目竣工验收的批复》（豫林计批［2007］4号），批准该项目通过竣工验收。

陈家宽教授到河南黄河湿地国家级自然保护区考察保护区功能区调整情况 5月19~20日，受国家环保总局委托，国家级自然保护区评审委员会副主任、复旦大学生物多样性科学研究所所长、博士生导师陈家宽教授到三门峡考察河南黄河湿地国家级自然保护区功能区调整情况。

中德财政合作造林项目在卢氏县实施 5月24日，中德财政合作河南省农户林业发展项目启动工作会议在郑州召开。继世界银行贷款造林、天然林保护工程、退耕还林等林业项目在卢氏实施后，中德财政合作造林项目是在卢氏县启动实施的又一个大的造林项目。该项目总投资1.2亿元，分5年在河南省4个县实施，卢氏作为项目县之一，每年可以获得800余万元资金。

开展营造林质量检查活动 5月28日至6月1日，市林业局开展了为期5天的2007年营造林质量自查工作。检查内容包括春季人工造林、退耕还林实绩管理、义务植树开展、水土保持工程和飞播造林管护等。

国家林业局检查组到卢氏县核查营造林工作 5月31日至6月12日，国家林业局北京设计院一行3人，受国家林业局委托，到卢氏县检查2002年以来营造林工作。检查组认为卢氏县委、县政府对林业工作高度重视，营造林工作成效明显，达到了两个不错，两个较好，两个符合的要求：一是营造林面积核实率达到了100%，2006年人工造林效果不错；2002年以来的飞播造林成苗率和2006年飞播造林出苗率达到了飞播造林标准，效果不错。二是封山育林符合要求，封育效果较好；历年退耕还林苗木保存较好。三是征占用林地省厅批准的9个项目符合国家要求；天然林保护工程护林员的管护巡山在25天以上，符合要求。

河南黄河湿地国家级自然保护区功能区调整方案通过评审 6月20~22日，由国家环保总局组织的国家级自然保护区评审会议在北京召开。经过评审委员会评议、投票，河南黄河湿地国家级自然保护区功能区调整方案得到了4/5以上多数专家评委的赞同，顺利通过评审。

林业执法和治理整顿行动战果丰硕 6月21~24日，三门峡市开展了为期4天的林业执法和治理整顿集中统一行动。此次行动全市森林公安机关共出动警力2 193人次，车辆583台次，清理木材市场和木材加工场所102个，检查占用林地项目76个，经营野生动物场点、饭店54家。全市共办理涉林案件176起，其中刑事案件24起，行政案件152起；打击处理违法人员171人，其中刑拘16人，行政处罚155人；收缴木材72立方米，为国家挽回经济损失800余万元。

灵宝市佛山成为省级森林公园 6月18日，经河南省林业厅批准，灵宝佛山成为省级森林公园。灵宝佛山省级森林公园，规划建设面积为33 690亩。

义马市发现一株国家一级古皂角树 6月20日，义马市农林局技术人员在二类森林资源清查时，在东区办事处马庄村西洁洼组发现一株古皂角树。经技术人员现场测量，树高22米，胸围4.84米，冠幅22米，树势生长良好，树干中空，有五大枝。据当地村民反映，树龄估测约650余年，为国家一级古树。此皂角树位于西洁洼组侯二章家门前，地处海拔450米。义马市农林局及时对该树进行登记建档，制定保护措施。

市政府安排开发区、工业园生态建设规划编制工作 8月27日，市政府组织召开生态建设规划和森林资源调整规划协调会，安排三门峡经济开发区、三门峡工业园的生态建设规划和森林资源调整规划工作。副市长张君贵出席会议。

市林业局召开生态建设规划编制督察工作汇报会 8月27日，市林业局召开全市生态建设规划编制工作督察汇报会，督察组分别就各县（市、区）规划编制、二类清查和退耕还林自查等进展情况和存在的主要问题进行了详细的汇报，张建友局长对下一步工作进行了安排部署。

省政府林业生态省规划编制督察组莅临三门峡市检查指导工作 9月5日，省政府林业生态省规划督察组莅临三门峡市，就三门峡市的林业生态省三门峡部分规划编制工作进行督促。

开展2006年度退耕还林作业设计检查 9月17~19日，三门峡市林业局组织人员对2006年国家下达退耕还林任务的作业设计情况开展全面检查。此次检查共抽查六个县（市、区）的20个小班，面积7 525亩，全部为荒山造林。从检查结果来看，各地高度重视退耕还林工作，针对国家政策适应性调整的新形势，积极动员，及早部署，认真组织，按照集中连片、整体推进、发挥整体效益的原则，对2006年度退耕还林工程进行了全面的规划设计，及时完成并上报了成果材料，并组织开展了县级自查工作。

省森林公安局“三考”领导小组莅临灵宝市检查指导工作 9月15日，省森林公安局副局长刘宗仁带领省“三考”检查小组对灵宝市森林公安分局进行“三考”检查指导工作。

开展林业行政许可检查工作 9月26日至10月19日，市林业局、监察局和市政府法制办联合组成检查组，对三门峡市林业行政许可工作进行了检查。

市林业局安排部署财政资金管理年活动检查工作 10月17日，市林业局计财科及各二级机构主管财务负责人及财务人员在局会议室召开了财政资金管理年活动工作检查安排布置会，柴仁俊副局长出席并讲话。

召开全市退耕还林工作会议 10月19日，全市退耕还林工作会议在市林业局召开。6个县（市、区）林业局局长、主管局长和退耕还林办公室主任参加了会议。市林业局副局长刘汉良传达了全省退耕还林工作会议精神，局长张建友出席会议并对秋冬季林业生产作了重要讲话。

国家林业局检查三门峡市林木采伐限额执行情况 10月20~23日，国家林业局驻武汉森林资源监督专员办事处闫顺利处长一行在省林业厅领导的陪同下，核查三门峡市渑池县2006年以来林木采伐限额、木材运输、经营加工及森林消耗量执行情况。

市林业局认真学习贯彻十七大精神 10月29日，三门峡市林业局党组集中一天时间认真学习党的十七大精神。通过学习，大家纷纷表示，要继续认真学习党的十七大文件，深刻领会精神实质，把思想统一到党的十七大精神上来，在建设生态文明进程中，发挥重要作用。

召开全市冬季植树造林现场会 11月14日，全市冬季植树造林现场会在灵宝市召开。全市6个县（市、区）的主抓林业副县（市、区）长、林业局局长参加会议，副市长张君贵、政府秘书长郑禄学出席会议并作了重要讲话。

召开黄河湿地白天鹅保护工作会议 11月27日，山西省运城、河南省三门峡保护白天鹅联席会议在山西省运城市成功召开。会上，两省、两市及相关县（市、区）林业、公安、保护区有关负责人员，先后介绍了两省、两市林业发展及保护工作的一些基本情况。重点交流了白天鹅保护工作的一些好的做法和存在的一些主要问题，并就今后两省、两市如何更好地开展三门峡库区黄河湿地保护工作、保护好以白天鹅为主的湿地水禽，更加及时有效地严厉打击破坏湿地环境和野生动物资源的违法犯罪行为交换了意见。

市林业生态建设规划通过专家评审 12月10日，三门峡市召开林业生态建设规划专家论证评审会。经论证和评审，专家们一致认为，《三门峡市林业生态建设规划》适应当前林业发展形势，将为推动三门峡市林业生态建设发挥巨大作用，建议尽快上报并付诸实施。

棕头鸥飞临三门峡 12月17日，黄河湿地保护区的工作人员观测发现，在三门峡市苍龙湖的水面上，百余只棕头鸥栖息觅食，为冬日的三门峡增添了情趣。据资料记载，棕头鸥属鸥科、鸥属，体形与红嘴鸥相像，主要以鱼、虾以及水生昆虫等为食。棕头鸥在国内繁殖于新疆、青海和西藏，越冬于云南等地，属省级保护动物，在三门峡少有发现。

许昌市

一、概述

2007年，许昌市林业工作在市委、市政府的领导和省林业厅的指导下，以邓小平理论和“三个代表”重要思想为指导，以创建国家森林城市为中心，以花卉苗木基地、城乡一体化推进区、农田林网防护林体系、通道绿化为重点，以林业重点项目为支撑，深化林业产权制度改革，深入开展全民义务植树活动，注重科技兴林和机制创新，加大森林资源保护力度，各项工作进展顺利，取得了显著成效。

（一）创建国家森林城市

2007年，许昌市荣获“国家森林城市”荣誉称号，作为“创森”工作的主创单位，许昌市林业局在市委、市政府的正确领导下，根据许昌的特色，发挥比较优势，提出了以生态树品牌、促发展、促和谐的城市发展战略。2007年度，许昌市把创建国家森林城市作为落实科学发展观、构建和谐社会、改善人居环境、提升城市品位、优化投资环境、增强城市竞争力的有效载体，通过科学规划，合理布局，保证投入，全民参与，积极探索黄淮平原地区城市森林建设的新模式，努力改善城乡生态环境，促进城乡一体化发展，城市绿化和生态建设取得了显著成效，形成了以森林为主体的功能完备的城市生态系统。目前，全市城市森林覆盖率达33.5%，城市建成区绿化覆盖率达42.68%，城市郊区森林覆盖率达26.48%，基本形成了以60万亩花卉苗木为基础，以2 000公里通道绿化为骨架，以420万亩农田林网为脉络，以沟、河、路、渠、村庄“四旁”和宜林荒山绿化为重点的林网化、水网化的森林城市框架，呈现出“城区绿岛、城郊林带、城外林网”的城市森林景观。

（二）林业资源培育

一年来，相继实施了退耕还林、淮太防护林、速生丰产林、通道绿化、外资造林等一批林业重点工程。全市完成成片造林10.5万亩；完成花卉苗木及木本中药材基地建设18.78万亩，为计划任务18.75万亩的100.2%；全市新建和完善通道绿化工程775.2公里，为计划任务220公里的352.3%，合格里程775.16公里，合格率为100%。完成农田林网73.9万亩，为计划任务57万亩的129.6%，合格面积73.9万亩，合格率为100%；全市确定的177个林业生态示范村全部完成年度计划任务，共绿化道路1 150条，总长度532.3公里，植树50.9万株。完成“四旁”植树1 410万株，为计划任务1 200万株的117.5%。

（三）林业资源保护管理

在森林资源保护管理工作中，全市林业执法部门认真履行工作职责，加大保护林业资源力度，进一步巩固了造林成果。一是严格执行林木资源采伐审批程序，控制林木资源采伐限额。各级林业主管部门严格执行《中华人民共和国森林法》、《中华人民共和国森林法实施条例》，严格林木采伐许可证核发程序，切实把好申请、勘验、审批、验收关；坚持“审批一支笔、登记一本账、验收一把尺”制度，每季度一份采伐限额台账，并对各级主管部门和经办人规定了职责、权限，建立责任追究制，使林木采伐工作纳入法制化管理轨道。一年来，各县（市、区）共办理采伐证554份，采伐蓄积15 714.1立方米。凭证采伐率、育林费收缴率达到85%以上，办证合格率达到95%以上。采伐总量严格控制在限额以内。二是结合各类森林资源保护专项行动，加大打击力度，确保森林资源安全。一年来，全市森林公安、林政系统以“区域性打击”、“绿盾二号”行动和“林业执法和治理整顿”、“林区禁毒行动”等专项行动为契机，严厉打击各类林业违法犯罪活动，有效保护了全市森林资源安全。全年共受理各类涉林案件866起，查处560起。其中刑事案件立案61起，破案21起，刑事拘留8人，逮捕8人，取保候审14人，移送起诉8人，直诉5人；行政案件立案805起，查处539起，行政处罚596人次。禹州市、鄢陵县两个木材检查站共检查木材运输车辆9 998台次，违法车辆790台次，其中，立案查处67台次，挽回经济损失31万多元。三是全市的森林防火和林业有害生物防治工作开展得扎实有效。在森林防火期，市县两级护林防火指挥部办公室在做好宣传工作的同时，坚持24小时值班不脱岗，全面落实各项森林火灾预防和扑救措施，有效地防止了森林火灾的发生，森林火灾受害率低于0.5‰。四是认真抓好森林病虫害防治工作。市森林病虫害防治与检疫站严格履行职责，认真开展苗木产地检疫、调运检疫和林木病虫害监测防治工作，林业有害生物防治率达80.91%，其中无公害防治率达到76%，成灾率控制在5.16‰，全部完成省林业厅下达的任务。

（四）科技兴林

为全面实施科技兴林战略，全市林业科研、推广部门坚持“科技服务生产”原则，利用人才优势，发挥专业特长和科研基地的示范作用，积极开展科技服务工作，为提高造林质量发挥了积极作用。全市推广新技术6项，引进推广名、特、优经济林新品种6个，推广杨树优良品种107、108杨树良种150万株，9501、9502等泡桐良种50万株，刺槐优良品种15万株，使许昌市林业生产的良种覆盖率提高到86%。全市共组织林业专家和科技人员178人次参与送科技下乡活动，举办培训班和技术讲座48场次，现场技术咨询服务21场次，培训林业职工和林农6 323人次，服务咨询群众13 650人次，发放林业科普资料600册、宣传资料8 000多份。新建设科技示范园2个。通过许昌林业信息网站发表各类科普文章信息1 800余篇（条）。这些工作的开展，有效提高了林业建设的科技含量，为实现生态建设出精品、林业产业创品牌、资源管理上水平提供了科技支持。

（五）林业产权制度改革

许昌市林业部门十分注重以机制创新调动社会各界参与造林绿化的积极性。在造林工作中，坚持按照“谁造谁有，合造共有”、“谁投资、谁经营、谁受益”的林业发展政策，把非公有制林业作为造林绿化事业发展的重点，突出抓好造林新机制的落实。2007年，全市集体林地中已落实产权面积125.9万亩，占集体林业用地面积的82%。

二、纪实

许昌市召开春季造林现场观摩会 3月9日，许昌市召开春季造林现场观摩会，传达贯彻全省植树造林现场会议精神，并对2008年春季造林绿化工作提出了具体要求。各县（市、区）分管林业的副书记、副县（市、区）长和市、县林业局局长参加了会议。会议期间，与会代表先后到6个县（市、区），现场观摩了各地在春季造林绿化中取得的成果。

许昌市召开创建国家森林城市迎检工作动员会 3月26日，许昌市召开创建国家森林城市迎检工作动员会，部署4月上旬迎接国家林业局专家考察验收组的各项工作。副市长熊广田出席会议。

许昌市荣获“国家森林城市称号” 2007年4月26日，全国绿化委员会、国家林业局联合发文正式授予许昌市“国家森林城市”称号。

国家林业局宣传办公室副主任叶智莅许调研 6月21~22日，国家林业局宣传办公室副主任叶智一行在省林业厅领导陪同下到许昌市就森林城市暨生态文化建设工作进行调研。

中纪委驻国家林业局纪检组长杨继平莅许调研 7月8日，中纪委驻国家林业局纪检组长、林业局党组成员杨继平一行到许昌市调研生态林业建设工作，市委书记毛万春、副书记刘洪涛、副市长熊广田陪同调研。

许昌市林业局获河南省林业厅通报表彰 7月，河南省林业厅通报表彰了许昌市林业局在争创国家森林城市工作中作出的突出贡献（豫林宣［2007］77号）。

许昌市召开创建国家森林城市表彰暨创建工作新闻发布会 7月10日，许昌市召开创建国家森林城市表彰暨创建工作第三十七次新闻发布会，学习贯彻胡锦涛总书记“6•25”重要讲话精神，回顾前一阶段创建工作推进情况，总结“创森”工作所取得的成绩与经验，对今后一个时期的“四城同创”工作进行了部署。中纪委驻国家林业局纪检组长、国家林业局党组成员杨继平，市委书记毛万春，市长李亚，国家林业局新闻发言人、宣传办公室主任曹清尧，省林业厅副厅长弋振立参加会议。

国家林业局局长贾治邦莅许考察 9月24日，国家林业局局长贾治邦一行在省政府省长助理孙泉砀，省林业厅厅长王照平、副厅长张胜炎等的陪同下视察许昌市的林业生态建设工作。市委书记毛万春、市长李亚、副市长熊广田陪同。

第七届中原花木交易博览会开幕 9月26日，第七届中原花木交易博览会暨鄢陵生态旅游节在鄢陵县花木博览园隆重开幕。省人大常委会副主任李中央、副省长张大卫、省林业厅厅长王照平、省旅游局局长杨盛道、中国花协副秘书长陈建武、中国绿色时报总编厉建祝、团中央青农部副部长王立建及省农业厅、省花卉协会等省直有关部门的负责同志等出席了开幕式。

许昌市召开林业生态建设工作会议 11月27日，许昌市召开林业生态建设工作会议，对全市林业生态建设工作进行部署，市委书记毛万春、市长李亚分别讲话，市领导陈绍光、熊广田、孟德善出席会议。

许昌市召开林业生态建设规划评审会 12月6日，许昌市召开林业生态建设规划评审会，由省政府参事、教授级高工赵体顺，河南农业大学林学园艺学院院长杨秋生等组成的专家评审委员会对许昌市的林业生态建设初步规划进行了评审。

漯河市

一、概述

一年来，漯河市林业园艺局在市委、市政府的正确领导和省林业厅、省建设厅的指导帮助下，围绕创建国家森林城市、河南省林业生态市两大工作目标，抓住林业生态省建设机遇，以生态林业构筑绿色屏障，以特色林业壮大绿色产业，以人文林业弘扬绿色文化，以生态公益林建设为主体，以林业、城市绿化重点工程建设为载体，以园林管理体制改革、林权制度改革和机制创新为动力，实行城乡一体化推进，大力培育保护与合理利用绿化资源，全面提升城乡绿化水平，城乡绿化事业呈现又好又快的发展态势。

（一）造林绿化

大力开展通道绿化、农田林网绿化和四旁四荒绿化，全年完成造林面积6.8万亩，植树603.56万株，占目标任务的102.26%。新建和完善农田林网38.85万亩，占目标任务的122.6%。通道绿化210.8公里，占目标任务的104%。

（二）林业生态县（区）创建

临颍县、郾城区已通过了达标验收；召陵区、源汇区完成了县级自查，已正式申请省政府组织验收；舞阳县完成了创建规划；有望在全省率先实现林业生态市创建。

（三）林权制度改革

大力发展以股份制和个体私营林业为主的非公有制林业，调动社会各界参与林业建设的积极性，逐步建立产权归属清楚，经营主体落实，责权划分明确，监督服务到位的现代林业产权制度，当年全市非公有制造林总面积6.46万亩，占造林总面积的95%。林权制度改革工作得到了李成玉省长的充分肯定，做法在省政府办公厅编发的《政府工作快报》单篇刊发，经验在全省推广。

（四）林政资源管理

先后组织开展了“绿盾二号”、林业执法和治理整顿、百日护绿、沿河护绿、绿化区禁牧、“三夏”“三秋”护林防火等专项整治行动，严厉打击了各种涉林毁绿的违法犯罪行为。为做好沙澧河开发过程中的沿河林木资源保护，向各区林业和园林管理部门下发了规范审批权限的紧急通知，并提请市政府下发了《漯河市人民政府关于做好城市规划区绿化资源保护工作的通知》（漯政[2007] 79号）。健全完善了分类管理、群防群治的森林病虫害防治机制，形成了以国家级测报点、省级测报点为牵头，市县两级测报点为主体的四级测报网络体系。在2007年高温高湿，易发生病虫害的情况下，使全市的林业有害生物成灾率控制在了4‰，没有发生大的森林病虫害危害。

（五）林业产业

大力发展速生丰产林、经济林、种苗花卉产业基地，通过公司带基地、联农户的形式，延长产业链条，加快林业产业发展步伐。预计完成林业产值16亿元，较上年同期增长18%以上，林业产业在调整农业产业结构、促进农民增收等方面发挥了越来越重要的作用。

（六）科技兴林

先后引进林木新品种35个，大力推广林农复合经营模式2 000余亩，积极开展科技下乡活动，发放宣传资料7 000余份，成功建设了1个国家级、3个省级和5个市级林业标准化示范园区。在金山路迎宾大道建设、漯河迎宾馆大树移植工作中，针对已过植树造林最佳季节、移植苗木成活率低等情况，引进ABT生根粉技术、植物蛋白技术等先进技术，运用先进的科技手段，高标准、高质量地按期完成了工程建设任务，大树夏季移植成活率达到95%。在引进应用新技术的同时，积极开展杨树生长液、桃花花期延迟、森防生物防治等课题研究，在食品节期间采取科学手段推迟部分桃花花期一个月，在节会期间首次出现“人面桃花相映红”的景象，深受各地客商和广大市民好评。在临颍新沟河、舞阳北舞渡开展杨树生长液对比试验，积累杨树长势状况和材积增长量的原始数据，为今后大面积推广创造条件。

（七）确立了创建国家森林城市的工作目标

结合新形势、新要求，组织相关科室、单位人员外出参观学习，调查研究，确立了创建国家森林城市的奋斗目标。组织开展了大规模的建成区绿化资源普查和森林资源二类调查，进一步摸清了家底，建立了完善的绿化资源数据库。科学编制了漯河市2008~2012年生态林业发展规划，为城乡绿化事业持续健康发展提供科学决策依据。提请市委、市政府确立了创建国家森林城市的工作目标，研究确定了今后五年的工作思路和工作重点，城乡绿化事业新一轮大发展的局面已经形成。

（八）城市园林绿化

紧紧围绕漯河市“打造中原地区富有魅力的生态宜居名城”的目标，坚持高起点规划、高标准设计、高质量建设、高水平管理，先后实施了景观大道建设工程、精品游园建设工程、桃花工程和鲜花摆放工程等重点绿化工程，着力提高城市园林建设的水平和档次，把金山路迎宾大道、中银广场等重点部位建设成为全市的绿化靓点。城市绿化面积增加36.2平方米。在做好建设的同时，深化园林管理体制改革，提高城市园林精细化管理水平，推动城市园林绿化由“重建设、轻管理”向“建管并重”转变。在7、8月份全市城市管理排序中，市林业园艺局连续获得第一名。

二、纪实

省政府春季植树造林督察组莅临漯河市督察春季植树造林工作　3月21日，省政府春季植树造林第五督察组抵达漯河市，厅党组成员、副厅长丁荣耀一行3人在市林业园艺局及有关县（区）负责同志的陪同下，先后深入到临颍县、郾城区督察全省植树造林现场会议贯彻落实情况，实地察看了通道绿化、村镇绿化、城郊防护林体系建设、林业生态工程建设等建设情况并给予了较高评价。

市林业园艺局发放苗木支持生态林业小康村建设 4月，为推进“十乡百村万户生态林业示范工程”建设，市林业园艺局先后为16个生态林业小康村试点村无偿提供绿化苗木2.6万多棵，并从系统内抽8名高级工程师、32名科级干部和16名林业园艺工程技术人员，深入这些村庄，开展送科技下乡，做好试点村的技术服务，帮助试点村发展林农复合经营，扩大林业产业基地规模，改善农村居住环境。同时充分发挥新农村建设典型示范村的示范带头作用，使广大村民生活在绿树成荫、花果飘香、空气清新的美好环境中。

探索园林管理长效机制推动生态宜居名城建设 5月，漯河市五次党代会提出“打造中原地区富有魅力的生态宜居名城”的奋斗目标后，市林业园艺局立足工作职能，在加快城市绿化建设的同时，积极探索园林管理的长效机制，提高园林精细化管理水平，有力地推动了漯河市生态宜居名城建设。

临颍县遭遇特大暴雨袭击，园林职工奋战抢险一线 8月，漯河市临颍县遭遇特大暴雨袭击，局部地区最大降雨量达370毫米，瞬间风力达11级，致使临颍县林木遭受毁灭性灾害，多个乡镇交通、电力、供水中断，房屋倒塌，灾情十分严重，救灾形势严峻。市林业园艺局接到紧急通知后，迅速组织骨干力量10余名组成突击抢险队，携带油锯及其他抢险设备，连夜赶到灾区，先后派出抢险队员80余人次，车辆12台次，油锯等抢险设备30台次，清理抢险道路树障20余公里，疏通电力树障15余公里，清理倒伏树木10万余株。

省委组织部副部长臧安民到漯河市局检查指导工作 8月29日，省委组织部副部长臧安民带领省党员干部现代远程教育主要成员单位负责人，在市委书记靳克文，市委副书记张社魁，市委常委、秘书长杨国志，市委常委、组织部长徐彦军等市领导的陪同下，到市林业园艺局检查指导党员干部现代远程教育工作开展情况并给予了较高评价。

漯河市召开创建国家森林城市暨2007年冬2008年春植树造林动员大会 11月21日，漯河市召开创建国家森林城市工作暨2007年冬2008年春植树造林动员大会。市委各部委、市直及驻漯各单位、各人民团体主要负责同志，各县（区）政府县（区）长，主管林业、城建、交通的副县（区）长，各县（区）林业、交通、水利、建设局长，各乡（镇）乡（镇）长，城乡绿化先进单位代表、市林业园艺局科级以上干部参加会议。会议回顾总结了2007年全市城乡绿化工作，表彰奖励了2007年度城乡绿化工作先进单位和先进个人，对全市创建国家森林城市工作进行了安排部署。会议由市长祁金立主持，省林业厅副厅长张胜炎特邀参加会议，市委书记靳克文作了重要讲话。

平顶山市

一、概述

2007年，在市委、市政府的正确领导下，在省林业厅的大力支持下，充分发挥林业部门在落实科学发展观和构建和谐社会中的职能作用。以构建环城绿色屏障，创建国家园林城市，促进经济发展为目标，突出造林绿化、森林资源管理、项目建设以及林业自身建设等工作重点，强化服务，狠抓落实，较好地完成了全年的各项工作目标。全市共完成大面积造林18.2万亩，占省定目标11.1万亩的164%，占市政府年度目标任务17.5万亩的104%。完成退耕还林面积6.15万亩，项目造林2.86万亩，速生丰产林2.29万亩，一般造林6.91万亩，农田林网129.7万亩，县乡以上通道绿化1 101.4公里，补植补造林8.82万亩，完成“四旁”植树642.8万株，林业育苗1.51万亩。完成义务植树1 040万株，人数260万人次，义务植树尽责率90%以上；建立完善义务植树基地16个，面积1.2万亩。2007年度全市完成林业总产值8.6亿元，比2006年的7.3亿元增长了17.8%。

（一）林业生态县、乡、村建设

鲁山县、石龙区已完成林业生态县（区）建设任务。10个市级生态乡（镇）、10个市级生态村和6个科技示范园区完成建设任务。

（二）科技兴林

“七月糙柿子”品种、平抗1号金叶女贞新品种、青竹复叶槭新品种的审定，豫大籽石榴推广等项目已经完成，应用抗旱造林新技术2项，全市举办林业科技培训班5期，参加人数3 000人次。

（三）森林资源保护

全市共查处各类林业案件1 378起，其中行政案件1 320起，刑事案件58起，刑拘66人，逮捕21人，打击处理违法犯罪人员1 546人。清理非法征占用林地130亩，清理木材市场27个、木材加工场所13家，取缔林区矿点、炭窑21个。

（四）森林采伐限额执行

严格坚持凭证采伐、运输、加工制度。全市完成商品林采伐5.915万立方米，占计划的73%，采伐量没有突破采伐限额。林木凭证采伐率、办证运输率、林木加工凭证率分别为95%、92%、85%。没有超计划和超限额采伐行为发生。

（五）森林病虫害防治

全市共发生各种林木病虫害35万亩，发生率为13.1%，防治32万亩，防治率91.1%，其中无公害防治率达75%，森林病虫害成灾率0.23‰。

（六）森林防火

全市发生森林火警183起，一般火灾4起，过火面积3 015.75亩，受害森林面积517亩，受害率0.25‰，低于1‰的省定责任目标，全市无较大森林火灾发生，人民的生命财产和森林资源安全得到了切实保护。

（七）森林资源二类调查与林业生态建设规划编制

组织全市近500余名工程技术人员，通过近3个月认真细致的调查，全面完成了森林资源二类调查工作，为林业生态建设规划编制提供了翔实的基础数据。根据二类调查结果，全市共投入经费93万元，参加人数454人，召开协调会79次。高标准完成了平顶山市2008~2012年的林业生态建设规划编制方案，并顺利通过省林业生态建设规划评审委员会的评审。

（八）林业财政投入

2007年，各县（市、区）财政都加大了造林绿化投资力度，据统计，全市共投入资金4 000万元用于造林绿化工作。舞钢市政府投资700万元，用于生态廊道建设。郏县财政投入400万元，用于林业生态县创建工作。叶县以每台3 500~4 000元的价格购买几十台挖坑机，用于挖坑整地。鲁山县拿出660万元用于高速廊道绿化，卫东区投入1 000万元用于荒山和城郊绿化。宝丰县、新华区、湛河区、石龙区等县（市、区）也采取政府出资方式，用于返租土地、挖坑、苗木购买等环节，大大调动了广大群众的造林积极性，促进了全市造林绿化工作的开展。

（九）造林机制

各县（市、区）积极进行集体林权制度改革，进一步转变造林绿化观念，创新造林机制，调动社会各界投身植树造林的积极性，非公有制林业得到快速发展。大部分县（市）、区采用挖掘机梯田整地、开挖边沟等方法，加快了造林整地进度，提高了成活率。如鲁山县让河乡采取大户承包、政府扶持引导、林业部门帮扶的办法，发展非公有制林业，为平顶山市非公有制造林提供了很好的经验和典型。郏县薛店的林菜间作种植模式，取得了良好的经济效益、生态效益和社会效益。舞钢市、卫东区按照工程造林模式，采取大户承包的方式，全部实行机械化整地，专业队造林，在检查合格后，造林费用分三个阶段三次付清，保证了造林进度，提高了造林质量。这些吸收社会资金、利用专业队造林的新模式，效果显著。舞钢市、鲁山县、新华区、湛河区、石龙区等以林权所有制改革为突破口，采取“返租倒包”的形式，出台优惠政策，由财政出资，以每亩230~400元不等的价格把土地从承包的农民手中返租过来，连补4~6年，然后组织专业队进行造林，待新造林地树苗成活后，再无偿移交到原承包的农户手中，收益全部归原承包农户所有，理顺了造林与管护的关系，提高了造林成活率。据统计，2007年新造林地的成活率均在95%以上。

（十）林业宣传

围绕创建国家园林城市工作，积极进行宣传，提高林业社会影响力，增强人们的生态意识。利用“全民义务植树节”、“森林防火期”、“绿盾二号”行动、“爱鸟周”、“法制宣传日”等时机，采用报纸、宣传版面、宣传单、讲座、法律咨询台等形式，大力开展保护森林资源的宣传活动，全市共计制作宣传版面30块，散发宣传单10 000余份，送科技下乡宣传4次，受惠群众达3 000余人。

二、纪实

市四大班子参加春季义务植树 3月10日，市四大领导班子带领全市机关干部职工在卫东区北山参加义务植树活动，本次活动共植树7 000余株。

召开春季造林现场观摩会 3月13日，召开全市春季造林现场观摩会，市人大副主任肖来福，市林业局党组成员、各县（市、区）主管副县（区）长、林业（农林）局长参加了会议，会期2天，与会人员分别对宝丰、郏县、叶县、鲁山等地进行了现场观摩。

召开学习郏县林菜间作模式专题会 4月15日，平顶山市林业局召开学习郏县林菜间作模式专题会，郏县林业工作以调整农村产业结构为出发点，以提高林业综合效益为目标，以增加林农收入为落脚点，积极推行“以林为主、林菜间作、以短养长、良性发展”的高效种植模式，取得了显著成效。截至目前，郏县共发展林菜间作基地7处共3 900亩，间作蔬菜品种18个，累计间作面积13 500亩，实现间作产值2 700万元，平均每亩每年间作产值2 000元。

检查工程造林用苗情况 4月24~28日，市林业局组织人员对各县（市、区）工程造林用苗情况进行了检查，抽查结果为：工程造林苗木质量普遍良好，良种使用率100%。

种苗工作申报建设 4月30日，结合全市实际，平顶山市林业局先后向国家林业局申报了河南省平顶山市辛夷良种基地项目，向省林业厅申报了柿树种质资源建设项目，向市科技局申报了青檀新品种选育及快繁技术研究项目。

杨树黄叶病害专项普查 5月10日至9月30日，市林业局按照省森林病虫害防治与检疫站的要求，组织开展了杨树黄叶病害专项普查工作，编制了《平顶山市杨树黄叶病害调查方案》、《平顶山市杨树黄叶病害防治方案》、《平顶山市杨树黄叶病害应急方案》。

森林公安局召开“严肃政治纪律、争当优秀民警”动员大会 6月6日，市森林公安局召开了由全体民警参加的“严肃政治纪律、争当优秀民警”动员大会，印发了《平顶山市森林公安局开展“严肃政治纪律、争当优秀民警”教育活动实施方案》，要求各县（市）要结合自身队伍建设实际，采取有效形式，深入查摆单位和民警中存在的问题，有针对性地进行整改。

开展“绿盾二号”专项行动 6月2日至7月20日，市林业局在全市范围内组织开展“绿盾二号”专项行动。全市共出动警力2 147人次，查处刑事案件10起，林业行政案件169起，治安案件9起，逮捕9人，刑事拘留15人，林业行政处罚178人，检查征占用林地130亩，清理木材市场27个，清理木材加工厂13家，严厉打击了各类破坏森林资源违法犯罪活动，确保了林区治安秩序大局稳定。

开展经济林产业发展调查 9月10日，根据省林业厅安排，平顶山市林业局在全市开展了经济林产业发展情况调查工作。经过调查，全市经济林目前已发展到125.1万亩，其中板栗7.428万亩、柿6.849万亩、核桃4.5万亩、桃3.19万亩、杏1.21万亩、枣1.68万亩、梨0.9万亩、石榴0.8万亩、苹果1.04万亩、花椒10.2万亩、辛夷5.43万亩、油桐18.26万亩。

鲁山县查处非法贩运盗运国家级重点保护野生动物 11月5日，鲁山县森林公安局接群众举报在鲁嵩路口查获一起平顶山市建市以来最大的贩运盗运国家重点保护野生动物案件。车上装载国家重点保护野生动物41只，其中国家一级重点保护动物金鹏5只，国家二级重点保护动物草原鹛7只、鹛鸮11只、大鵟12只、普通鵟5只、秃鹫1只。经河南省野生动物救护中心精心治疗救治，分别于11月25日、12月20日将体力恢复良好适应放生的30只在石人山国家级自然保护区进行放生。

建立河南平顶山白龟山湿地省级自然保护区 11月20日，河南省政府批准建立河南平顶山白龟山湿地省级自然保护区。该保护区地处淮河流域沙河上游，位于暖温带南部，由库区河汊、河滩湿地组成，其自然生态系统在淮河流域上游地区具有一定的典型性和代表性。保护区处于鸟类南北迁徙路线上，区内生物物种丰富，动物（鸟类）分布集中。

商丘市

一、概述

2007年，商丘市林业部门认真学习贯彻十七大精神和市三次党代会精神，以开展“讲正气、树新风”主题教育活动，创建学习型机关为动力，以林业生态县建设为载体，全面落实科学发展观，大力开展植树造林、建设生态商丘活动，进一步推动了林业生态建设和林业产业化发展。

（一）造林绿化

积极组织实施平原绿化、防沙治沙、通道建设、日元贷款商丘造林项目等重点林业生态工程。完成重点工程造林4.5万亩，新建完善农田林网、间作106万亩，沟河路渠绿化1 000公里，建设绿色通道示范段90公里。一是市林业局及有关县（市）区林业局分别成立了日元贷款造林项目管理办公室，明确专人负责，对项目的规划设计、施工、资金使用情况和工程验收工作全程监督，并实行目标责任管理，落实“一把手”负责制，为完成日元贷款造林工程奠定了良好的基础。2007年商丘市利用日元贷款造林4.2万亩。二是积极实施防沙治沙、平原绿化项目建设工程，重点在宁陵县、睢阳区、虞城县等县（市）区完成防沙治沙人工造林0.7万亩。三是完成了退耕还林摸底调查工作，全市兑现粮食补助资金1 504.86万元，开展了退耕还林抚育间伐工作。四是积极抓好名优经济林、苗木花卉基地等生态工程，全市完成一般造林3万亩。

（二）森林资源保护管理

认真推行了行政执法责任制，在全市组织开展了林业行政执法和“绿盾二号”、“猎鹰二号”等林业严打专项行动；全市查处各类林业案件1 118余起，查处率95%以上；严格森林资源保护管理，完成森林更新采伐58万立方米；完成了林权制度改革试点和森林资源二类调查工作。

（三）全民义务植树

认真贯彻落实《河南省义务植树条例》，开展了形式多样的义务植树活动。一是市委、市人大、市政府、市政协四大家领导、市绿委成员和驻商官兵以及市直机关干部约300余人，植树节当天，在市奥林匹克体育中心参加了春季义务植树活动，栽植了“迎奥纪念林”，共植中华红叶杨等各类绿化苗木2 500余株。二是利用《京九晚报》向全市发出倡议，营造“和谐纪念林”，在宋城公园组织了由100多名《京九晚报》小记者和热心市民参加的义务植树活动，共植树1 000余株。三是各县（市）区主要领导也纷纷带头，参加义务植树，带头履行植树义务。四是积极营造义务植树基地。永城、夏邑、柘城分别营造了新农村建设纪念林，民权、睢县营造了现代林业建设纪念林，宁陵营造了林业生态县建设纪念林，虞城、梁园区、睢阳区营造了迎奥运纪念林。全市建立义务植树基地20个，面积达2 250亩。五是认真落实领导领办绿化点制度。全市各级领导共领办绿化点50处，造林6 381亩。六是各级林业部门对义务植树活动加强了指导，组织建立了义务植树登记卡，对适龄公民义务植树情况进行了造册登记，尽责率达90%，有力推动了义务植树工作的深入开展。

（四）森林公安、护林防火工作

一是以开展林业行政执法及林业严打专项治理行动为契机，以查办涉林违法案件为中心，狠抓森林公安基础设施和执法队伍建设，组织开展公安干警和执法人员教育培训，提高了全市森林公安的整体素质和执法办案水平。二是以森林公安“三基”工程建设为核心，开展了标准化森林公安派出所、治安防控体系、一区一警警务区建设，森林公安警务保障和快速反应能力有了一定程度提高。全市共有森林公安派出所7个，目前已达到二级所标准的2个、三级所标准的5个。三是刘口木材检查站以“文明执法，热情服务”，强化基础建设为目标，努力打造商丘市林业行政执法的文明窗口，目前该站已跃入全国木材检查站先进行列。四是突出抓好集体林权开展试点制度改革和森林资源二类调查等阶段性工作，对集体林权开展试点改革，明确权属，核发林权证；通过森林资源二类调查，进一步摸清了商丘市森林资源状况，为商丘市林业科学发展和利用资源招商引资提供了决策依据。五是对当前突出的乱砍滥伐林木、乱捕滥猎野生动物、违法经营运输木材、非法征占用林地等行为进行了严厉打击，取得了明显成效。六是实行森林防火目标责任制，继续落实行政领导负责制。针对2007年“三夏”期间农村焚烧麦秆、麦茬毁树现象较2006年有所增加的趋势，专门抽调骨干人员组成督察组，采取一周一汇报制度，对各县（市）区护林防火工作开展情况强力督察，减轻了焚林毁树现象。

（五）全市林业执法和治理整顿集中统一行动初见成效

针对全市存在的非法侵占林地、经营野生动物、砍伐运输木材现象突出等问题，市林业局组织在全市开展了林业执法和治理整顿活动，取得了明显成效。各级林业部门统一思想，进一步提高了对开展林业执法和治理整顿活动重要性的认识，切实增强了保护森林资源的责任感和紧迫感，加大了工作力度。全市林业部门共出动人员922人次，出动警力423人次，出动警车278辆次，清理木材加工经营场所100家，清查国有林场2个，排查案件线索114条，查处各类林业案件143起，打击处理不法分子180余人。在市公安局、市纠风办、市工商局等有关单位的大力支持下，对市内一些非法经营野生动物的场所进行了集中整顿。共查处非法经营野生动物饭店、宾馆8个，鸟类专业市场1个，收缴重点保护野生动物500余头（只）。

（六）有害生物防治

加强了对林业有害生物预测预报。组织各县（市）区森林病虫害防治部门和各测报点，对2007年危害商丘市杨树、泡桐、经济林等主要树种的林木病虫开展虫情调查和测报，及时向全市公布了林业有害生物发生发展趋势和危害范围，为科学防治提供了依据。测报准确率达99%以上。根据

2007年商丘市杨树病虫害发生较重的预报，市森林病虫害防治与检疫站及时应对，及早动手编制了杨树食叶害虫、蛀干害虫、杨树叶部病害、干部病害以及草履蚧防治预案，组织开展了集中统一防治行动。针对杨树溃疡病呈中度发生的趋势，全市筹资600余万元，集中力量开展了飞机防治和综合防治，收到了较好的效果，林业有害生物成灾率控制在了1.66‰。同时还对虫情测报基础数据实行计算机管理，建成国家级标准林防站1个，省级标准站6个，国家级测报点2个，实现了林木病虫害测报、防治、检疫网络化，监测覆盖率达85%以上，森防体系建设得到进一步加强。

（七）林业育苗和林业科技推广

一是以国有场圃为龙头，在各县（市）区以培养育苗大户、育苗专业村、育苗基地为重点，积极组建育苗大户经营联合体，进一步发挥示范、带动、辐射作用，扩大育苗规模，充分调动了农民育苗的积极性。二是大力引进推广速生丰产林、名优经济林、绿化苗木以及花卉新品种、新技术，努力提高林木良种使用率、科技成果转化率。三是以中红杨、2025杨等树种为重点，大力发展基地育苗，进一步推进林业育苗由零星向集约化、规模化、基地化方向发展。四是进一步加强林业高效示范园建设。以引进、推广、示范、辐射为载体，动员各县（市）区、重点乡（镇）积极开展林业高效示范园建设，按照发挥优势、突出特色、提高效益的要求，采取承包、租赁、入股等多种形式，扩大示范园建设规模，确保建设一个示范园，树一个形象，发展一项产业，带动一方农民致富。共引进推广林业新品种8个、新技术5项，制定地方林业标准1项，调查优良乡土树种3个，建立完善林业科技示范园9个，建成林木良种资源收集区0.36万亩，收集优良树种和乡土树种20余个；林业科技成果转化率46%、林木良种使用率68%、林业科技贡献率49%。

（八）林业产业化建设

市林业局党组多次召开会议，就如何加快全市林业产业发展进行专题研讨和调研，理清了今后一个时期的工作思路和发展重点。一是组织制定了《全市林业产业发展规划》，明确了目标任务和工作措施。二是在全市范围内开展了林产品加工企业普查登记工作，掌握了全市木材企业深加工能力和生产状况以及存在问题，为今后继续加大林业产业化工作力度提供了科学依据。三是在各县（市）区继续开展了林产品加工企业园区和林产品市场体系建设，全市新增木材加工企业20余家，技术改造中、小企业60余家，全市林产品交易点已发展到150余个。四是继续抓好全市速生丰产林、名优经济林、苗木花卉基地建设，为大力发展木材加工业提供了充足的原材料。完成了对全市大、中型木材加工企业的清查工作。清查结果：现有大、中型木材加工企业1 193家，年加工木材能力达65万立方米；全市林业产值实现40.14亿元。

（九）招商引资

认真贯彻落实省、市关于加快黄淮四市发展的重要部署，专门成立了招商引资工作领导组，加强目标责任管理，对林业项目进行了重新筛选整合，建立了项目库，不断加大招商引资力度。全年共落实项目17个，引进资金3 038万元。一是专门召开党组会研究制定招商引资方案。局党组成员带领有关科、室、站负责同志赴京、赴郑衔接项目，争取国家林业局和省林业厅支持。二是抢抓机遇，积极与来商丘参观考察的外商接洽，充分利用商丘市的林业资源、区位、交通和政策优势，广泛开展招商引资活动。三是积极为外商投资企业创造宽松的发展环境。市林业局协调各县（市）区林业局加大了对森林资源的保护和木材运输管理工作力度，想方设法减少商丘市林木资源外流，为企业发展提供充足原材料；对部分企业实行减免征收林业金费，减轻企业负担，降低生产成本，提高企业市场竞争力。

（十）编制完成了《商丘林业生态市建设规划》

根据省委、省政府统一部署，采取加强领导、强化指导、明确责任、科学规划等措施，历时两个多月，全面完成了《商丘林业生态市建设规划》编制工作。全面落实科学发展观，以规划建设林业生态市为目标，坚持自下而上、实事求是、全面准确的原则，在广泛征求意见、充分论证的基础上，科学规划、高标准设计，力求符合市情，贴近民生，充分体现人与自然和谐，确保了规划科学合理、可操作性强。规划要求：经过5年（2008~2012年）的奋斗，巩固和完善高效益的农业生产生态防护体系，基本建成城乡宜居的森林生态环境体系，初步建成持续稳定的国土生态安全体系，使全市的生态环境显著改善，经济社会发展的生态承载能力明显提高。全市林业生态建设总规模223.51万亩，其中新造林78.58万亩，完善提高18.08万亩，更新造林33.03万亩，低质低效林改造32.71万亩，中幼龄林抚育61.11万亩，林木绿化率提高4.8个百分点，达到33%以上，林业年产值达到59.59亿元，林业资源综合效益价值达到311.72亿元。所有县（市、区）建成林业生态县，商丘市建成林业生态市。

（十一）国有林场改革

商丘市国有林场改革取得了明显成效，全市国有林场经营面积12.686 3万亩，林木蓄积量28.5万立方米，年增长量3万立方米，果品产量1 200万公斤，年出圃苗木1 650万株，直接经济效益达5 100万元，实现了经济、生态和社会效益的统一。

（十二）林下经济

在巩固造林成果，确保退耕还林生态效益的前提下，积极发展林下经济，大力推广林下种植、养殖、林产品加工和森林旅游，最大限度地发挥林业的经济效能，增加了农民收入，为加快新农村建设探索出了一条新路子。目前，全市已发展林下种植、养殖面积3.5万亩，平均每亩经济效益达5 000元以上。以虞城县、宁陵县、梁园区、睢阳区退耕还林项目区为重点，结合新农村建设，鼓励引导林农发展林下种植、养殖。大力引进适宜林下发展的种植、养殖新品种，先后引进推广了中药材、蔬菜、食用菌、苗木花卉、家禽、牲畜等6大类50余个种、养殖新品种、新技术。采取举办林下种、养殖培训班，送科技下乡，发放技术资料，提供技术服务、信息等形式，加强了对发展林下经济的技术支持。指导成立林下经济发展农民自助合作社和大户经营联合体，先后与北京、上海、山东等地客商联姻，采取“公司+经营大户”的发展模式，逐步扩大种、养殖规模，培育种植、养殖基地，提高规模效益。

（十三）完成平原林业功效调查任务

全市各级林业部门采取加强领导、集中行动、高标准严要求等措施，以面上调查与典型调查相结合，资料调查与补充调查相结合，生产调查与研究成果调查相结合等多种形式，组织力量，克服困难，重点对商丘市村屯绿化、农田防护林建设、绿色通道建设和林业产业基本情况和功效开展了全面调查。共抽调技术人员100余人，开展各种调查500余次，完成制表170余份。据调查显示，商丘市活立木蓄积量18 444 796立方米，木材年产量891 989立方米，果品产量956 339吨。平原林业在改善农村生态环境，促进社会主义新农村建设方面发挥了重要作用。

(十四)森林公安“三基”工程建设

全市森林公安机关以打击涉林违法犯罪为重点，大力开展以“三基”工程为主的基础设施建设，促进了森林公安接出警快速反应能力的提高。全市已建成森林公安分局7个、森林警察大队1个、基层森林公安派出所7个，其中达到国家二级派出所标准的2个、三级派出所标准的5个；已有9个分局、派出所接入公安信息网和公安专线电话，建立了林业110快速反应机制。2007年上半年，全市森林公安机关共立案查处林业行政、治安、刑事案件459起，打击处理涉林违法犯罪人员476人，收缴野生动物3万余只。

二、纪实

召开全市春季植树造林现场会 3月7日，商丘市委、市政府在柘城县召开了全市春季造林绿化工作现场会。会议传达了全省植树造林现场会会议精神，总结了2006年造林绿化工作，表彰了全市林业工作先进单位，市政府与各县（市）区政府签订了2007年林业目标责任书；市政府副市长李思杰安排部署了2007年全市林业工作；市委副书记李新增作了重要讲话，对做好2007年林业工作提出了明确要求。

河南省人民政府参事莅临商丘市调研国有林场改革情况 6月19日，河南省人民政府参事赵体顺一行6人莅临商丘市调研国有林场改革情况。在19日下午召开的国有林场改革情况汇报会上，听取了商丘市林业局关于加快国有林场改革情况的报告，提出了发展意见。

采用S-300C型直升机防治杨树病虫害 7月9~15日，商丘市林业局组织市、县森林病虫害防治与检疫站采用美国S-300C型直升机对全市10万亩杨树病虫害开展集中统一防治。对310国道、105国道两侧林带、虞城县退耕还林项目区、夏邑县农田林网等杨树病虫害发生较重区域，低空喷洒40%百菌清乳剂10吨，有效控制了杨树病虫害的进一步发生蔓延。

睢县森林公安机关打掉一收购、贩卖青蛙窝点 7月24日，睢县森林公安机关接到群众举报，打掉一个多次收购、贩卖青蛙的窝点。共查缴青蛙活体127公斤、青蛙腿40公斤（死体）及收购青蛙的记账本一个。经过对犯罪嫌疑人樊文举记账本的检查：共记录收购青蛙22天，青蛙活体2 152.5公斤。

梁园区退耕还林幼树遭受龙卷风袭击 7月26日夜，梁园区张阁镇、水池铺乡遭受龙卷风灾害性天气。据统计，共有1 100亩2003年营造的退耕还林幼树遭遇不同程度损害。其中有270亩幼树风倒木在70%以上，600余亩风倒木在30%以上，约20 000余株幼树被刮倒折断，给该区退耕还林农户带来直接经济损失160多万元。

市财政局、审计局、林业局召开日元贷款造林项目审计工作联席会 8月29日，市财政局、审计局、林业局联合组织召开了由民权县、睢县、夏邑县和梁园区财政局、林业局主管副局长以及财务人员参加的日元贷款造林项目审计工作联席会议。会议要求：各有关县（区）要成立机构，落实人员，配备必要办公用具，保证档案资料管理规范。要尽快设立配套资金管理专户，以保证配套资金及时拨付到户，对不按要求落实配套资金的要向市审计局写出书面报告。要尽快确定转贷方式，签订转贷协议，保证资金使用的安全性、合理性。

宁陵县举办首届梨果节 8月31日，宁陵县举办了以“金秋梨乡、魅力宁陵”为主题的首届中国·宁陵梨果节。“以梨为媒、以梨会友”，举行了商贸洽谈、万名群众骑车畅游梨园、聚焦梨园摄影大赛和梨王争霸暨吃梨大赛等活动。共有来自国内外的近万名商人、游客参加了这次盛会。

省政府督导组莅商督导林业生态建设规划编制工作 9月5日，省政府督导组一行3人在省林业厅副巡视员谢晓涛率领下莅商督导林业生态省建设规划编制工作。市政府组织召开了商丘市林业生态省建设规划编制工作汇报会。副市长李思杰代表市政府向督导组汇报了商丘市林业生态省建设规划编制工作组织实施情况，市林业局局长李瑞华汇报了当前商丘市林业生态省建设规划编制工作进展情况及存在的问题。省政府督导组组长、省林业厅副巡视员谢晓涛对商丘的做法和规划编制工作进展情况非常满意，给予充分肯定。

国家林业局调研组莅商调研平原林业功效 10月17~24日，国家林业局调研组一行7人在北京林业大学党委书记、博士生导师吴斌带领下莅临商丘市调研平原林业功效。国家林业局调研组将利用8天时间，采取抽样、对比、综合分析等办法，重点深入睢阳区就平原林业在加快生态、林业产业化建设、提高农业综合生产能力和促进县域经济发展等方面的重要作用和成效开展调查。

“猎鹰二号”专项行动取得明显成效 11月20日，组织开展了以严厉打击破坏野生动物资源违法犯罪行为为主的“猎鹰二号”专项行动，在沿黄河故道野生动物栖息地、主要鸟类迁徙通道、车站、集贸市场、宾馆饭店等非法经营运输野生动物较为集中的地方进行了摸底排查和重点打击。全市共清查野生动物经营场所101个，查处非法经营野生动物案件52起，收缴野生动物1 100头(只)，打击处理违法人员85人。

金顶谢花酥梨、中红杨荣获国家金奖 11月23日，在中国国际林业产业博览会上，商丘市参展的金顶谢花酥梨、中红杨以其卓越的品质和优秀的性状表现被大会组委会评为2007中国国际林业产业博览会金奖，并颁发了证书和奖杯。

市政府召开常务会议专题研究林业生态市建设工作 12月27日，市政府召开常务会议就林业生态市建设工作进行了专题研究。听取了市林业局关于《商丘市林业生态建设规划》编制和下一步规划实施情况的汇报，讨论通过了《商丘市林业生态建设规划》和2008年实施方案。

周口市

一、概述

2007年，周口市林业局以邓小平理论和“三个代表”重要思想为指导，坚持科学发展观，认真贯彻落实《中共中央国务院关于加快林业发展的决定》，精心组织、狠抓落实，全力推进林业生态体系、林业产业体系、生态文化体系和林业支撑保障体系建设，较好地完成了上级下达的目标任务，促进了全市经济社会又好又快发展。全市共完成植树造林3 028万株。完成国家和省下达的各项林业建设工程和成片造林15.3万亩；新建和完善农田林网100.8万亩，其中新建22.1万亩，完善78.7万亩；完成通道绿化860公里；新发展经济林5.2万亩；完成林业育苗3.5万亩。

（一）林业生态体系建设

一是完善提高农田防护林体系。在植树造林过程中，把农田林网的完善和新建作为工作重点，对县与县、乡与乡接合部林网建设薄弱区域实行统一规划、全面推进、重点突破、一次成网。各县市区也重点加大了农田林网的完善补植和大坡大洼林网空当新建力度。对网烂、断带的林网进行补植，全面完成了农田林网的新建和完善任务。二是加大绿色通道建设力度。主要对高速公路及省道213线、省道207线，部分新修扩建的县乡公路，西华县境内的沙颍河，郸城县境内的黑河、清水河，项城市境内的泥河和汾河进行了绿化。西华县按照国道、省道一路两沟6行树，河道每侧6行树的原则坚持高标准规划、高标准栽植，全县境内国道、省道绿化率达100%，14条骨干河道绿化率达95%以上。项城市切实加大通道绿化建设力度，通道和通道出口绿化率达95%以上。三是科学实施工程项目造林。2007年，国家和省共下达给周口市林业工程项目造林和成片造林任务15万亩。项目造林涉及到的县（市、区）坚持把工程项目造林与农田林网、通道绿化、经济林和速生丰产林基地建设结合起来，严格按照造林作业设计书要求，高标准、高质量完成了造林任务。四是编制林业生态市规划。根据省林业厅要求，积极开展了林业生态市规划编制工作。市委、市政府成立了领导小组，林业部门也相继成立了领导小组和工作班子。经过近两个月的不懈努力，完成了《周口市林业生态建设规划》（2008~2012年）。规划明确了全市林业生态市建设布局，即：“一区（平原农区）、两点（城市和村镇）、一网络（生态廊道网络）”，以此构成点线面相结合的综合林业生态体系。

五是深入开展全民义务植树活动。2007年，组织开展了形式多样的宣传活动，动员广大群众自觉参与全民义务植树运动，掀起全社会办林业、全民搞绿化的热潮。全民义务植树呈现三个特点：第一，规模更大。2007年，全市义务植树1 980万株。第二，质量更高。注重科学规划，加强科技推广，强化经营管护，认真检查监督，造林成活率达到90%以上。第三，尽责形式多样化。适龄公民以直接参与植树、缴纳绿化费或以认领认养树木绿地等形式履行法定植树义务，全民义务植树尽责率达85%以上。六是扎实推进生态植物园建设。基本完成了生态植物园一期工程各项基础设施建设。建设内容主要包括景观大道，一、二级观光游览道路，湖底清淤，观光码头，桥、亭、阁等，完成园内植树达100万株，品种近80个。一期工程已完成投资2 500万元。七是扎实开展集体林改试点工作。市林业局采取多项措施，扎实推进集体林权制度改革试点工作。成立了领导小组，具体负责全市集体林权制度改革的组织协调工作。印发了《周口市集体林权制度改革试点方案》。全市共抽调62名技术人员，组成20个工作组对林木产权进行调查摸底，对调查结果及时张榜公示，并征求群众意见。相继召开了林权制度改革动员会、座谈会，印发林改政策宣传资料千余份。市级3个乡、县级10个行政村的林改试点工作基本完成，共发放林权证500余份。

（二）林业产业体系建设

一是大力发展林产品加工业。2007年，重点加大了对骨干龙头板材加工企业的信贷、政策扶持力度，充分发挥龙头企业优势，延伸产业链条，扩张规模，辐射带动，加快林业产业的发展。到2007年底，全市规模以上林产品加工企业达到180家，林产品加工业产值达到31亿元。二是大力发展名优经济林。在发展过程中，采取示范带动、以点带面的办法，突出发展名特优新。2007年，全市发展名优经济林5.2万亩。主要经济林树种有苹果、桃、柿、梨、杏、李子、大枣、花椒、胡桑等20余种。三是切实抓好林业育苗。坚持以市场为导向，调整育苗树种结构，注重经济林、用材林、景观绿化树种、珍稀树种和优良乡土树种相结合，不断提高种苗科技含量，提高林木种苗的良种化和标准化程度。认真贯彻落实《中华人民共和国种子法》，加快建立林木种苗科学管理体系，逐步实现苗木生产的多样化、良种化、规模化和集约化，全面提高苗木生产的质量效益和规范化经营水平。充分发挥县、乡苗圃和育苗专业村、专业户的骨干作用，适应造林绿化和市场需求，有计划、有目的地落实育苗面积。四是非公有制林业发展势头强劲。各县（市、区）积极探索、创新营造林机制，采取拍卖林地使用权或以租赁、承包、股份制经营等形式，落实“谁造谁有，合造共有”的林业发展政策，鼓励各类社会主体投资参与造林绿化，有力推动了全市林业建设进程。截至2007年，全市500亩以上的非公有制造林大户发展到420户，总经营面积超过60万亩。

（三）林业支撑保障体系建设

一是加强林业执法体系建设。2007年，全市森林公安机关认真贯彻省森林公安局工作部署，狠抓队伍建设，严格执行“五条禁令”，开展“三考”（基本法律知识考试、执法办案卷宗考评、信访工作考察）活动，“执法办案是硬道理”大讨论活动，执法质量检查活动和“三基”（抓基层、打基础、苦练基本功）工程建设活动，严格落实“三个必训”（岗前必训、晋升必训、一线民警必训）制度，建立了森林公安民警大练兵长效机制，切实提高了全体森林公安民警的法律素质和执法水平。全年1人荣立二等功，1个单位荣立集体二等功。加强基层基础设施建设。全市12个森林公安分局

（派出所）全部接入公安信息网。沈丘县、川汇区森林公安分局开通了公安专线电话。基层派出所在等级评定中全部通过省局验收，其中2个所被评定为二级。开展林业严打专项行动，切实保护全市林业资源。相继组织开展了“绿盾二号”行动、林业执法和治理整顿专项行动、“猎鹰二号”行动等专项行动。全年共查处林业案件689起，其中刑事案件65起，行政案件624起，刑拘59人，逮捕25人，打掉盗伐林木团伙10个。切实加强麦收期间秸秆禁烧和护林防火工作。2007年，全市未发生一起因焚烧秸秆损毁林木的重大事故。资源林政管理部门切实抓好林木采伐、木材运输和销售管理。2007年，全市林政管理部门共办理审批采伐林木12万立方米，凭证采伐率达93%以上。全市木材经营加工户达到2 011户，凭证经营率达95%以上。积极开展打击破坏森林资源的违法行为。全市共查处各类林业行政案件656起，其中盗伐林木案13起，滥伐林木案331起，毁坏林木苗木案37起，违法运输木材案164起，非法收购、经营木材案35起，乱捕、滥猎野生动物案件16起，非法收购运输野生动物案件56起，违法占用林地案3起，其他涉林案件1起，结案率达到98%以上。4~11月，开展了森林资源二类调查工作。

二是做好林业有害生物防治工作。2007年，市县两级林业部门按照《中华人民共和国森林病虫害防治条例》的要求，积极组织群众开展防治工作，全市共组建防治专业队70余个，投入防治器械200余部，印发防治技术资料3.7万份，投入防治资金235.6万元。2007年全市林木病虫害发生面积20.7万亩，发生率7.65%，以杨树食叶害虫、草履蚧和蛀干害虫为主。全市林木病虫害无公害防治率达到74.3%，未发生大面积林木病虫害。

三是加强野生动植物保护和疫源疫病监测工作。2007年，共救助国家二级以上野生动物18只，省重点保护有益动物50余只。建立健全了野生动物疫源疫病监测体系，建省级监测站1个、市级监测站2个、县级监测站10个，全市野生动物疫源疫病监测点达到182个。

四是积极开展科技兴林。2007年，共完成林业科技创新项目5项，其中一等奖2项，二等奖3项。全市共推广林业新技术16项，推广新品种20个。新建林业科技示范基地26个，建林业科技示范村20个。积极参与了科技服务三农活动。

二、纪实

史根治副市长到市林业局看望干部职工　1月11日，副市长史根治来到市林业局看望干部职工。史根治对近几年林业建设取得的显著成绩表示肯定，勉励林业干部职工要继续发扬艰苦创业、争创一流的工作作风，认真落实市二次党代会精神，推动林业工作再上新台阶。

召开全市林业工作暨春季植树造林动员会　3月8日，全市林业工作暨春季植树造林动员会在迎宾馆召开。市委副书记余学友要求各级政府各有关部门，切实抓好平原绿化、绿色通道、防沙治沙等林业生态工程建设；发挥林业资源优势，大力发展林业产业；引导发展种苗花卉产业，优化林业产业结构，培育林业新的经济增长点；切实保护和管理好现有林木资源；重点抓好国家重点林业工程项目建设和义务植树工作，进一步提高全民的绿化意识。史根治副市长要求各级各有关部门要抓住时机，迅速掀起春季植树造林高潮。

市领导参加义务植树活动　3月9日，市领导毛超峰、徐光、李洪民、石克生、周树群、申山、梅宝菊、武建新、白明宽、张宁萍、史根治、高扬先、朱桂英等来到市植物园，与市直机关干部群众一起参加义务植树活动。

淮阳县开展植树一日捐活动　3月，淮阳县四大班子和县乡主要领导带头为义务植树捐款，全县在职人员开展植树一日捐活动，共捐款50多万元。

开展森林资源二类调查工作　4月至11月，按照省林业厅统一部署，周口市林业局利用卫星图片等先进技术对全市所有森林资源开展了外业调查。这次二类调查是新中国成立以来全市第一次大范围对森林资源的全面普查，任务量最大、调查面积最广。共抽调外业调查人员400多人，成立调查小组120个。调查工作到11月结束。

市林业局开展主题教育活动　4~6月，根据市委主题教育活动领导小组部署，市林业局开展了“讲正气、树新风、促发展”主题教育活动。通过广泛动员，深入开展理论学习，领导带头，深入查摆自身问题，开展谈心，召开民主生活会，边查边改，切实转变工作作风，主题教育活动取得了较好成效。

市林业局召开林权改革座谈会　5月25日，市林业局召开林改座谈会。会议指出，一要全面贯彻省林业厅林改总体部署，尽快完善市《集体林权制度改革实施方案》；二要扎扎实实搞好试点，保证6月底完成试点任务；三要强化工作督察，确保林改质量；四要加大纠纷调处力度，确保农村社会稳定。

国家林业局局长贾治邦来周口调研　9月24日，国家林业局局长贾治邦、副局长李育材带领国家林业局有关司局负责人来周口市调研平原绿化。省长助理孙泉砀，省林业厅厅长王照平、副厅长张胜炎，市委书记毛超峰、市长徐光、市委副书记余学友、副市长史根治等陪同调研。

召开全市2007年冬2008年春植树造林动员大会　11月10日，全市冬春植树造林动员大会召开。市长徐光指出要强化“五个保障”抓好植树造林：一是组织保障；二是机制保障；三是督察保障；四是宣传保障；五是作风保障。

召开全市林业生态市建设电视电话会议　11月27日，市委、市政府召开林业生态市建设电视电话会议，贯彻落实全省林业生态省建设电视电话会议精神，安排部署林业生态市建设工作。市委书记毛超峰要求各级党委、政府和有关部门，要站在贯彻落实科学发展观、构建社会主义和谐社会、建设生态文明的高度，充分认识建设林业生态市的重要意义，切实抓住加快林业发展的新机遇，把林业作为支柱产业来培育壮大，使其成为周口市农业大市向农业强市转变的重要支撑。要把林业生态市建设摆上重要议事日程，落实行政首长负责制，完善目标责任制，把目标任务层层分解，落实到单位和个人，确保责任到位、措施到位、工作到位。要采取得力措施，狠抓工作落实，狠抓造林质量，狠抓工作督察，了解掌握具体情况，指导解决实际问题，推动冬季造林和林业生态市建设全面开展。

西华县被命名为“全国绿化小康县”　11月，中宣部、全国绿化委员会、中央文明办、国家林业局对全国绿化小康县进行命名表彰，西华县位列其中。

驻马店市

一、概述

一年来，驻马店市的林业工作在省林业厅的指导和支持下，在驻马店市委、市政府的正确领导下，认真贯彻落实全省林业局长会议和全市林业工作会议精神，紧紧围绕林业生态体系、林业产业体系和生态文化体系建设，狠抓植树造林，强化资源管理，规范行政行为，转变工作作风，全面完成了省林业厅和市政府下达的目标任务。

（一）植树造林

一年来驻马店市林业工作按照市委、市政府确立的“规模要更大、速度要更快、质量要更好”的林业工作方针，以林业生态县建设为载体，主攻通道绿化、完善农田林网、狠抓项目建设、全面开展义务植树活动，务实重干，开拓进取，整个林业工作实现了新的突破，成绩显著。全市完成成片造林18.037万亩（其中：淮防林2.125万亩，一般造林4.018万亩，外资造林中的封山育林3万亩，外资人工造林8.894万亩），新建、完善“村村通”以上通道绿化1 265公里，新建和完善农田林网153万亩，完成林业育苗2.332万亩，中幼林抚育5万亩，“四旁”植树2 187万株，义务植树1 409万株，人工造林精品率达到52%，比首定目标多出12个百分点。组织精干力量，在二类资源清查的基础上，按照《河南林业生态省建设规划》大纲，科学编制了全市林业生态市建设规划，提出了今后5年林业建设的指导思想、目标任务、总体布局、建设重点及保障措施。

（二）资源林政管理

一是大力宣传森林法及有关法律法规，使全民法制观念和资源环境保护意识不断增强。二是加大执法力度，规范行政行为，集中力量开展专项整治活动，进一步强化了森林资源保护管理工作。三是严格执行林木凭证采伐、凭证运输、凭证经营加工制度，加强林地管理，规范林业行政审批，林木凭证采伐率和发证合格率均达到92%以上，征占用林地审核率达到95%以上。四是深化林业产权制度改革，稳定落实林业政策，搞好确权发证工作，全部完成2006年度退耕还林林权登记发证任务，其他工程造林林权证发放率达到82%。林政案件查结率达到90%以上。五是积极推进林权制度改革工作。全省集体林权制度改革试点经验交流会召开后，立即对集体林权制度改革工作进行了安排部署，开展集体林有关情况的调查工作，制订集体林权制度改革试点工作方案，集体林权制度改革工作正在稳步推进。六是认真开展二类森林资源清查工作，在省林业调查规划院专家的指导下，全面开展了二类资源清查工作，经过半年多的努力，全面完成了二类资源清查任务，为林业规划、领导决策奠定了基础。

（三）依法治林

森林公安机关依法严厉打击各种破坏森林资源的违法犯罪活动。全年，森林公安机关共查处林业案件1 147起，其中刑事案件82起，治安案件41起，行政案件1 024起，打掉犯罪团伙6个，破获3起重特大毁林案件，抓获犯罪嫌疑人69人，其中刑事拘留67人，提请逮捕65人，批准逮捕57人，移送审查起诉25人，治安拘留38人，行政处罚1 162人，清理非法占用林地14处，非法经营木材加工点75个，收缴木材176立方米。

（四）森林病虫害和森林防火工作

全市林业有害生物防治工作和森林防火工作成效显著。一年来共发生各类林业有害生物437 750亩，其中病害53 350亩，虫害384 400亩，成灾面积3 000亩，成灾率1‰，低于省林业厅7‰的目标。全年未发生重特大森林火灾事故，森林火灾受害率为0.05‰，远低于1‰的省控制指标。

（五）林业产业

一是林业产业发展迅猛，在着力抓好林业生态建设的同时，加快林业产业发展，努力构建完备的林业生态体系和发达的林业产业体系。2007年，全市有林板企业200多家，共实现林业产业总产值42.98亿元，比2006年增长231%，其中第一、二、三产业产值分别为22.38亿元、18.45亿元、2.15亿元。二是森林生态效益补偿工作取得新进展，全市共区划界定国家重点公益林84.742万亩，涉及泌阳县、汝南县、上蔡县和国有薄山林场、板桥林场，其中38.81万亩已落实中央财政实施的生态效益补偿；完成界定省级公益林72.5万亩，涉及泌阳、确山、遂平三县和国有板桥林场，其中26.77万亩已落实省级财政实施的生态效益补偿。2007年落实补偿资金311.5万亩，其中中央财政184.3万亩，省级财政127.2万元。三是争取资金加快项目建设，全市共争取各类林业资金2 945万元，其中外资1 167万元，国债资金266万元，中央财政专项资金690万元，省级财政资金822万元。林业项目造林任务16.019万亩，其中退耕还林5万亩，外资造林8.894万亩，淮防林2.125万亩，全部完成了建设任务。泌阳等7个县正式启动的“日本政府贷款河南造林项目”，配合省林业厅项目办完成了对7个县的培训、总体设计、年度作业设计、施工、自查验收和提款报账等具体工作。

（六）科技兴林

全市共引进使用林木新品种20个，推广应用林业新技术15项，良种使用率达到90%以上。结合全市林业工作实际和工程造林，重点推广了速生杨、刺槐、大枣、楸树、桃、杏李、板栗、石榴、梨等优良品种，山地造林技术，高效农田防护林经营技术，果树无心窖栽培管理技术，低效林改造技术及ABT生根粉，GGR绿色植物生长调节剂等先进技术，建立了“驻马店市林业科技示范园区”1 000亩。园区建成后，每年经济收入达10万元，将解决全市经济林发展中存在的问题，为全市经济林的健康发展提供带动作用。制定“城镇绿化苗木产品等级标准”。积极开展科技宣传周和组织科技人员送科技下乡活动，为农民开展技术服务。

二、纪实

组织开展越冬前后虫情调查 1月至3月，全市组织开展越冬前后虫情调查，发布2007年林业有害生物发生趋势预测。根据预测，2007年全市林业有害生物发生面积47.85万亩，其中病害5.51万亩，虫害42.34万亩。

检查野生动物疫源疫病监测情况 1月9~10日，省野生动物救护中心、省野生动物疫源疫病监测中心、河南省伏牛山太行山国家级自然保护区管理总站副主任、教授级高级工程师刘占朝，省野生动物救护中心救护科科长、主治医师许平安来周口市检查野生动物疫源疫病监测情况，并到汝南宿鸭湖国家级野生动物疫源疫病监测站实地检查监测站设施和日常检测情况。

召开全市冬季植树造林现场会 1月11日，驻马店市政府在上蔡县召开全市冬季植树造林现场会，各县（区）主管副县（区）长参加，武国定副市长出席并讲话。

组织开展打击破坏森林资源违法犯罪集中行动 1月30日，按照驻马店市人民政府关于印发《驻马店市打击破坏森林资源违法犯罪集中行动实施方案》（驻政［2007］11号）的文件精神，在泌阳、确山、驿城区组织开展打击破坏森林资源违法犯罪集中行动。

组织开展文化资源普查和文化强市建设大型调研活动 2月至4月，全市组织开展文化资源普查和文化强市建设大型调研活动。对全市下辖的森林公园、自然保护区、动植物观赏服务业等10个单位开展了系统调研。形成了《驻马店市林业系统关于文化强市建设的实施意见》、《驻马店市森林公园、自然保护区等自然遗产类文化资源建设指标》、《驻马店市森林公园、自然保护区等自然遗产类文化资源保护利用情况调研报告》等文字材料，为推进驻马店市文化强市建设提供了决策参考依据，调研报告被市调研领导小组评为“优秀调研报告二等奖”。

开展送科技下乡活动 2月9号，市林业局组织6名专业技术人员到遂平县和兴乡为“新农村”建设开展送科技下乡活动，发放技术资料500份，制作宣传版面4块，解答群众提出的疑难问题35个。

召开各县（区）林业技术推广站（种苗站）站长会议 3月22日，在驻马店市林业局召开各县（区）林业技术推广站（种苗站）站长会议，会上通报了2006年林业育苗完成情况，安排布置2007年林业育苗工作，并对林木种子生产经营许可证软件系统的操作程序进行了培训。

开展“五个专项治理”工作 3月24日，在全市组织开展以违反“五条禁令”、执法不严格、非执法主体单独执法办案、公路“三乱”收费、利用执法管理权乱收滥罚、违规使用涉案款物等为重点的“五个专项治理”工作。时间从4月1日开始至7月31日结束。

检查造林苗木质量 3月27~31日，市林业技术推广站组织专业技术人员对10个县（区）林业育苗准备情况及造林苗木质量进行了检查。

开展“绿盾二号”行动 4月2日，组织开展以开矿、修路、建厂、采石、挖沙、非法收购、非法运输木材、非法经营、非法烧炭、毁坏新植幼树等为重点的专项行动——“绿盾二号”行动。

省林业厅领导莅临驻马店对林木种苗质量进行抽查 4月6~7日，省林业厅领导莅临驻马店对林木种苗质量进行了抽查，共抽查了汝南、泌阳、上蔡3个县、8个乡（镇）的造林苗木，抽查结果全部合格。

召开全市植树造林观摩会 4月15日，召开各县（区）林业局长参加的全市植树造林观摩会，观摩结果以市政府的名义全市通报。

举办“和谐社会，共享自然——纪念‘爱鸟周’活动在全国开展25周年”宣传教育活动 4月26日，市林业局在山海宾馆举办了主题为“和谐社会，共享自然——纪念‘爱鸟周’活动在全国开展25周年”宣传教育活动。邀请中国音乐家协会会员、中国曲艺家协会会员，团中央、中国少年总社手拉手夏令营校外辅导员，被人们称为“环保博士”、“鸟博士”、“鸟叔叔”的阎福兴为大家专场演奏爱鸟音乐会。演出前，为市政府机关幼儿园举行了救助野生动物捐款仪式。

开展送科技下乡活动 5月20~26日，在科技活动周中，组织全市林业系统制作宣传版面40块，发放科技宣传资料20 000份，科普图书500册，出动林业科技宣传车20辆，深入全市农村开展送科技下乡活动。

开展“对照职能、贴近民生，努力为群众办实事好事”主题实践活动 6月10日，驻马店市林业局森林公安分局在全市开展“对照职能、贴近民生，努力为群众办实事好事”主题实践活动，进一步加强森林公安机关的警风行风建设，促进森林公安工作整体上台阶。

西平森林病虫害防治与检疫信息网开通运行 6月21日，我市首个森林病虫害防治与检疫信息网站——西平森林病虫害防治与检疫信息网（www.xpsfz.com）正式开通运行。

开展森林公安人事管理信息采集工作 8月10日，驻马店市林业局森林公安分局对全市95名正式森林民警、19名待入警人员、27名新进人员进行摸底调研，并对95名正式在编民警，9名在森林公安系统工作、纳入财政预算的工人身份人员进行公安人事管理信息采集。

召开全市林业有害生物防治工作会议 8月17日，驻马店市林业局召开了由各县（区）林业局主管副局长、森林病虫害防治与检疫站站长，国有林场主管副场长、生产科长参加的全市林业有害生物防治工作会议。市林业局主管副局长杜广申主持会议并作了总结讲话。

组织专业技术人员对各县（区）经济林产业发展情况进行调查 8月22日，按照省林业厅的要求，驻马店市林业局组织专业技术人员对各县（区）经济林产业发展情况进行了调查，调查结果是经济林面积62万亩，年产值3亿元。

全市森林公安机关实施网上执法 8月30日，在全市森林公安机关实施网上执法，推进独立办案工作，市森林公安分局、确山县森林公安分局、泌阳县森林公安分局、驿城区森林公安分局、汝南县森林公安分局、上蔡县森林公安分局、遂平县森林公安分局完成了网上执法程序工作。

召开全市森林公安机关案件查办工作会议 9月3日，市森林公安分局在上蔡县召开全市森林公安机关案件查办工作会议，省森林公安局副局长刘宗仁、治安刑侦科科长刘高峰到会并讲话。

省林业厅部分离退休老干部对驻马店市国有林场改革情况进行专题调研 9月12~13日，省林业厅组织部分离退休老干部——原林业厅厅长马新高、省政府参事赵体顺、林业厅造林处原处长孙宝存、林业厅原办公室主任李兆容到驻马店市薄山林场、乐山林场就国有林场改革情况进行专题调研。

开展野生动植物保护宣传月活动 10月7日，市林业局在全市开展野生动植物保护宣传月活动。组织工作人员在人员流动量较大的解放大道设立保护野生动物咨询台，向人们发放保护野生动物倡议书、宣传单，并认真回答群众提出的热点、敏感问题。

开展松材线虫病普查工作 10月7日至11月5日，在全市开展松材线虫病普查工作。外业调查发现，泌阳、确山两县部分松林有松墨天牛分布，但内业鉴定未发现松材线虫病。

省林业厅保护处周建平处长、国家驻武汉专员办公室领导莅临检查指导工作 10月22~23日，省林业厅保护处、国家驻武汉专员办公室有关人员到驻马店市薄山湖国家森林公园检查森林公园资源管理情况。杨保森总工程师、苏平科长陪同。

省林业厅年度目标考核组莅临驻马店市进行年度目标考核 10月22~25日，省林业厅年度目标考核组来驻马店市进行年度目标考核，分别对市林业局、西平、确山、新蔡等县进行了考核。

省林业厅与省安全监察局检查驻马店旅游安全工作 10月28~29日，省林业厅保护处亓建农副处长与省安全监察局2位处长到驻马店市薄山检查森林旅游安全工作。

市政府召开全市冬季植树造林暨绿色通道建设年活动动员会议 11月6日，市政府召开全市冬季植树造林暨绿色通道建设年活动动员会会议，各县（区）委书记或县（区）长、主管副县（区）长参加，市长化有勋出席会议并作了重要讲话。

开展“猎鹰二号”行动 11月20日，市林业局在全市开展以打击破坏野生动物资源为主的专项行动——“猎鹰二号”行动。

为林农朋友开展科技培训 11月24日，市林业局组织专业技术人员到泌阳县马谷田镇为林农朋友开展科技培训，发放资料500余份。

在全市开展退耕还林自查整改工作 12月10日，根据国务院完善退耕还林政策精神的要求，在全市范围内开展退耕还林自查整改工作。

省森林公安局副局长刘宗仁为组长的考评组莅临驻马店对森林公安“三基”工作进行考评 12月18日，以省森林公安局副局长刘宗仁为组长的考评组对驻马店森林公安“三基”工作年综绩效进行考评。

市林业局组织召开2008年林木种苗补助资金申报工作会议 12月28日，市林业局召开了2008年林木种苗补助资金申报工作会议，各县（区）林业局分管副局长、林站站长及国有林场场长参加了会议，市林业技术推广站站长刘国安对申报工作作了具体安排，市林业局副局长宋国恩作了重要讲话。

南阳市

一、概述

2007年，南阳市认真贯彻落实胡锦涛总书记视察南阳时的重要指示和省、市林业工作会议精神，以林业生态建设为重点，突出抓好造林绿化工作，不断加大科技投入，强化森林资源管护，促进了林业产业发展，各项林业工作都取得了显著成绩。2007年，全市完成造林79.38万亩，新建和完善农田林网160万亩，完成林网植树768万株。完成高速公路通道绿化181.58公里，植树101.8万株。新建义务植树基地270个，完成义务植树2 279.7万株。发展速生丰产用材林20.5万亩，发展名优经济林8.3万亩。引进林果新品种30个，推广应用新技术10余项。查处各类涉林案件3 384起，处理违法犯罪分子1 790人，收缴野生动物3.6万余只（头），为国家挽回经济损失687万元。

（一）造林绿化

市委、市政府把林业作为改善生态环境的根本措施来抓，形成了主要领导亲自抓、分管领导具体抓、全市兴林搞绿化的大好工作局面。全市以平原丘陵区造林绿化为重点，继新野县实现平原绿化高级达标后，邓州、唐河、镇平、宛城4个县（市、区）达到平原绿化高级标准，社旗、卧龙二县（区）提前一年实现了平原绿化高级达标。2007年3月，省委、省政府在南阳市召开全省植树造林现场会，推广学习南阳经验。全市完成省下达的工程造林40.061万亩。其中，长江防护林4.05万亩、外资造林21.713万亩、飞播造林4万亩、水土保持林0.09万亩、其他造林10.208万亩。

（二）林业生态县和林改试点

全市各地按照林业生态县建设标准，制定规划，明确任务，逐项抓好落实。南召、内乡两县已顺利通过省林业厅核查验收，有望达到建设标准，其他县（市、区）创建工作也都取得了阶段性成效，完成了年度建设任务。以集体林权制度改革为重点，抓好省、市、县三级试点工作，全市完成了15个行政村林改试点任务，林改面积17.77万亩，涉及农户3 615户，发放林权证1 243份，为全面铺开林改工作积累了经验，奠定了良好的基础。

（三）林业产业

各地突出特色，调整优化布局，加快林业产业发展步伐。一是大力发展林果业。重点发展以

107、108杨树为主的速生丰产用材林，扩大规模，增加效益，形成了以通道、“四旁”、滩涂和库区落差地为主的用材林基地，新发展面积20.5万亩。稳步发展以山茱萸、猕猴桃、辛夷、柿子、板栗、木瓜、油桃为主的经济林，建成了一批干鲜果基地和中药材基地，新发展经济林8.3万亩。二是积极培育林产品加工业。各地依托资源优势，发展壮大林产品加工业，初步形成了以南方木业、镇平腾达、内乡天曼、宛城金品、社旗茂林、东方水木杨、邓州北园、新艺木业为主的木材加工业，以宛西制药、福森药业为主的中药加工业，以南召华龙辛夷、唐河泰瑞栀子为主的林产化工业。全市林产品加工企业达到820多家，年加工木材50万立方米，加工中药材3万余吨。三是快速推进森林旅游业。以8个森林公园和6个自然保护区为依托，改善基础设施，加快景区建设步伐。伏牛大峡谷、太白顶、宝天曼、老界岭、独山等森林旅游景区年接待游客191.4万人次，旅游业收入达到6 319.26万元。

（四）科技兴林

一是继续开展院市科技合作。局领导先后两次到中国林科院进行合作洽谈，组织实施了楸树研究和桂花新品种引种选育和推广应用研究等科技项目。西峡县邀请省林业科学研究院专家编写了《通道绿化规划设计方案》，利用网袋轻基质容器育苗技术，年繁育松柏成品苗木40余万株。二是抓好重点科技项目实施工作。组织实施了国家“948”项目、国家科技推广项目及省、市科研项目。2007年6月，市林业技术推广站承担的国家“948”生物质能源项目和桐柏县承担的省沽油繁育与丰产栽培技术项目、“圆香木瓜”新品种选育项目顺利通过国家和省林业厅组织的验收。三是搞好林业规划编制和行业标准制定工作。组织技术人员先后编制完成了《南阳市城郊生态防护林建设工程项目建议书》、《南阳市地方森林资源和生态状况综合监测体系研究报告》等13个林业工程项目可行性研究报告和规划，制定了《木瓜丰产栽培技术规程》，标准化建设步伐进一步加快。四是引进推广了一批林果新品种和实用新技术。全市引进推广了107、108杨树新品种和艳光油桃、速生楸、蜀桧等30多个林果新品种，地膜覆盖、抗蒸藤剂、ABT生根粉、配方施肥等一批先进实用技术得到推广应用。五是搞好技术指导和培训。以“科技活动周”和“科技三下乡”活动为载体，全市组织800余名林业技术人员，深入生产第一线，开展造林指导、果园管理、苗木培育等技术服务活动。2007年完成科研攻关项目6个，省市林业科研项目4个，制定林业标准文本3个。全市林果新品种、新技术普及应用率达90%以上，重点林业工程项目科技进步贡献率达40%以上。

（五）非公有制林业

各地认真落实“谁造谁有、合造共有”的政策，制定和完善措施，采取拍卖、承包、租赁等形式，吸引社会资金投资林业建设。2007年，全市开展了集体林权制度改革试点工作，放活经营机制，把试点村的林地、林木经营权和收益权全部落实到农户。内乡县优化招商环境，引进拥有“双亿”资产实力的河南天源实业有限公司，买断承包了瓦亭镇温岗村3 120亩林地，签订经营使用权50年，投资2 300万元用于发展生态林、用材林和林下养殖。桐柏县充分利用活立木交易平台，全方位开展交易活动，2007年达成交易协议4万亩，交易额3 300万元。邓州、镇平、新野、唐河、社旗、方城、宛城、卧龙等县（市）区对农田林网、通道、宜林四荒地，采取土地置换、按比例分成、零拍卖或负拍卖等措施，积极开展平原非公有制造林。2007年，全市拍卖、承包农田林网、路林

1.26万公里，80%为非公有制造林，社会投入林业资金达2.15亿元。

（六）资源管护

全市坚持一手抓造林绿化，一手抓资源管护，加大执法力度，有效维护了森林生态安全。一是加强林政资源管理。严格实行限额采伐，坚持凭证采伐、凭证运输、凭证经营加工制度，严把木材源头、流通关，规范了木材采伐运输经营加工行为。市政府下发了《关于进一步加强林木林地管理的通知》，集中开展了征占用林地清理整顿大检查活动，全市审核上报征占用林地25起，面积1 035亩。积极做好全市矿区植被保护与生态恢复工程本底调查工作，全市勘定矿界面积7.48万亩，其中林地5.6万亩。二是加大林业案件查处力度。全市精心组织实施了“绿盾二号”、“猎鹰二号”等林业严打专项整治行动，重点督办大案要案，严厉打击各类破坏森林资源的违法犯罪行为。三是坚持不懈地抓好森林防火工作。各地认真落实森林防火行政首长负责制，严格火源管理和24小时值班制度，高位督察落实，抓好了春节、元旦、清明节、重点风景名胜区等重点时段、重点部位的森林防火工作，没有发生大的灾情。据统计，全市共发生森林火灾116起，其中火警88起，一般森林火灾28起，过火面积5 096.1亩，受害森林面积1 267.5亩。四是搞好林木病虫害防治工作。积极开展主要林木病虫害的预测、预报和防治，扩大飞防面积，抓好检疫工作，严防外来有害生物入侵。全市共发生各类林木病虫害156万亩，防治面积135万亩，检疫木材12.5万立方米，果品、中药材、种子4 424.8吨，各类苗木0.79亿株，做到了有害不成灾。五是加强野生动物保护和自然保护区建设。抓好野生动物疫源疫病监测救护工作，积极布控，严密监测，及时救护。自然保护区建设步伐进一步加快。2007年4月，丹江口水库湿地省级自然保护区晋升为国家级自然保护区；桐柏太白顶、高乐山两个省级自然保护区合并晋升淮河源国家级自然保护区已顺利通过评审。六是圆满完成了森林资源二类调查任务。全市采取“分县组织、全员培训、理论学习与实践操作相结合”，整合资源，借助外力，在较短的时间内按期完成了调查任务。全市共抽调专业技术人员667人，组建外业调查组212个，基本摸清了全市森林资源家底。

二、纪实

桐柏县被纳入首批全省集体林权制度改革试点县　1月6日，桐柏县被纳入首批全省集体林权制度改革试点县，4月30日总结验收，为全省开展集体林权制度改革积累经验。

市政府召开全市林业工作会议　1月19日，市政府召开了由市人大副主任周明军、副市长姚龙其、市政府副秘书长赵玉坤，各县（市、区）主管林业工作的副县（市、区）长、林业局长参加的全市林业工作会议。会上，镇平县、内乡县、桐柏县、方城县分别围绕平原绿化、林业生态县建设、集体林权制度改革和通道绿化作了典型发言，市政府与各县市区政府签订了林业生态县建设、造林绿化和森林防火目标责任书。

举办县乡林业技术岗位培训班　1月21~23日，南阳市举办了由各县（市、区）林业局主管业务和技术工作的副局长、林业站站长和各乡（镇）农业服务中心主管林业工作的负责同志参加的县乡林业技术岗位培训班。

南阳市林业局被授予“全国绿盾行动先进集体”称号　1月，国家林业局召开全国绿盾行动先进集体表彰大会，南阳市林业局由于在2006年11月1日至12月10日开展的全市“绿盾行动”中表现突出，成绩优异，为国家挽回经济损失近百万元，被国家林业局评为“全国绿盾行动先进集体”。

全省植树造林现场会在南阳市召开 3月5~6日，全省植树造林现场会在南阳市召开。会上，学习和推广了南阳市植树造林的经验，安排部署了全省春季造林工作。参加会议的有各省辖市市委、政府分管领导和林业局长，5个扩权县的市（县）委、市（县）政府分管领导和林业局长，省林业厅各相关处室负责同志。省委副书记陈全国、副省长刘新民分别作了重要讲话。省委副秘书长王树山，省政府政研室副主任袁永伟，省林业厅厅长王照平出席会议。南阳市委书记黄兴维致辞，代市长朱广平介绍了南阳市植树造林的经验做法，镇平县委书记赵金文、唐河县造林大户王伟作了典型发言。会议期间，与会人员还实地观摩了方城县农田林网、社旗县造林绿化现场。

千余市民到独山共植“新南阳林” 3月10日，南阳日报社、市绿化委员会、团市委联合举办“新南阳林”认种活动。千余市民在独山森林公园植树400余株，为建设富强美好和谐新南阳挥汗播绿。

召开县（市、区）林业局长会议 3月16日，南阳市召开了县（市、区）林业局长会议，贯彻落实省辖市林业局长会议和全省植树造林现场会议精神，总结2006年全市林业工作目标任务完成情况，安排部署当前全市重点林业工作。

代市长朱广平检查中心城区出入市口和环城绿化工作 3月18日，代市长朱广平、副市长姚龙其、市政府秘书长李东武等带领有关部门负责人，实地察看了中心城区各出入市口和环城绿化情况。

南阳市召开高速公路通道绿化现场观摩会 3月19日，南阳市召开全市高速公路通道绿化现场观摩会，参加会议的有副市长姚龙其、市政府副秘书长刘海林，宛城、卧龙两区区长，方城、桐柏、邓州、新野、唐河、宛城、卧龙等县（市、区）主管林业的副县（市、区）长、林业局局长。与会人员现场观摩了全市高速公路通道绿化工作进展情况。

副市长姚龙其等察看环城绿化工作 3月28日，副市长姚龙其带领市直相关部门负责同志到卧龙区察看环城绿化工作。姚龙其副市长要求，要着力抓好“一环一带四片”的绿化，构筑市区绿色屏障，建设生态宜居南阳。

南阳市成立野生动物疫情监测救护中心 3月，为加强野生动物资源保护，有效地监控和应对野生动物疫源疫病疫情，及时救护受伤、生病、中毒野生动物，南阳市成立了“南阳市野生动物疫情监测救护中心”，主要负责全市野生动物疫源疫病疫情的监测、防控和野生动物的救护工作。

丹江省级湿地自然保护区成功晋升为国家级自然保护区 4月6日，国务院办公厅下发了《关于发布河北塞罕坝等19处新建国家级自然保护区名单的通知》（国办发〔2007〕20号），南阳市丹江省级湿地自然保护区成功晋升为国家级自然保护区。

南阳市中州盆景学会正式挂牌成立 4月12日，南阳市中州盆景学会在南阳府衙正式挂牌成立。河南省林业厅原副厅长、河南省中州盆景学会名誉会长张守印，河南省中州盆景学会会长、河南农大教授陈树国，南阳市委常委、副市长陈光杰，南阳市林业局局长宋运中、党组书记张荣山及市文化局、市民政局等单位的负责同志参加了揭牌仪式。

市林业局召开未成年人生态道德教育暨“爱鸟周”活动总结表彰大会 5月12日，南阳市召开未成年人生态道德教育暨“爱鸟周”活动总结表彰大会；市人大副主任周明军，市政府副市长姚龙其，市政协副主席王清华，省林业厅保护处调研员杨智勇，市政府副秘书长刘海林、市林业局局长宋运中、市教育局局长贺国勤等领导出席大会。市直中小学生代表及县（市、区）教（体）育局负责同志及林业系统的干部职工共1 500人参加了会议。

桐柏县建成全流域规模最大的植物园——淮河源植物园 5月，桐柏县在源头建成了全流域规模最大的淮河源植物园。该植物园建设面积406亩，引种、收集和保存各类植物54科128种，其中国家级重点保护植物11种，省级重点保护植物27种。

南阳市开展“绿盾二号”行动 5月25日至9日17日，南阳市林业局在全市范围内组织林业执法和治理整顿专项行动（代号“绿盾二号”行动）。行动分为摸底排查、自查自纠、集中打击和治理整顿四个阶段，重点查处盗伐、滥伐林木，违法、违规征占用林地等一系列违法行为。

南阳市召开林业执法暨林权制度改革现场会 5月25~26日，南阳市召开了由各县(市、区）林业局主管林政工作的副局长、林政股长和森林公安分局（派出所）长及市林业局相关科室的负责同志参加的林业执法暨林权制度改革现场会，市林业局局长宋运中、副局长张宏宪、纪检组长邹平洲出席会议并作了重要讲话。

南阳市查获20年来最大一起贩运青蛙案 6月1日，南阳市林业执法人员成功查获犯罪分子违法收购和贩运的青蛙194箱共计2 000余公斤。据了解，这是《野生动物保护法》实施近20年来，南阳市林业执法部门查获的最大一起贩运青蛙案件，对打击犯罪分子的嚣张气焰、保护野生动物资源都将产生积极作用。

召开集体林权制度改革试点工作座谈会 6月7日，南阳市召开集体林权制度改革试点工作座谈会。主要任务是通报全省林改试点经验交流会精神和全市林改试点工作开展情况，进一步明确全市集体林权制度改革试点工作。参加会议的有各县（市、区）主管林业工作的副县长、林业局长，主管林改工作的副局长、林业体制改革办公室主任和市林业局相关科室负责同志。市政府副市长姚龙其、市林业局局长宋运中出席会议并作了重要讲话。

省政府参事专题调研南阳市国有林场改革情况 6月12~15日，省政府参事赵体顺、纪好勤、张桂兰、毛景英等一行6人赴南阳对国有林场改革情况进行专题调研。调研的主要内容包括：国有林场的改革情况、国有林场改革的经验、制约国有林场发展的主要问题以及加快国有林场发展的意见和建议，为省政府推进国有林场改革提供决策参考。

市政府召开全市高速公路通道绿化工作会议 8月7日，市政府召开了由相关县（市、区）主管林业工作的副县（市、区）长、林业局长，市交通局、市高速公路指挥部有关领导，6条高速公路管理公司分管绿化的副总经理和高速公路沿线48个乡（镇）的党委书记参加的全市高速公路通道绿化工作会议。副市长姚龙其参加会议并讲话。

市长朱广平两次听取林业生态建设规划编制工作汇报 8月19日、21日，市长朱广平先后两次听取市林业局林业生态建设规划编制工作汇报，并作出重要指示，要求编制林业生态市规划的起点要高，建设的标准要高。要突出地域特色，为建设富强美好和谐南阳提供重要生态支撑。

市政府召开全市林业生态市（生态南阳）建设规划编制工作会议 8月23日，市政府召开了全市林业生态市（生态南阳）建设规划编制工作会议，贯彻落实李成玉省长在省林业厅调研时的重要讲话精神和全省林业生态建设规划编制工作电视电话会议精神。各县（市、区）主管林业工作的副县（市、区）长、林业局局长、林业局副局长、负责规划编制工作的技术人员、市直有关部门负责同志参加了会议。姚龙其副市长发表重要讲话。

南阳市委书记、市长亲自安排部署林业生态建设　11月27日，全省林业生态省建设电视电话会议后，南阳市委、市政府当即召开会议，对全市林业生态建设工作进行动员部署。市委书记黄兴维强调，要高标准科学编制林业生态建设规划，构建山川秀美、生态宜居的绿色南阳，要坚持指导性和可操作性相结合，使之成为绿色南阳建设的路线图。市长朱广平要求，市、县两级财政每年拿出不低于财政预算支出的2%用于林业生态建设，2007年冬2008年春先期拿出500万元，用于造林绿化。

全市“猎鹰二号”行动成效显著　11月，南阳市在全市范围内组织开展以打击破坏野生动物资源为主的“猎鹰二号”行动。这次行动打击的重点是：非法猎捕野生动物活动猖獗的黄河两岸宽阔滩地、黄河故道及野生动物的栖息地、停歇地；非法运输野生动物及其制品的车辆、车站、机场等流通渠道；非法收购、出售野生动物及其制品的市场、窝点；非法经营野生动物的宾馆、饭店；其他破坏森林资源的违法犯罪活动。此次行动分动员摸排、集中打击、巩固总结三个阶段，至2008年1月20日结束。

市委、市政府召开全市林业生态建设动员大会　12月6日，市委、市政府召开全市林业生态建设动员大会。市长朱广平、市委副书记贾崇兰、市人大副主任周明军、市政府副市长姚龙其、市长助理王中、市政协副主席赵金文、军分区领导，各县（市、区）书记或县长、副书记、副县长、林业局局长，市直各单位主要负责人，共250余人参加会议。会议下发了《南阳市林业生态建设规划》，明确了今后一个时期林业生态建设的目标任务和工作重点。

市委、市政府召开市中心城区环城绿化工作会议　12月11日，市委、市政府召开市中心城区环城绿化工作会议，宛城、卧龙、镇平三县（区）副县（区）长，林业局长，市土地、规划等单位负责人参加。副市长姚龙其安排2007年冬2008年春市中心城区环城绿化工作。

市委、市政府组织全市第一次造林绿化观摩督察会议　12月26日，市委、市政府组织全市第一次造林绿化观摩督察会议。副市长姚龙其、市政府目标办公室主任周天龙，13个县（市、区）委、政府分管林业工作的领导，市林业有关班子成员参加。观摩10个县（市、区）整地造林现场，并进行了投票评比。姚龙其回顾总结了前一阶段工作，安排部署下一阶段工作，要求全市迅速掀起冬季造林绿化高潮。

信阳市

一、概述

2007年，信阳市认真贯彻落实省、市林业工作会议精神，坚持用科学发展观统揽林业工作全局，大力开展林业生态建设和林业产业建设，不断强化森林资源保护管理，如期完成年度造林绿化责任目标。

（一）造林绿化

全年共完成造林36.6万亩，占目标任务29.4万亩的124.49%。新建和完善农田林网48.02万亩，是目标任务45万亩的106.7%。林业育苗2.79万亩，是目标任务2.5万亩的111.6%。中幼林抚育33.55万亩，是目标任务11万亩的305%。义务植树1 699.65万株，是目标任务1 549万株的109.7%。人工造林精品率在40%以上。商城县通过省林业生态县检查验收。

（二）重点林业工程建设

完成补植补造10余万亩，完成退耕还林荒山荒地造林3.36万亩。完成淮河防护林3.51万亩，世界银行项目造林2.35万亩，日元贷款项目造林22.5万亩，分别按规定完成或超额完成年度建设任务。

（三）林业生态建设规划

市林业局邀请河南农业大学林园学院共同编制了《信阳市林业生态建设规划》，经市委常务会议、市政府常务会议审定通过，已经以市政府文件印发实施。

（四）森林资源保护管理

组织开展了“绿盾二号”行动、“林业执法和治理整顿”等活动以及第二十六届爱鸟周宣传活动和陆生野生动物疫源疫病监测工作。全年没有发生重大毁林、乱占林地和破坏野生动物资源案件，按时查处上级领导机关、领导同志批办的案件。森林、林木采伐量没有突破年森林采伐限额，凭证采伐率、办证合格率达94.5%，高于目标4.5个百分点。征占用林地审核率为93%，高于目标3个百分点。完成2006年度林权登记发证任务，其他林业工程林权证发放率达86%，高于目标6个百分点。全面完成森林资源二类调查工作。全年没有发生森林病虫害、森林火灾和公路“三乱”案件，森林病虫害成灾率为7.3‰，低于8‰的省定目标；森林火灾受害率0.002‰，远低于1‰的省定目标。完成公益林管护，没有发生损害公益林事件。

（五）自然保护区建设

鸡公山国家级自然保护区基本建设二期工程项目圆满完成，三期工程项目已被国家林业局批复，现正在逐步实施。罗山董寨国家级自然保护区基本建设二期工程、新县连康山国家级自然保护区基本建设一期工程正在实施中。淮河源自然保护区已得到国家级自然保护区评审委员会专家组实地考察。湿地保护方面，规划申报了固始淮河湿地省级自然保护区，该保护区通过省林业厅和省环保局组织的专家组的评审，已报省政府。

（六）林业产业

2007年新增茶叶15.3万亩，潢川花木1.2万亩、固始柳编0.4万亩，在息县、淮滨等新建杨树速生丰产林基地5.98万亩。生态旅游产业增势强劲，全年全市森林公园共接待游客97万人次，实现旅游门票收入2 200万元，同比增长5%。成立了信阳市花木产业开发领导小组办公室，市政府已印发实施《信阳市花木产业发展规划》，同时成立了信阳市花木协会。全年实现林业产值49.81亿元，比去年同期增长20%。

（七）林业科技

制定了《信阳五月鲜桃果实标准》、《突尼斯软籽石榴丰产栽培标准》、《石榴储存保鲜标准》、《石榴育苗技术标准》等4个标准。建成平桥区板栗低产林改造示范园和光山县檫木、杉木丰产栽培示范园。

（八）森林资源二类清查

从上半年开始，截至11月28日已全部完成内外业工作。全市共抽调专业技术人员480多名，调查小班达7.48万余个，全面查清了森林资源的现状与分布，建立了集影像、图表、数据为一体的资源管理数据库。

（九）林权制度改革

按照《河南省集体林权制度改革试点方案》的要求，市林业局选择光山县晏河乡为试点，各县（区）都选择了试点村开展试点工作。截至目前，全市集体林权改革试点工作已顺利结束，为全市林改工作全面铺开奠定了基础。

（十）森林公安三基建设

机构逐步健全，全市12个森林公安分局或派出所按副科级配备，7个县（区）成立刑警队。8县2区全部接入公安信息网。开展了从严治警系列教育整顿活动、大练兵活动，组织开展了森林公安执法质量大检查。开展了“绿盾二号”行动、“禁种铲毒”专项行动、“猎鹰二号”行动等，全年共查处各类林业案件458起。

二、纪实

市政府办下发森林火灾通报　1月31日，市政府办公室下发了《信阳市人民政府办公室关于平桥区王岗乡赵庄村“1·29”森林火灾有关情况的通报》，要求各县、区人民政府，各管理区、开发区，市人民政府有关部门结合自身实际，采取过硬措施，严防森林火灾发生，确保全市人民过上安定祥和的“双节”。

全市森林防火工作电视电话会议召开 2月2日，市委、市政府召开全市森林防火电视电话会议，安排部署近期全市森林防火工作。市委副书记王道云、市政府副市长张继敬出席会议。

省林业厅副厅长张胜炎一行督导森林防火工作 2月3~4日，省林业厅副厅长张胜炎、省森林防火办公室主任汪万森等一行在市委常委、组织部部长乔新江，市人大副主任李军等人员陪同下，深入平桥区、罗山县森林防火一线督导森林防火工作。

市委、市政府督察森林防火工作 2月4~7日，市委办公室、市政府办公室抽调市政府督察室、林业局、安全生产监督管理局三部门10名科级以上干部，由处级干部带队，组成三个督察组，分赴各县（区）对当前森林防火工作进行督促检查。

省森林公安局副局长刘宗仁一行到南湾林场派出所检查工作 2月10日，在市林业局党组书记、局长周克勤的陪同下，省森林公安局副局长刘宗仁一行到南湾林场派出所进行督察、慰问时，对南湾林场派出所乃至全市的森林公安工作进行了检查指导。

全市林业工作暨春季植树造林现场会议召开 3月1日，全市林业工作暨春季植树造林现场会议在商城县召开。会上周克勤局长总结了2006年冬以来的植树造林工作，张继敬副市长安排部署春季植树造林和森林防火等工作。与会人员还参观了商城县李集乡、双椿铺镇造林现场；听取了商城县、息县植树造林的经验。

全市林木种苗工作座谈会召开 3月9日，全市林木种苗工作座谈会召开。各县（区）就新形势下如何加强基层林业技术推广体系建设和强化林木种苗执法工作进行了座谈讨论。会议就2007年全市林业科技推广和林木种苗工作作了具体安排。

市五大班子领导参加全民义务植树活动 3月11日，市五大班子领导带领50余个单位3 000余人参加义务植树，现场栽植杨树15 000多株，共计260余亩。

光山县启动马尾松毛虫防治准备工作 3月21日，县长文宗锋亲自主持召开松毛虫防治工作专题会议，全县松毛虫防治工作正式启动。

省林业科学研究院“中红杨”试验林基地在淮滨建成 3月27日，淮滨县林业局依托省林业科学研究院共同兴建“中红杨”区域化试验林。该试验林占地5亩，试验品种有省林业科学研究院提供的“中红杨”、“2025杨”以及当地主栽品种“中林46杨”。

全市森林资源清查培训工作全面展开 4月18日，市林业局在全市陆续开展了森林资源清查培训工作。先期在浉河区、平桥区、罗山县、鸡公山林场和南湾林场5个单位进行。

全市集体林权制度改革试点工作会议召开 5月11日，全市集体林权制度改革试点工作会议召开，会议回顾了2007年以来的林改试点工作，对下一步林改工作进行了安排部署。省林业厅林改办公室李笑峰处长、信阳市林业局党组成员、各县（区）林业局局长、二级单位负责人参加了会议。

“中国珍稀濒危动物保护论坛”在董寨国家级自然保护区举办 5月11~13日，由董寨国家级自然保护区和北京师范大学共同主办的“第四届中国珍稀濒危动物保护论坛”在董寨国家级自然保护区举办。本届论坛主题是我国珍稀濒危动物的科学保护与自然保护区管理。来自浙江大学、复旦大学、北京师范大学等单位的24位专家学者以及河南省林业厅、信阳市林业局、罗山县人民政府的负责同志参加了论坛活动。

潢川县成立“花木纠纷巡回法庭” 5月30日，潢川县法院部门组织“花木纠纷巡回法庭”，深入花农、果农和林农中间，帮助他们完善合同，化解纠纷，为当地特色农业保驾护航。

浉河区开展板栗病虫害防治工作 6月12日，即日起，浉河区在全区设立6个板栗病虫害防治工作站、16个防治观测点，成立板栗科普工作组，长期聘请6名专家为技术顾问，开展板栗病虫害防治工作。

全市森林资源清查外业工作全面铺开 6月28日，各单位开展外业调查，全市外业调查工作全面铺开。

省林业技术推广站站长孔维鹤检查林业科技支撑项目进展情况 7月30~31日，省林业技术推广站站长孔维鹤一行对“河南省淮河源头优良灌木繁育栽培技术示范应用项目”进展情况进行检查指导。

市林业技术推广站取得林业司法鉴定资格 8月7日，经河南省司法厅审批，信阳市林业技术推广站取得林业司法鉴定许可资质，成为信阳市唯一一家具备开展林业司法鉴定业务资格的机构。

市林业三项科研成果获2006年度信阳市科技进步奖 8月9日，市委、市政府召开信阳市科技成果表彰大会，《豫南地区松墨天牛生物学特性及防治控制技术研究》项目获得了市政府科技进步奖一等奖，《豫南大别山区天然林保护技术体系研究》和《河南省董寨国家级自然保护区旅游资源可持续利用研究》分别荣获2006年度市政府科技进步二、三等奖。

举办全省第一期自然保护区保护管理培训班 8月21~24日，省林业厅在董寨国家级自然保护区举办全省第一期自然保护区保护管理培训班。参加培训的有来自全省25个国家级和省级自然保护区及有关单位的主要负责人70余人。培训班邀请了国家林业局野生动植物保护司自然保护区管理处处长武立磊，国家林业局自然保护区研究中心秘书长、北京林业大学自然保护区学院副院长崔国发，河南省植物学会理事长、中国植物学会理事、河南省生态学会理事长叶永忠教授作了《自然保护区规划与项目管理》、《自然保护区野生动物资源的保护、监测及管理》等专题报告。

举办全市林业有害生物预测预报培训班 8月21日，全市林业有害生物预测预报培训班举办。主要对学员就当前全省预测预报的现状、林业有害生物预测预报基础知识、杨树病虫害的预测预报办法等方面进行了培训。

全市林业生态市建设规划座谈会召开 8月22日，全市林业生态市建设规划座谈会召开。会议对规划工作有关要求再次进行明确，对规划过程中出现的问题进行说明解释，同时对信阳市林业生态建设规划大纲进行全面、深入的讨论。

省林业厅副厅长王德启一行到信阳督导生态规划和二类调查工作 8月22~24日，省林业厅副厅长王德启带领资源林政处处长王学会、省林业调查规划院副院长肖武奇到信阳督导生态规划编制和森林资源规划设计调查工作。市林业局局长周克勤陪同检查。

原林业厅长马新高一行来信阳对国有林场进行调研 9月10~12日，省林业厅原厅长马新高、省政府参事赵体顺等一行7人深入南湾、董寨等林场就国有林场改革情况进行专题调研。

罗山县林业局兴林苗圃入围“2007年度全国十佳苗圃” 9月16日，罗山县林业局兴林苗圃入圃由中国花卉报社举办的“2007年度全国十佳苗圃”。

市林业局创建省级文明单位通过市文明委评审验收 9月20日，市文明委评审组对市林业局机关再创省级文明单位进行了考核验收。市林业局申报省级文明单位的有关材料，通过市文明委组织的评审，上报省文明委复核审批。

信阳林校召开迎评估专题动员会议 9月22日，信阳林业学校召开迎评估专题动员会议。会议传达了《信阳市教育局关于开展全市中等职业学校办学水平评估工作的通知》；印发了《信阳林校办学水平评估工作方案》；并对迎评工作进行安排部署。

平桥区成功注册“五月鲜”桃果品商标 9月28日，平桥区林业局收到了商标注册受理通知书，“五月鲜”桃商标注册已经获得工商部门的批准。

召开全市退耕还林工作会议 10月18日，信阳市召开全市退耕还林工作会议，传达全国和全省退耕还林工作会议精神，安排部署全市退耕还林工作。市县（区）林业局主管局长、退耕还林办公室主任和相关计划财务人员参加了会议。

召开全市林业产业工作会议 10月18日，信阳市召开全市林业产业工作会议，传达全省林业产业工作座谈会会议精神，安排部署全市林业产业工作。

召开全市森林防火电视电话会议 11月5日，信阳市召开全市森林防火电视电话会议，重点分析了全市森林防火面临的形势，安排部署近期森林防火工作。

桐柏山护林防火三届二次联防会议在平桥区召开 11月26日，桐柏山护林防火三届二次联防会议在平桥区召开。会议总结了2007年桐柏山护林防火联防工作取得的经验和存在的问题，安排和部署了2007年冬2008年春三县（区）联防工作任务，讨论通过了《河南省桐柏山护林防火联防委员会三届二次护林防火联防协议书》，举行了联防值班交接仪式。桐柏县、确山县、平桥区三县（区）主管林业的副县（区）长、林业局局长和主管防火的副局长、防火办公室主任、森林公安分局局长等参加了会议。

召开全市林业生态建设电视电话会议 11月27日，信阳市召开了全市林业生态建设电视电话会议，市委书记王铁对2007年冬2008年春植树造林工作进行安排部署，要求突出实施重点造林工程、生态廊道网络建设、城镇绿化和园林花卉等重点工作。

省护林防火指挥部森林防火督导组检查指导防火工作 12月11日，省护林防火指挥部成员单位之一省人事厅森林防火督察组组长、省人事厅副巡视员夏继水一行到平桥区督察森林防火工作。

济源市

一、概述

2007年，济源市以全面推进社会主义新农村建设为目标，进一步加大造林绿化力度，强化资源管护，坚持科技兴林，全市林业生产呈快速健康发展的良好局面。全年共完成营造林7.11万亩，其中，重点工程造林0.2万亩，外资造林3.8万亩，飞播造林1.6万亩，一般造林1.51万亩。完成林业育苗3 958亩，中幼林抚育5万亩；建设林果专业村66个，全市发展薄皮核桃2.3万亩；建设生态家园示范村23个，栽植树木60万株；绿化平原林网林带99条113.5公里，完成义务植树造林150万株。

（一）三大工程建设

退耕还林工程。一是认真开展退耕还林摸底调查工作。清查结果表明，2000~2006年，全市共完成退耕还林14.68万亩，合格14.180 18万亩，不合格0.499 82万亩。二是认真查办退耕还林案件。全年共接访案件18起，其中，对邵原镇北李洼村的退耕还林复耕案的处理结果受到了省退耕还林办公室的肯定。三是完成2007年的粮款兑付工作。经过逐乡逐村核对，在2006年粮款兑付基础上核减了2002年到期的经济林面积，同时停发了经验收未达到标准的4 998.2亩的补助。

天然林保护工程。全市天然林保护工程区森林管护面积108.6万亩，共设封山护林卡10个，建立管护标志161个。一是通过与护林员签订管护合同和举办全市护林员培训班，进一步增强全市护林员的责任意识和防火意识。二是进行天然保护工程检查验收。三是核实公益林建设面积。四是利用PhotoShop软件和GIS系统，使全市天然林保护工程纳入电子档案管理。

自然保护区建设工程。一是实施了太行山国家级自然保护区管理和监测体系建设工程，建成了保护区宣教中心，并完善了标本馆，购置了部分设备。二是积极做好黄河湿地国家级自然保护区基建工作。

（二）资源管护

一是加大林政资源管理工作力度。完成了森林资源二类调查，摸清了全市森林林地和林木资源的种类、数量、质量与分布情况；共完成采伐、勘测外业设计350余起，办理林木采伐证346份，严格执行限额采伐，全年批准采伐14 606立方米，发放市内木材销售证明2 000余份；清查木材经营加工企业25家，依法取缔1家，停业整顿1家；深入开展林权制度改革，确定五龙口镇马村、逯村为试点村，对3 500余亩林地全部进行拍卖、承包到户，试点改革工作已全面结束，并通过了省林权制度改革小组的检查验收。二是严厉打击各种破坏森林资源违法犯罪活动。进一步加大案件查处力度，对各类违法犯罪活动保持高压态势，全年共受理林业案件505起，其中刑事案件18起，林业行政案件487起，刑事拘留19人，批捕3人，收缴木材150余立方米，挽回经济损失25万余元。三是进一步加强森林防火工作。坚持落实森林火灾报告制度，狠抓重点时段、重点火险区两个关键，深入林区开展专项整治，加强野外巡查管理，在市区10个乡（镇）和5个国有林场以及林业局机关组建16支专业森林扑火队伍，为每支队伍配备森林消防车和扑火物资，并针对各乡（镇）主管副镇长和扑火队员举行了两次专业技能培训；森林防火首次使用了航空消防，标志着济源市森林防火工作进入科技立体预防阶段。全年没有发生重大森林火灾，森林火灾受害率控制在1‰内。四是积极做好林木病虫害防治工作。对大峪、下冶、王屋等乡镇及愚公林场等集中连片中度以上的3.1万亩刺槐尺蠖虫害发生区，进行了生物农药防治；针对市内杨树病虫害发生较严重的小浪底专用线、环城路、207国道、新济路两侧，采用生物制剂阿维菌素乳油，对受害杨树实施生物喷药防治，作业面积1.2万亩。经过防治，虫口减退率达88%，生物防治率达到85%以上。五是认真做好野生动物保护工作。组织开展了第二十六届“爱鸟周”活动和第十三个“野生动物保护宣传月”活动，与森林公安、林政组成联合执法组，对全市各大饭店特别是各景区周边饭店进行拉网式检查，共清查饭店25家，有效遏制了经营利用鸟类和野生动物招徕顾客等事件发生；积极搞好野生动物的救护工作，全年共救护受伤、病弱、饥饿的野生动物30余只，其中，国家重点保护野生动物10只。

（三）林果业和“生态家园”建设

以薄皮核桃为主的林果专业村和“生态家园”建设两项工程作为加快城乡一体化和社会主义新农村建设的重要举措，在济源市委、市政府的大力倡导和政策激励下，得到迅速开展。2007年，全市投入资金450万元，根据《济源市新建林果专业特色村和创建“生态家园”村考核标准及奖补办法》，结合实际，对新建林果专业特色村采取“先补后奖，跟踪管理，秋后算账”的办法分步实施奖补，“生态家园”村依照“三二一”标准，即分别设立一、二、三档村依次予以奖补，一档村奖励3万元，二档村奖励2万元，三档村奖励1万元。全年共建设生态家园示范村23个，栽植女贞、速生杨等苗木近60万株，全市生态家园示范村总数达到43个；新建薄皮核桃为主的林果专业特色村66个，发展薄皮核桃2.3万亩，全市薄皮核桃总面积达到4万亩。在林果专业村建设过程中，济源市把发展薄皮核桃同退耕还林地改造结合起来，对品种落后、效益低下的退耕地进行彻底改造，既巩固了退耕还林成果，又实现了薄皮核桃产业的发展壮大。

（四）场圃建设

大沟河林场建成了中国林科院黄河小浪底森林生态定位站，与中国林业科学研究院合作实施农林复合试验项目，完成了经济林的移栽和农作物的套种试验，2007年共完成200余亩园林绿化树种和荒山造林树种的培育工作，年创产值超200万元；愚公林场与中国林业科学研究院林业信息研究所合作进行“森林非木质性资源调查项目”研究，与中国科学院动物研究所合作开展“鼠类对植物种子的取食与储藏项目研究”，并成立了林副产品购销有限公司，经营王屋山特产，取得了良好的经济效益；邵原林场与郑州果树研究会协作，建立了占地100余亩的核桃良种中试基地和核桃基因库，引进10余个优良品种，建立了优质核桃采穗圃。蟒河林场、黄楝树林场依靠森林资源开发森林旅游，依靠旅游带动经济发展，蟒河林场投资1 000万元完成了森林生态旅游区内部的基础设施建设；黄楝树林场围绕原始森林做文章，修缮场部招待所和餐厅，提升了林场的旅游接待能力，全年创收11万元。

二、纪实

济源市林业局被评为2004～2006年度全国森林防火工作先进单位 2月7日，国家森林防火指挥部和国家林业局联合下发文件——《国家森林防火指挥部、国家林业局关于表彰2004~2006年度全国森林防火工作先进单位和先进个人及授予宁晋杰等同志全国森林防火工作纪念奖章的通报》（国森防［2007］4号），授予济源市林业局2004~2006年度全国森林防火工作先进单位称号。济原市林业局是河南省获此殊荣的3个单位之一。

开展第二十九个全民义务植树节活动 3月8日，市委书记段喜中、市长赵素萍等五大班子领导在曲阳湖义务植树基地，与全市近3 000名机关干部、工人、学生及驻济部队官兵一起，参加义务植树，共建绿色家园，植树15 000多株，揭开了全市第二十九个全民义务植树节的序幕。

召开全市林业工作会议 3月13日，全市林业工作会议召开。市委副书记薛兴国、副市长孔祥智、人大副主任郝祥国等领导出席了会议。会议总结了2006年济源市林业工作，安排部署了2007年工作，明确了林业十项重点工作，并对2006年度林业工作先进个人、先进单位进行了表彰。会议要求，各级各部门要高度重视植树造林工作，造好林、管好林、护好林，促进林业工作再上新台阶，为创建生态家园、美化绿化济源作出贡献。

赵素萍市长专题调研林业工作 3月15日，市长赵素萍一行对林业工作进行专题调研。赵素萍市长对近年来林业工作成绩和林业在全市经济社会发展中的地位给予了充分肯定，同时对今后的林业工作提出了两方面的要求：一是保护好森林资源，建设生态家园。二是林业要担负起调整农业产业结构、增加农民收入的重任。

程玉丽、李彤阳、王延明等3人荣获个人三等功称号 3月24日，程玉丽、李彤阳、王延明等3人因在2006年的工作中，牢记“立警为公、执法为民”，立足岗位，认真履行职责，在严厉打击涉林犯罪的同时，有效地维护了林区社会的治安秩序，被省森林公安局授予个人三等功。

进行森林资源二类调查工作 4月16日，10年一次的全市森林资源二类调查工作在黄楝树林场拉开序幕。济源市组织50余名参与这次工作的技术人员，开办了全市森林资源二类调查培训班，进行业务知识培训，并邀省林业厅专家为学员授课。本次调查工作项目多、内容丰富、科技含量高，在济源林业史上创　“三个第一”：第一次利用遥感技术协助外业调查；第一次利用地理信息系统技术协助外业调查；第一次利用地理信息系统和遥感技术出成果图。同时，构建森林资源基础地理信息框架，奠定了“数字林业”的基础。

启动第二十六届“爱鸟周”活动 4月25日，济源市开展了主题为“和谐社会、共享自然”的爱鸟周活动。本次活动在市区、王屋山景区、下冶等地，通过向群众讲解、散发宣传资料、清查景区无证经营野生动物招徕顾客的饭店等方式，将爱鸟护鸟落到实处。活动共出动宣传车7辆，散发宣传资料2 000余份，清查野味饭店25家，受教育群众3 000余人次。

深入开展“讲正气、树新风”暨“一创双优”集中教育活动 4月，按照济源市委的统一部署，济源市林业局紧紧围绕转变学风和工作作风，强化服务意识，履行岗位职责的主题，通过组织集中学习、干部职工自学、观看专题片、听先进经验和先进事迹报告会、座谈讨论、设立宣传橱窗等载体，有效推动了林业局“讲正气、树新风”暨“一创双优”集中教育活动的深入开展。

完成刺槐尺蠖虫害的防治工作 5月6~8日，济源市抓住有利时机，利用3天时间全面完成飞机喷药防治刺槐尺蠖虫害工作。2007年济源市刺槐尺蠖发生面积5.5万亩，虫害发生程度达中度以上的占3.1万亩，主要分布在大峪、下冶、王屋等乡镇及愚公林场。林业局因地制宜，采用直升机对发生病虫害集中连片中度以上的3.1万亩林区进行了重点生物农药防治，防治效果达到85%以上。

全省森林病虫害防治与检疫工作会议在济源市召开 5月18日，全省森林病虫害防治与检疫工作会议在济源市召开，省林业厅森林病虫害防治与检疫站副站长林晓安、孔令省，郑州、洛阳、新乡、鹤壁、濮阳、安阳、焦作和济源市林业局相关负责人参加了此次会议。与会人员就济源市杨树黄叶病发生的情况和特征作了深入的调查研究，并相互通报、交流了各地林业病虫害防治工作，进一步明确了2007年杨树黄叶病的防治重点。

济源市举办天然林保护工程护林员培训班 6月20日，济源市举办了全市护林员培训班，各有关乡镇及国有林场的天然林保护工程护林员200余人参加了培训。

重拳打击林区非法小煤窑 6月至7月初，济源市森林公安局第四林区派出所针对林区“非法小煤窑”肆意占用林地、毁坏林木严重的情况，展开了严厉的打击行动。该林区内非法占用林地面积最大达到2 500多平方米，毁坏树木746棵，毁坏灌木840墩。专项行动共打击处理14人，刑事拘留1人，刑拘在逃1人，行政处罚12人，批评教育50余人。

全市杨树育苗突破1 000亩 7月上旬，济源市杨树育苗较往年成倍增加，面积达1 273.7亩，占全市本年度林业育苗总面积的1/3，是2006年的3倍，为近年来育苗最多的一年，主要品种为107杨、108杨和中林系列。预计全市的产苗量约为427.3万株。

圆满完成飞播造林工作 7月9日，全市飞播造林工作圆满结束。此次飞播使用蓝翔公司“运—五”型飞机一架，飞行时间12.4小时，飞行16架次，作业面积2.3万亩，涉及王屋、邵原两个乡(镇)，共播撒黄楝、臭椿等林木种子0.52万公斤。通过飞播造林及播后封山育林，播区植被将很快得以恢复，并可起到很好的防止水土流失、预防自然灾害等作用。

启动中日友好交流青年志愿者绿化造林项目 7月11日，中日友好交流青年志愿者绿化造林项目在济源市大峪镇方山正式启动，河南农业大学、日本信州大学20余名师生，河南省林业厅有关领导，日本爱普生株式会社代表，市委常委、市政府常务副市长赵义田以及市林业局、大峪镇政府有关负责人参加了项目启动仪式，并参加了植树活动。中日友好交流青年志愿者绿化造林项目将以“困难地植被恢复造林技术”研究成果推广应用为重点，在济源市小浪底库区沿岸逐步开展造林绿化活动，一期绿化项目规模为500亩。

组织对杨树病虫害进行生物防治 7月15日，济源市组织使用“运—五”飞机，针对市内杨树病虫害发生较严重的小浪底专用线、环城路、207国道、新济路两侧，采用生物制剂阿维菌素乳油，对受害杨树实施生物喷药防治。本次防治共喷洒生物制剂900公斤，飞行5架次，作业面积1.2万亩。

举办全市核桃技术培训班 7月21日，济源市特邀卢氏县核桃专家进行讲解，举办了核桃嫁接技术培训班，及时为核桃种植户提供技术服务，全力确保核桃嫁接后的成活率。各乡镇核桃种植大户、林站负责人共计100余人参加了培训。

工厂化快繁育苗取得突破 7月，济源市苗圃场通过智能化温室成功繁育优质石榴苗木20万株，长势良好，秋季即可出圃移栽，这标志着由济源市苗圃场、市林业科学试验站与中国农业科学院郑州果树研究所联合开展的光雾工厂化快繁育苗技术取得重大突破。

市政协领导调研薄皮核桃基地建设 8月2日，济源市政协主席任传国，副主席段礼忠、吴丽鸣、卫祥玉，秘书长郑改荣以及各委办负责人先后到济源市亚桥、克井、坡头等乡镇调研薄皮核桃基地建设，调研组对全市薄皮核桃发展取得的成绩给予了充分肯定。

老干部调研林业工作 8月7日，李长会等10名市级老领导深入济源市林业局调研，对林业各项工作尤其是以薄皮核桃为主的林果业发展情况给予了充分肯定，并提出要科学谋划，积极稳妥地发展薄皮核桃产业。

市人大常委会调研林业工作 8月8日，济源市人大常委会副主任郝祥国对济源市的生态家园建设和薄皮核桃产业发展情况进行了调研。

为全市古树名木换发“身份证” 8月9日，为了加大对济源市古树名木的保护力度，增强广大市民对古树名木的保护意识，林业部门开始给全市所有的国家级百年古树名木进行挂牌保护。济源市现有古树名木422株，古树群3个，其中国家一级古树115株。

蟒河森林生态旅游区总体规划环评报告通过省环保局评审 8月中旬，省环保局下发文件，对由省环境科学研究院编制的《济源蟒河森林生态旅游区总体规划环境影响报告书》进行了批复，原则上同意该报告书提出的各项环境保护措施与建议。该项目由省林业厅批准建设，国有蟒河林场委托省林业调查规划院完成总体规划，并通过了省林业厅组织的评审。本次环评涉及旅游基础设施建设的交通、给排水、供电、服务设施、环境保护等6大类55个项目。蟒河森林生态旅游区是济源市首个通过环评的旅游景区。

王屋山区行道树病虫害进行人工防治 8月17日，济源市针对王屋山区发生的大面积杨树食叶害虫——杨扇舟蛾虫害，配制生物杀虫剂，利用专业喷药车积极进行人工防治。

警方抓获一野生动物贩子 8月19日，济源市森林公安局抓获一个嵩县籍野生动物贩子，救出5只受国家保护的野生果子狸、猪獾，并放归大自然。该动物贩子因违反《中华人民共和国野生动物保护法》被治安拘留。

举办森林防火培训班 9月4~6日，为进一步提高全市森林防火指挥扑救水平，济源市举办了森林防火培训班，全市12个乡（镇）的主管林业副乡（镇）长、农业服务中心主任、森林消防突击队队长，各风景管理局、国有林场的相关负责人共80余人参加了培训。来自省防火办公室、河南科技大学林业职业学院的专家、教授，针对森林火灾的预防扑救、组织与安全以及风力灭火机、对讲机等扑火器械的使用常识，进行了系统的讲解。

举办日元贷款林业项目资金管理培训班 9月15日，为了推进日元贷款林业项目建设顺利进行，切实改善济源市生态环境质量，促进济源市经济发展和农民增收。济源市举办了日元贷款林业项目资金管理培训班。市财政局相关项目负责人传达了河南省财政厅、省林业厅《日本政府贷款河南省造林项目财务管理办法》的要求，并详细讲解了日元贷款在实际操作过程中提款、报账的方法。

市人大常委会领导视察林业工作 9月14日，济源市人大常委会副主任郝祥国、崔丙亮、王月季、张杰一行视察济源市林业工作。市人大常委会领导一行先后视察了轵城镇王礼庄村和亚桥乡庙后村生态家园建设情况，亚桥乡碑子村核桃示范园、林业局核桃苗圃示范基地、克井镇水运核桃专业村和坡头镇蓼坞核桃专业村薄皮核桃发展情况。郝祥国主任要求，林业要加大发展，为促进林业发展，推进济源市城乡一体化，建设社会主义新农村奠定基础。

对栎粉舟蛾进行熏杀 9月25日，济源市林业工作人员对栎粉舟蛾进行熏杀。林业测报员在王屋乡林山村林区发现3龄左右的栎粉舟蛾成虫，由于虫害发生林区地势陡峭，无法实施人工喷洒药剂防治，森林防治人员采用敌马烟雾药剂对栎粉舟蛾进行熏杀，防治效果较好。

2007年普查三级保护植物青檀树“户口” 9月26~28日，济源市对黄楝树林场黑龙沟林区分布的珍贵林木种质资源——青檀树进行了专项调查。青檀树为我国特有的单种属树种，是国家三级保护植物，近年来由于自然植被的破坏和大量砍伐，致使分布区逐渐缩小。青檀树目前主要分布在济源市的黄楝树林场和蟒河林场。

“核桃良种嫩芽嫁接快速育苗技术研究”通过科技成果鉴定 10月20日，由济源市林果技术推广中心完成的“核桃良种嫩芽嫁接快速育苗技术研究”顺利通过省科技厅科技成果鉴定，专家组一致认为，该项目总体研究水平达到了国内领先水平。“核桃良种嫩芽嫁接快速育苗技术研究”首次采用青皮核桃直接大田播种、夏季嫩芽嫁接、一年内培育成核桃良种成品苗的新技术，比常规核桃育苗提前一年出圃，加速了核桃良种化进程，在核桃良种苗木繁育技术上取得了重大突破。

王莽沟林场200亩优质薄皮核桃基地动工建设 10月底，济源市克井镇最大的优质薄皮核桃基地在王莽沟林场动工建设。王莽沟林场是迄今为止济源市规模最大的完全由个人造林、管护的林场，总面积600余亩，共栽植桐树、杨树、刺槐等林木上百万棵。该薄皮核桃基地总面积200余亩，计划栽植优质薄皮核桃1万余株，工程包括苗木栽培、节水灌溉、护林设施等建设任务，预计2008年6月1日前全部完成，计划投资32.15万元。

国家林业局黄河小浪底森林生态定位站综合实验楼启用 11月5日，位于济源市大沟河林场的国家林业局黄河小浪底森林生态定位站综合实验楼正式启用。国家林业局科技司计划处处长杨锋伟、市委副书记薛兴国以及中国林业科学研究院、河南省林业科学研究院的专家学者出席仪式并为实验楼的启用剪彩。该实验楼的启用标志着济源市具备了承办国家级森林生态定位观测和评价的能力，林业研究成果的应用也将促进生态环境的改善和人与自然的和谐。

济源市被中国园艺学会干果分会确定为核桃基地 11月上旬，在第五届全国干果生产与科研进展学术研讨会上，济源市被中国园艺学会干果分会确定为核桃基地。济源市气候条件适宜，有着良好的水土光热条件，对发展薄皮核桃生产具有得天独厚的优势。截至目前，全市已初步形成以坡头镇、大峪镇、下冶乡黄河沿岸为主的“薄皮核桃产业带”，以王屋乡、邵原镇、济邵公路沿线为主的

“薄皮核桃走廊”，以坡头蓼坞、双堂以及克井水运、亚桥碑子等村为主的“薄皮核桃示范村、示范园”。

省林业厅领导调研济源市森林防火工作 12月28日，省林业厅副厅长弋振立在省防火办公室、济源市防火办、林业局有关负责人的陪同下，实地调研济源市的森林扑火专业队建设。

济源市森林防火跃上立体防预科技防火新台阶 12月28日，济源市举行河南森林航空消防济源首航、全市重点乡（镇）国有林场专业森林扑火队成立暨扑火专用车辆发放仪式，河南省林业厅副厅长弋振立宣布济源市森林航空消防首航仪式开始，市长赵素萍为济源市成立的16支专业森林扑火队发放车辆钥匙，省防火办公室调研员刘雪洁宣读了省森林防火指挥部贺电。这标志着济源市森林防火工作进入立体防预、科技防火新阶段，保护森林资源、打造生态济源工作迈上新台阶。省林业厅副厅长弋振立，市领导赵素萍、孔祥智、吴丽鸣出席活动，并登上森林防火直升机查看济源森林防火防区。